ATHENÄUM

Jahrbuch der Friedrich Schlegel-Gesellschaft

29. Jahrgang 2019

Herausgegeben von

Andrea Albrecht, Christian Benne, Kirk Wetters

Wissenschaftlicher Beirat

Ulrich Breuer (Mainz), Adrian Daub (Stanford),
Paul Fleming (Cornell), Eva Geulen (Zfl Berlin),
Marcel Lepper (Berlin),
Constantino Luz de Medeiros (Belo Horizonte),
Tanehisa Otabe (Tokio), Giovanna Pinna (Molise),
Sabine Schneider (Zürich), Thomas Schirren (Salzburg),
Carlos Spoerhase (Bielefeld), Denis Thouard (CNRS),
Reinhard Wegener (Jena)

BRILL | Ferdinand Schöningh

Titelabbildung: Friedrich Schlegel um 1790 (Caroline Rehberg).
Redaktion: Tilman Venzl

Bibliografische Information der Deutschen Nationalbibliothek

Die Deutsche Nationalbibliothek verzeichnet diese Publikation in der Deutschen Nationalbibliografie; detaillierte bibliografische Daten sind im Internet über http://dnb.d-nb.de abrufbar.

Erscheint jährlich. – Aufnahme nach Jg. 1. 1991

© 2021 Verlag Ferdinand Schöningh, ein Imprint der Brill-Gruppe
(Koninklijke Brill NV, Leiden, Niederlande; Brill USA Inc., Boston MA, USA; Brill Asia Pte Ltd, Singapore; Brill Deutschland GmbH, Paderborn, Deutschland)

Internet: www.schoeningh.de

Alle Rechte vorbehalten. Dieses Werk sowie einzelne Teile desselben sind urheberrechtlich geschützt. Jede Verwertung in anderen als den gesetzlich zugelassenen Fällen ist ohne vorherige schriftliche Zustimmung des Verlags nicht zulässig.

Einbandgestaltung: Anna Braungart, Tübingen
Herstellung: Brill Deutschland GmbH, Paderborn

ISSN 0940-516X
ISBN 978-3-506-76035-7 (hardback)
ISBN 978-3-657-76035-0 (e-book)

Inhalt

Abhandlungen

Im Spiegel der Apostrophe. Anrufung und Reflexion in Novalis'
Hymnen an die Nacht 3
    Johannes Windrich

Transzendental, nicht emotional. Zu Friedrich Schlegels
Theorie des Erhabenen 41
    Giovanna Pinna

In der Mitte schweben 59
    María Verónica Galfione

Jahrhundertwende 1800? Ein kritischer Blick auf Luhmanns
frühromantische Epochenkonstruktion 79
    Melanie Seidel

Das ›Exemplarische‹ und die ›Originalität‹. Schellings
Kunstphilosophie im begriffsgeschichtlichen Kontext 95
    Tanehisa Otabe

»Anfang aller Erkenntniß«. Theorie und Praxis der Polemik
im Kreis der Frühromantiker 111
    Alexander Knopf

Rhetorische Propagierung der Klassik in der Romantik.
Friedrich Schlegel konstituiert das Altertum 159
    Thomas Schirren

Aus dem Archiv

Käse und Rübchen. Dorothea Tiecks Alltag als Mittlerin
im Familien- und Freundeskreis 197
    Tiziana Corda

Rezensionen

Rez. von »Sophia Zeil (Hg.): ›*Was wir nicht in Worte fassen
können*‹. *Die Briefe Dorothea Tiecks an Luise
von Bülow-Dennewitz* [...]« 207
    Thomas Meißner

Rez. von »Nobuyuki Kobayashi: *Ästhetische Revolution
und Phantasie. Studien zu den ästhetischen
und geschichtsphilosophischen Ansichten Friedrich Schlegels
bis 1800* [...]« 213
    Alexander Knopf

Rez. von »Catherine Dedié: *Mythische Motivierung.
Narrative Strukturen in Prosatexten der Frühromantik* [...]« 219
    Carlotta Santini

Rez. von »Friedrich Schlegel: *Philosophie des Lebens.
Vorlesungen aus den Jahren 1827–1829*/Robert Josef Kozljanič:
*Schlegel und die Lebensphilosophie des 21. Jahrhunderts.
Eine Manifestation* [...].« 225
    Hans-Rüdiger Schwab

Rez. von »Joel B. Lande: *Persistence of Folly. On the Origins
of German Dramatic Literature* [...]« 233
    Thiti Owlarn

Abhandlungen

Im Spiegel der Apostrophe. Anrufung und Reflexion in Novalis' *Hymnen an die Nacht*

Johannes Windrich

1   Überblick

»Gegenwärtig scheint man die ›Hymnen an die Nacht‹ mit einer Mischung aus Hochachtung und Fremdheit zu betrachten«, schreibt Dirk von Petersdorff, »manchmal hat man den Eindruck, als würde das Gedicht mit spitzen Fingern angefasst«.[1] Auch wenn diese Einschätzung inzwischen einige Jahre zurückliegt, lässt sich gleichwohl feststellen: Trotz anhaltender Bemühungen der Novalis-Interpreten, die »poetische Autonomie«[2] des Texts herauszustellen, haftet den *Hymnen an die Nacht* immer noch der Ruch des Esoterischen, der (pseudo)religiösen Schwärmerei an. Möglicherweise liegt darin einer der Gründe, weshalb die Romanfragmente sowie die philosophischen, politischen und naturwissenschaftlichen Schriften des Autors in der aktuellen Forschung eine größere Rolle spielen. Ich möchte in meinen Ausführungen zeigen, dass sich am Hymnenzyklus strukturelle Zusammenhänge beobachten lassen, die mit Novalis' philosophischen Betrachtungen, insbesondere mit seinen Überlegungen zum Reflexionsbegriff in Verbindung gebracht werden können. Gerade der konstitutive Sprechakt der Hymnengattung, die Anrufung, erweist sich in den *Hymnen an die Nacht* als Agens der Reflexion, als ihr zentrales Instrument. Es geht also um eine genaue Untersuchung der Preisungsstrategie in Verbindung mit dem Reflexionsgedanken. In meinen Ausführungen orientiere ich mich wie die meisten Interpreten primär an der *Athenäums*-Fassung.[3]

---

1   Dirk von Petersdorff: »Die Auferstehung Sophie von Kühns in den *Hymnen an die Nacht*«. In: Herbert Uerlings (Hg.): *Novalis. Poesie und Poetik*. Tübingen 2004, S. 125–140, hier S. 125.
2   Ebd.
3   Das Verhältnis zwischen der Handschrift und der Druckversion ist gründlich untersucht worden. Heinz Ritter stellt einen detaillierten Vergleich zwischen den beiden Fassungen an und kommt zu dem Ergebnis, dass die frühere »mehr aus dem

Zunächst ein Überblick über den Inhalt der sechs Hymnen. Die erste besteht aus fünf Teilen. Sie beginnt, angesichts des Titels durchaus überraschend, mit einem inbrünstigen Lob des Lichts:

> Welcher Lebendige, Sinnbegabte, liebt nicht vor allen Wundererscheinungen des verbreiteten Raums um ihn, das allerfreuliche Licht – mit seinen Farben, seinen Stralen und Wogen; seiner milden Allgegenwart, als weckender Tag. Wie des Lebens innerste Seele athmet es der rastlosen Gestirne Riesenwelt, und schwimmt tanzend in seiner blauen Fluth – athmet es der funkelnde, ewigruhende Stein, die sinnige, saugende Pflanze, und das wilde, brennende, vielgestaltete Thier – vor allem aber der herrliche Fremdling mit den sinnvollen Augen, dem schwebenden Gange, und den zartgeschlossenen, tonreichen Lippen.[4]

Der göttliche Charakter des Lichts zeigt sich darin, dass es sämtliche Bereiche der Schöpfung durchwirkt, von den Gestirnen über die anorganische Natur, Pflanze und Tier bis hin zum Menschen. Die Preisung des Lichts entpuppt sich allerdings als rhetorischer Kunstgriff, mit dessen Hilfe dem nachfolgenden Bekenntnis zur Nacht desto größeres Gewicht verliehen wird. Mit den Worten »Abwärts wend ich mich zu der heiligen, unaussprechlichen, geheimnißvollen Nacht« leitet das Ich den zweiten Abschnitt der Hymne ein (131). Während es die Nacht hier noch vornehmlich im Zeichen der Verlassenheit und der »Wehmuth« betrachtet, erkennt es sie im nächsten Passus bereits als ein wundersames Wesen, das ihm »unsichtbar kräftig an die Seele geht«: »Köstlicher Balsam träuft aus deiner Hand, aus dem Bündel Mohn« (131). Im vierten Teil wendet sich der Sprecher nochmals dem Licht zu; dabei nimmt er eine ganz andere Wertung vor: »Wie arm und kindisch dünkt mir das Licht

---

Gleichgewicht des Gefühls geschrieben«, die spätere hingegen »entwickelter [sei], nach beiden Seiten, des Gedankens und des Willens« (Heinz Ritter: *Novalis' Hymnen an die Nacht. Ihre Deutung nach Inhalt und Aufbau auf textkritischer Grundlage*. 2. Aufl., Heidelberg 1974, hier S. 128). Da es die zweite Fassung war, die Novalis publiziert hat, kann man davon ausgehen, dass sie seinen Intentionen genauer entspricht als die erste.

4 Zitiert wird nach: Novalis: »Hymnen an die Nacht«. In: ders.: *Schriften. Die Werke Friedrich von Hardenbergs*. Bd. 1. *Das dichterische Werk*. Hg. von Paul Kluckhohn und Richard Samuel. 3. Aufl. Stuttgart 1977, S. 130–157, hier S. 131. Im Folgenden zitiert als N mit Angabe des Bandes. Angaben aus den *Hymnen an die Nacht* erscheinen in Klammern im Fließtext.

nun – wie erfreulich und gesegnet des Tages Abschied« (133). Nach einer neuerlichen Anrufung der Nacht erscheint ihm zuletzt seine Geliebte:

> Preis der Weltköniginn, der hohen Verkündigerinn heiliger Welten, der Pflegerin seliger Liebe – sie sendet mir dich – zarte Geliebte – liebliche Sonne der Nacht, – nun wach ich – denn ich bin Dein und Mein – du hast die Nacht mir zum Leben verkündet – mich zum Menschen gemacht – zehre mit Geisterglut meinen Leib, daß ich luftig mit dir inniger mich mische und dann ewig die Brautnacht währt (133).

Die deutlich kürzere zweite Hymne knüpft an die Erfahrungen aus der ersten an. Während sich diese dem Zauber des Dunkels erst über Umwege annähert, positioniert sich jene von vornherein auf der Seite der Nacht, auch wenn der Rausch vorerst verflogen scheint. Der Sprecher beklagt die Vergänglichkeit des nächtlichen Glücks, die leidvolle Wiederkehr des Morgens und der »unselige[n] Geschäftigkeit« (133). Er sieht sich als Eingeweihten, der sich durch sein Wissen von den gewöhnlichen Sterblichen unterscheidet. Als Chiffre für das Geheimnis figuriert der »Heilige Schlaf«. Nur die »Thoren«, so die Behauptung, kennen den Schlaf bloß als »Schatten [...] in jener Dämmerung der wahrhaften Nacht«. Sie seien nicht in der Lage, seinen eigentlichen Geist in der Liebe, der Poesie oder in verschiedenen Rauschmitteln zu empfangen:

> Sie fühlen dich nicht in der goldnen Flut der Trauben – in des Mandelbaums Wunderöl, und dem braunen Safte des Mohns. Sie wissen nicht, daß du es bist der des zarten Mädchens Busen umschwebt und zum Himmel den Schoß macht – ahnden nicht, daß aus alten Geschichten du himmelöffnend entgegentrittst und den Schlüssel trägst zu den Wohnungen der Seligen, unendlicher Geheimnisse schweigender Bote (133/135).

Die dritte Hymne hebt in einem ganz anderen Gestus an als die ersten beiden. Das Tempus wechselt vom Präsens ins Präteritum. Vom Inhalt her zeigen sich insofern Ähnlichkeiten zur ersten, als es wiederum um ein Erweckungserlebnis geht. Doch während Hymne I allgemein gehalten ist, jegliche Hinweise auf die Person des Sprechenden oder die besonderen Umstände seiner Initiation ausgespart werden, ist hier von einer einmaligen Erfahrung des Sprechers die Rede. Dieser wird erstmals als Individuum greifbar. Er berichtet, wie er »einsam stand am dürren Hügel, der in engen, dunkeln Raum die Gestalt [s]eines Lebens barg«

(135), das heißt am Grab seiner Geliebten – der »dürre[] Hügel« bildet die erste konkrete Raumangabe des gesamten Zyklus. In dieser Lage, als er dort kraftlos und vor Angst wie gelähmt getrauert habe, sei »aus blauen Fernen« ein »Dämmerungsschauer« gekommen:

> und mit einemmale riß das Band der Geburt – des Lichtes Fessel. Hin floß die irdische Herrlichkeit und meine Trauer mit ihr – zusammen floß die Wehmuth in eine neue, unergründliche Welt – du Nachtbegeisterung, Schlummer des Himmels kamst über mich – die Gegend hob sich sacht empor; über der Gegend schwebte mein entbundner, neugeborner Geist. Zur Staubwolke wurde der Hügel – durch die Wolke sah ich die verklärten Züge der Geliebten. In ihren Augen ruhte die Ewigkeit – ich faßte ihre Hände, und die Thränen wurden ein funkelndes, unzerreißliches Band. Jahrtausende zogen abwärts in die Ferne, wie Ungewitter. An Ihrem Halse weint ich dem neuen Leben entzückende Thränen (135).

Diese Beschreibung weist detaillierte Parallelen zu einer früheren Tagebuch-Notiz des Dichters auf. Darin berichtet Hardenberg von einem Gang zum Grab seiner jung verstorbenen Braut Sophie von Kühn: »Abends gieng ich zu Sophieen. Dort war ich unbeschreiblich freudig – aufblitzende Enthusiasmus Momente – Das Grab blies ich wie Staub, vor mir hin – Jahrhunderte waren wie Momente – ihre Nähe war fühlbar – ich glaubte sie solle immer vortreten«.[5] Angesichts der Übereinstimmungen zwischen den beiden Zitaten hat man in Hardenbergs Eintrag die Keimzelle der *Hymnen an die Nacht* vermutet und sogar über eine in die Zeit dieses Erlebnisses zurückreichende »Urhymne«[6] spekuliert. Auf jeden Fall wird in der dritten Hymne der Prozess aus der ersten durch die Darstellung einer als persönlich markierten Erfahrung verdeutlicht und konkretisiert.

Hymne IV gliedert sich in drei Teile. Das erste Drittel beginnt mit einem Satz, der sich als Antwort auf die einleitende Frage aus der zweiten

---

5 N IV, S. 35 f. Der Eintrag stammt vom 13. Mai 1797.
6 Heinz Ritter: *Der unbekannte Novalis. Friedrich von Hardenberg im Spiegel seiner Dichtung.* Göttingen 1967, S. 71–74. Ritter stützt sich dabei u. a. auf eine Äußerung aus der Novalis-Biographie von Hardenbergs Bruder Karl: »In diese Zeit, doch mehr im Herbst 1797, fallen mehrere seiner Fragmente und die Hymne an die Nacht« (zit. n. ebd., S. 74). Bei dieser Urhymne, so Ritter, könne es sich nur um »die mit dem Tagebuch verwandte dritte« handeln; er datiert sie im Anschluss an die zitierte Bemerkung auf September 1797 (ebd., S. 74).

Hymne – »Muß immer der Morgen wiederkommen?« (133) – verstehen lässt: »Nun weiß ich, wenn der letzte Morgen seyn wird – wenn das Licht nicht mehr die Nacht und die Liebe scheucht – wenn der Schlummer ewig und nur Ein unerschöpflicher Traum seyn wird« (135). Die vierte Hymne nimmt also einen Standpunkt höheren Wissens ein als die zweite. Die Einsicht, die sie dieser voraushat, korrespondiert in erster Linie mit dem Verhältnis zum Tod. In den ersten beiden Hymnen erscheint die Nacht noch als geheimnisvolle Welt von Rausch, Eros und Poesie, in den beiden mittleren wird sie immer klarer mit dem Tod in Verbindung gebracht. Das in Hymne III geschilderte Erlebnis am Grab der Geliebten erweitert sich nun zu einer Einweihung in den Tod, bei der sich der Sprecher zu einem neuen Christus stilisiert:

> Weit und ermüdend ward mir die Wallfahrt zum heiligen Grabe, drückend das Kreutz. Die krystallene Woge, die gemeinen Sinnen unvernehmlich, in des Hügels dunkeln Schooß quillt, an dessen Fuß die irdische Flut bricht, wer sie gekostet, wer oben stand auf dem Grenzgebürge der Welt, und hinübersah in das neue Land, in der Nacht Wohnsitz – warlich der kehrt nicht in das Treiben der Welt zurück, in das Land, wo das Licht in ewiger Unruh hauset. (137)

Zwar heißt es im nächsten Satz einschränkend, dass sich derjenige, dem diese Erfahrung zuteil geworden ist, oben »Hütten des Friedens« baut, sich also wenigstens vorläufig in einem irdischen Dasein einrichtet (137). Doch sein Sehnen gilt von nun an dem Tod. Von dieser Warte aus wendet sich der Sprecher im Mittelteil von Hymne IV wie in I an das Licht, lobt erneut seine kunstvollen Werke, doch wiederum nur in der Absicht, die Nacht als umso mächtiger und ursprünglicher zu preisen. Sein Bekenntnis zur Nacht geht so weit, dass er – in Abwandlung eines Wortes aus dem Johannesevangelium[7] – an ihrer Stelle spricht: »Warlich ich war, eh du warst – die Mutter schickte mit meinen Geschwistern mich, zu bewohnen deine Welt, sie zu heiligen mit Liebe, daß sie ein ewig angeschautes Denkmal werde – zu bepflanzen sie mit unverwelklichen Blumen« (139). Im letzten Teil der Hymne wechselt die Rede, zum ersten Mal in der *Athenäums*-Fassung, in die Versform. Das Ich besingt

---

[7] »Jesus sprach zu ihnen: Wahrlich, wahrlich ich sage euch: Ehe denn Abraham ward, bin ich« (Joh 8,58).

sein Streben nach dem Jenseits (»Hinüber wall ich«) und die heilsame Kraft des Todes im Leben: »Ich fühle des Todes | Verjüngende Fluth, | Zu Balsam und Aether | Verwandelt mein Blut – | Ich lebe bey Tage | Voll Glauben und Muth | Und sterbe die Nächte | In heiliger Gluth« (139).

Die fünfte Hymne ist ungefähr so lang wie die ersten vier zusammen. Sie lässt sich, wie noch genauer erläutert werden soll, in sechs Abschnitte gliedern. Dabei wechseln rhythmisierte Prosa (1, 3, 5) und Versstrophen (2, 4, 6) einander ab. Das Gedicht unterscheidet sich sowohl stilistisch als auch inhaltlich markant von den vorherigen Teilen des Zyklus. Besonders fällt auf, dass das Ich gänzlich zurücktritt. Der subjektive, auf persönliches – ob früheres oder aktuelles – Erleben bezogene Gestus weicht einer objektiven Erzählhaltung. Nur in den beiden späteren Verspartien (4, 6) lässt sich ein »Wir« vernehmen (147, 149/151/153). Der Text spannt einen breiten Bogen von der Götterwelt der griechischen Antike (1, 2) über deren Auflösung sowie Christi Geburt (3) und Auferstehung (5) bis zu einer Zukunftsvision von der Überschreitung alles Irdischen auf das »ewge[] Leben« (153) hin (6).

In den Passagen zur griechischen Mythologie spielt Novalis auf Schillers Gedicht *Die Götter Griechenlandes* (1788) an. Darin geht es um den Gegensatz zwischen den antiken Göttern, die ganz im Einklang mit den verschiedenen Naturerscheinungen standen und »menschlicher noch waren«,[8] und der entgötterten Gegenwart. Hardenberg knüpft insofern an das Griechenbild der Vorlage an, als auch er die sinnliche Anschaubarkeit und Menschennähe der antiken Götter akzentuiert: »ein Gott in den Trauben – eine liebende, mütterliche Göttin, empor wachsend in vollen goldenen Garben – der Liebe heilger Rausch ein süßer Dienst der schönsten Götterfrau – ein ewig buntes Fest der Himmelskinder und der Erdbewohner rauschte das Leben, wie ein Frühling, durch die Jahrhunderte hin« (143). In einem anderen Punkt distanziert er sich umso schärfer von Schiller. Während dieser die spätantike Darstellung des Todes in der Gestalt eines Jünglings mit gesenkter Fackel als Verschönerung des Unabänderlichen feiert,[9] wird sie in den *Hymnen*

---

8   Friedrich Schiller: »Die Götter Griechenlandes«. In: ders.: *Werke und Briefe in zwölf Bänden*. Bd. 1. *Gedichte*. Hg. von Georg Kurscheidt. Frankfurt a. M. 1992, S. 285–291, hier S. 291.

9   Ebd., S. 288 f.: »Damals trat kein gräßliches Gerippe | Vor das Bett des Sterbenden. Ein Kuß | Nahm das letzte Leben von der Lippe, | Still und traurig senkt' ein Genius | Seine

ganz anders bewertet: als Akt der Verdrängung. Die Griechen hätten auf diese Weise versucht, den Tod in ihre heitere Lichtwelt zu integrieren, und damit dessen Wesen zutiefst verkannt: »Doch unenträthselt blieb die ewge Nacht, | Das ernste Zeichen einer fernen Macht« (143). Im Gedicht wird die Unangemessenheit dieser Todesvorstellung unterstrichen, indem der Text mitten im Satz von der Prosa in die Stanzenform wechselt (143). Der jähe Sprung reflektiert die Inkommensurabilität des Todes für das griechische Weltbild.[10]

Die geschichtsphilosophische Konstruktion von Hymne V weicht noch in einem weiteren Aspekt von Schiller ab. Dieser hatte das Christentum als Ursache für die Entgötterung der Natur ausgemacht. Für Hardenberg beginnt mit Christus hingegen das Zeitalter, in dem der Tod nicht länger verdrängt, sondern vielmehr in seiner wahren Bedeutung erkannt wird. Insofern sieht er im Christentum im diametralen Gegensatz zu Schiller die Quelle eines sinnerfüllten Daseins, einer Versöhnung aller Gegensätze. Durch die Integration des Todes sei die christliche Weltdeutung umfassender als die der antiken Götterwelt. Im Gedicht erscheint Christus als Wiedergänger des »sanften Jünglings«, als neuer Thanatos, der erst den wahren Sinn hinter dem griechischen Bild enthüllt: »Der Jüngling bist du, der seit langer Zeit | Auf unsern Gräbern steht in tiefen Sinnen [...] Im Tode ward das ewge Leben kund | Du bist der Tod und machst uns erst gesund« (147).

Allerdings wäre es meines Erachtens verfehlt, wollte man die *Hymnen an die Nacht*, wie vielfach geschehen, als genuin christliches Glaubensbekenntnis lesen.[11] Dem widerspricht bereits der Satz »Du bist der Tod«. In Joh 11,25 heißt es hingegen, Christus sei die Auferstehung und das Leben.[12] Indem der Tod zum Zentrum der christlichen Religion erklärt

---

Fackel. Schöne lichte Bilder | Scherzten auch um die Notwendigkeit, | Und das ernste Schicksal blickte milder | Durch den Schleier sanfter Menschlichkeit«.

10   Heinz Ritter: *Novalis' Hymnen an die Nacht. Ihre Deutung nach Inhalt und Aufbau auf textkritischer Grundlage.* Heidelberg 1930, S. 131, Max Kommerell: »Novalis *Hymnen an die Nacht*«. In: Gerhard Schulz (Hg.): *Novalis. Beiträge zu Werk und Persönlichkeit Friedrich von Hardenbergs.* 2. Aufl. Darmstadt 1986, S. 174–202, hier S. 191, Gerhard Schulz: *Novalis. Leben und Werk Friedrich von Hardenbergs.* München 2011, S. 241.

11   Neuere Beispiele bilden Johann Anselm Steiger: *Die Sehnsucht nach der Nacht. Frühromantik und christlicher Glaube bei Novalis.* Heidelberg 2003, Dirk von Petersdorff: *Die Auferstehung Sophie von Kühns* (s. Anm. 1).

12   »Jesus spricht zu ihr: Ich bin die Auferstehung und das Leben. Wer an mich glaubt, der wird leben, ob er gleich stürbe« (Joh 11,25).

wird, entfernt sich der Zyklus weit von der kirchlichen Lehre.[13] Auch sonst wird der Inhalt der Evangelien sehr frei behandelt. Zwar begegnen in der Darstellung von Christi Leben die Weisen aus dem Morgenland, die Jünger, Tod und Auferstehung (145/147/149). Doch zugleich führt Novalis eine Figur ein, für die es in der Bibel kein Vorbild gibt: einen Sänger, der aus Griechenland nach Palästina gekommen und noch vor dem Tod Christi nach »Indostan« weitergezogen sei, um dort die Frohe Botschaft zu predigen und so entscheidend zu ihrer Ausbreitung beizutragen (147). In der Forschung wurde verschiedentlich versucht, den Sänger mit bestimmten biblischen Gestalten, etwa dem Heiligen Thomas zu identifizieren.[14] Mittlerweile wird er meist als eine freie Fiktion gedeutet, vermittels derer der Dichter signalisiert, dass das, was in den Hymnen als Religion vorgestellt wird, nur im Zusammenwirken mit der Kunst, mit dem Gesang zu denken ist.[15] Letzteres bestätigt auch der abschließende

---

13   Dies unterstreicht unter anderem Lothar Pikulik, der zu den zitierten Versen des »Sängers« schreibt: »›Im Tode ward das ewge Leben kund, | Du bist der Tod und machst uns erst gesund.‹ [...] Das enträtselte Geheimnis ist im Wort vom ›ewgen Leben‹ beschlossen, doch will beachtet werden, daß es heißt ›im‹ Tode und nicht ›jenseits‹ des Todes. Das hier genannte Leben ist, paradox genug, Essenz des Todes selbst, nicht Ergebnis seiner Überwindung« (Lothar Pikulik: »›Sehnsucht nach dem Tode‹. Novalis' sechste *Hymne an die Nacht* im kontextuellen Zusammenhang«. In: ders. [Hg.]: *Signatur einer Zeitenwende. Studien zur Literatur der frühen Moderne von Lessing bis Eichendorff*. Göttingen 2001, S. 140–151, hier S. 147). In Abgrenzung von Pikuliks These, dass »Hardenbergs *Hymnen* sich selbst an die Stelle des Evangeliums setzen« (Lothar Pikulik: *Frühromantik. Epoche – Werk – Wirkung*. 2. Aufl. München 2000, hier S. 194), schreibt Johann Anselm Steiger: »Ich würde eher von einer kongenialen Neuartikulation sprechen, die zu einem großen Teil selbst biblische Motivik verarbeitet, dabei aber nicht den Anspruch erhebt, ein Surrogat des Evangeliums zu sein« (Johann Anselm Steiger: *Sehnsucht* [s. Anm. 11], S. 36).

14   Eine Übersicht über die lange Reihe der Deutungsversuche liefert Herbert Uerlings: *Friedrich von Hardenberg, genannt Novalis. Werk und Forschung*. Stuttgart 1991, S. 290 f.

15   Schon Max Kommerell schreibt: »Der Sänger ist [...] die symbolische Anwesenheit des Novalis in seiner Vision, so wie ein Maler sich selbst mit in sein Gemälde hineinmalt« (Max Kommerell: *Novalis' Hymnen* [s. Anm. 10], S. 197). Lothar Pikulik insistiert ebenfalls darauf, dass »das neue Evangelium [Novalis' Erlösungsvision] ein spezifisch ästhetisches ist und der in der fünften Hymne erwähnte ›Sänger‹ sein wahrer Prophet« (Lothar Pikulik: »*Sehnsucht nach dem Tode*« [s. Anm. 13], S. 148). Zu dieser Thematik auch Hans-Joachim Mähl: *Die Idee des goldenen Zeitalters im*

Teil von Hymne V, wo die zukünftige Erfüllung als ein »ewiges Gedicht« antizipiert wird.[16]

Nach dem triumphalen Finale der fünften Hymne folgt in der sechsten – die durchweg in Reimstrophen und in der Wir-Perspektive gehalten ist – eine radikale Kehrtwendung. Statt sich in der Gewissheit bevorstehenden Heils auf die Zukunft zu richten, heftet sich der Blick nun auf die »Vorzeit«. Um deren unwiederbringlich verlorene Seligkeit geht es von der dritten bis zur siebten der insgesamt zehn Strophen. Angesichts des Kontrasts zu den vorangegangenen Hymnen hat Heinz Ritter das Gedicht als Fremdkörper innerhalb des Zyklus bewertet.[17] Für sich genommen wirkt der Text in der Tat weniger wie eine Hymne, vielmehr wie der Klagegesang einer Gemeinde, die sich, des irdischen Lebens überdrüssig, den Tod ersehnt. Auch das Gegenüber hat sich verändert. Anstelle der mütterlichen Nacht fungiert nun der »Vater« als das Ziel des Strebens: »Die Lust der Fremde ging uns aus, | Zum Vater wollen wir nach Haus« (153).

Die sechs Gedichte lassen sich nach all dem in drei Zweiergruppen unterteilen.[18] In den ersten beiden Hymnen bildet die Nacht das Zentrum; sie verkörpert ein Gegen-Reich des Rauschs und der Poesie. Hymne III und IV unterscheiden sich in zweierlei Hinsicht vom ersten Paar: Statt der allgemeinen Beschreibung einer Einweihung findet sich hier ein persönlicher, mit konkreten Einzelheiten angereicherter Bericht

---

Werk von Novalis. Studien zur Wesensbestimmung der frühromantischen Utopie und zu ihren ideengeschichtlichen Voraussetzungen. Heidelberg 1965, S. 393, Herbert Uerlings: *Novalis (Friedrich von Hardenberg).* Stuttgart 1998, S. 145, Gerhard Schulz: *Novalis* (s. Anm. 10), S. 246 f.

16 »Die Lieb' ist frey gegeben | Und keine Trennung mehr. | Es wogt das volle Leben | Wie ein unendlich Meer. | Nur Eine Nacht der Wonne – | Ein ewiges Gedicht – | Und unser aller Sonne | Ist Gottes Angesicht« (153). Vgl. Herbert Uerlings: *Novalis* (s. Anm. 15), S. 148.

17 Heinz Ritter: *Novalis' Hymnen* (s. Anm. 10), S. 151: »*Die 6. Hymne annulliert den Gehalt der 5.* Sie kann also nicht in einer Folge mit ihr geschrieben worden sein« (Hervorhebung im Original gesperrt). Zur Kritik an Ritters Deutung u. a. Andreas Barth: *Inverse Verkehrung der Reflexion. Ironische Textverfahren bei Friedrich Schlegel und Novalis.* Heidelberg 2001, S. 308 f.

18 Diese Unterteilung wurde zuerst vorgeschlagen von Peter Gumpel: »The Structural Integrity oft he Sixth of Novalis' *Hymnen an die Nacht*«. In: *Germanic Review* 55 (1980), S. 41–54.

von der Initiation des Sprechers sowie von deren Folgen. Zudem stellt sich heraus, dass die Anbetung der Nacht eine affirmative Beziehung zum Tod einschließt. In den beiden letzten Hymnen erfährt der thematische Rahmen eine Weitung ins Überpersönliche. Im Fokus steht nicht länger nur die individuelle Öffnung für die Nacht und den Tod, sondern eine mögliche Glaubensgemeinschaft, das Christentum im Gegensatz zur Antike, seine Umdeutung zu einer Religion, für die der Tod der Keim allen Lebenssinns ist.

2 Apostrophe

Um das hymnische Verfahren schärfer zu fassen, empfiehlt sich ein gründlicher Blick auf das Stilmittel der Apostrophe.[19] In den *Hymnen an die Nacht* gibt es eine Reihe von Passagen, in denen der Sprecher seine Rede an ein Gegenüber richtet und dieses mit Du anspricht.[20] Dieses Du

---

19   Zur Apostrophe grundlegend Jonathan Culler: *The Pursuit of Signs. Semiotics, Literature, Deconstruction*. London/Henley 1981, S. 135–154. Vgl. auch Heinz Schlaffer: *Geistersprache. Zweck und Mittel der Lyrik*. München 2012, S. 13–28, *passim*. Zur Rolle der Anrufung in hymnischer Dichtung auch Dieter Burdorf: »Gibt es eine Geschichte der deutschen Hymne?«. In: *Zeitschrift für Germanistik. Neue Folge* 14.2 (2004), S. 298–310, hier S. 306.

20   Es ist geradezu verblüffend, dass dieses Thema – die besondere Gestaltung der Du-Anreden – in den zahlreichen Studien zu den *Hymnen an die Nacht* noch niemals im Zusammenhang untersucht wurde. Selbst Kommerell belässt es in seiner profunden Abhandlung zu Novalis' Zyklus bei dem pauschalen Hinweis: »Die Anreden wechseln häufig, aber überlegt« (Max Kommerell: *Novalis' Hymnen* [s. Anm. 10], S. 183), ohne auf ihre »überlegte« Struktur näher einzugehen. In einer neueren Studie heißt es: »Die Attraktion der Hymnen liegt [...] darin begründet, daß das angesprochene Du zuweilen das Licht, zuweilen die Nacht, zuweilen Gott bzw. Christus ist, ohne daß Novalis – und dies offenbar absichtsvoll – die Änderung des angesprochenen Subjekts indizierte. Solch eindeutige Prädikation ist auch gar nicht nötig oder sinnvoll, da die Nacht ja nicht nur Kulisse des Göttlichen, sondern dieses selbst ist und ähnliches – paradox – auch für das Licht gilt, so daß es angemessen ist, die angesprochenen Subjekte verschwimmen zu lassen« (Johann Anselm Steiger: *Sehnsucht* [s. Anm. 11], S. 42). Meines Erachtens unterschätzt Steiger die Strukturiertheit der Anrufungen. Wie sich im Folgenden zeigen soll, kann keine Rede davon sein, dass die angerufenen Personen und Personifikationen ineinander »verschwimmen«.

bezieht sich aber keineswegs immer auf ein- und denselben Adressaten. Das Spektrum reicht von der Nacht über das Licht, die Geliebte und den Schlaf bis hin zu Christus und Maria. Hier eine tabellarische Übersicht:[21]

	Hymne Nr.	Adressat/in	Seitenzahl(en)
1)	I	Nacht	131
2)	I	Licht	133
3)	I	Geliebte	133
4)	II	Heiliger Schlaf	133/135
5)	III	Nachtbegeisterung, Schlummer des Himmels	135
6)	IV	Licht	137/139
7)	IV	Geliebter (Imperativ)	139
8)	V	Christus	147/149/151
9)	V	Maria	151

Insgesamt lassen sich also neun Textsegmente mit Du-Anreden ausmachen. Meist wird die Hinwendung zum Anderen einige Sätze lang durchgehalten; nur bei Station 5 und 7 beschränkt sie sich auf eine einzige

---

21 In der Tabelle sind alle Stellen aufgelistet, in denen ein Objekt als ein Du angerufen wird. Nr. 7 bedarf einer näheren Erläuterung. Gemeint sind die Verse: »O! sauge, Geliebter, | Gewaltig mich an« (139). Dabei handelt es sich strenggenommen um keine Du-Apostrophe. Da die Imperativform eine direkte Hinwendung an das Gegenüber voraussetzt (im Unterschied etwa zu Sätzen, in denen lediglich *über* dieses geredet wird), kann die Passage gleichwohl zu den übrigen Fällen hinzugenommen werden. – Der Schlussteil von Hymne IV enthält darüber hinaus eine Stelle, in der der Bezug des Du zumindest bei flüchtiger Lektüre unklar erscheint. Einige Zeilen vor den oben zitierten heißt es: »Unendliches Leben | Wogt mächtig in mir | Ich schaue von oben | Herunter nach dir. | An jenem Hügel | Verlischt dein Glanz« (139). Das »Du«, auf das das Ich hinabschaut, ist nicht die Geliebte (auch wenn in Hymne III ein solches Bild verwendet wird), sondern das Licht. Dafür spricht zum einen die benachbarte Stellung zum Mittelteil von Hymne IV, in der bereits das Licht angerufen wird, zum anderen der Vers »Verlischt dein Glanz« – dieser passt viel eher zum Licht als zur Geliebten.

Formulierung. Mitunter kommt es zu abrupten Übergängen, insbesondere in den Hymnen I und IV. Andernorts liegen längere Abschnitte ohne Invocatio zwischen den betreffenden Partien. Das Licht hat in zweierlei Hinsicht eine Sonderstellung. Zum einen ist es der einzige Adressat, der in verschiedenen Teilen des Zyklus als Du fungiert (allerdings scheinen auch andere Objekte sehr ähnlich bzw. nahezu identisch, vor allem der »Heilige Schlaf« aus Hymne II und der »Schlummer des Himmels« aus III; zudem ist mit dem Geliebten in der vierten Hymne offensichtlich der Tod bzw. der in V apostrophierte Christus gemeint). Zum anderen geschieht seine Anrufung anders als bei den übrigen Personen und Personifikationen nicht in affirmativer Absicht. Das Licht wird in der Du-Ansprache nicht gepriesen, sondern gegenüber der Nacht abgewertet.

Zunächst sei das erste Du eingehender beleuchtet. Es findet sich im dritten Teil der ersten Hymne. Sobald der Sprecher seine Klagen über die Einsamkeit und Verlassenheit der nächtlichen Welt beendet hat, ruft er die Nacht als ein geheimnisvolles unbekanntes Wesen an:

> Was quillt auf einmal so ahndungsvoll unterm Herzen, und verschluckt der Wehmuth weiche Luft? Hast auch du ein Gefallen an uns, dunkle Nacht? Was hältst du unter deinem Mantel, das mir unsichtbar kräftig an die Seele geht? Köstlicher Balsam träuft aus deiner Hand, aus dem Bündel Mohn. Die schweren Flügel des Gemüths hebst du empor. Dunkel und unaussprechlich fühlen wir uns bewegt – ein ernstes Antlitz seh ich froh erschrocken, das sanft und andachtsvoll sich zu mir neigt, und unter unendlich verschlungenen Locken der Mutter liebe Jugend zeigt. Wie arm und kindisch dünkt mir das Licht nun – wie erfreulich und gesegnet des Tages Abschied (131/133).

Der Passus gehört zu den raffiniertesten Stellen der *Hymnen an die Nacht*. Wie bereits Max Kommerell[22] vermerkt, beginnt er mit einem *Faust*-Zitat. Der einleitende Satz spielt auf die Worte des bösen Geists zu Gretchen an: »Und unter deinem Herzen | Regt sich's nicht quillend schon, |

---

22   Max Kommerell: *Novalis' Hymnen* (s. Anm. 10), S. 180. Vgl. auch Mario Zanucchi: »Novalis' erste *Hymne an die Nacht* in der Tradition der Poetik des Erhabenen«. In: *Blütenstaub. Jahrbuch für Frühromantik* 1 (2007), S. 81–125, hier S. 94.

Und ängstet dich und sich | Mit ahnungsvoller Gegenwart?«.[23] Das Bild, das der geschilderten Szene zugrunde liegt, ist das einer Schwangerschaft, einer Geburt. Doch wer hat dabei die Mutterrolle inne? Der erste der zitierten Sätze liest sich noch wie eine Selbstanrede; das heißt demnach entstünde das neue Wesen »unterm Herzen« des Sprechers. Schon die übernächste Frage bezieht sich indes auf ein Etwas, das die Nacht unter ihrem Mantel hält – hier scheint sie die Schwangere zu sein. In der Schwebe bleibt nicht nur, wer gebiert, sondern ebenso, wer beziehungsweise was geboren wird. Betrachtete man lediglich die ersten beiden Sätze, so müsste die Antwort lauten: Das Ich gebiert die Nacht und redet sie daraufhin als ein Du an. Im weiteren Verlauf des Abschnitts rückt der Sprecher aber in die Position des Geborenen, insbesondere wenn er »froh erschrocken« das verjüngte Gesicht seiner Mutter sieht.[24] Er imaginiert die Situation seiner eigenen Geburt.[25] Insofern hat man es mit einer doppeldeutigen Konstellation zu tun. »Mit einem Gefühl, als gehe es mit der Neugeburt seiner selbst schwanger [...], erfährt sich das redende Ich als Kind der Mutter Nacht«, schreibt Lothar Pikulik.[26] Im Verhältnis von Ich und Nacht changieren die Pole von Gebären und Geborenwerden.[27]

---

23   Johann Wolfgang Goethe: »Faust. Der Tragödie Erster Teil«. In: ders.: *Sämtliche Werke. Briefe, Tagebücher und Gespräche*. I. Abt., Bd. 7.1. Hg. von Albrecht Schöne, Frankfurt a. M. 1994, S. 31–200, hier S. 164.

24   Dieses Bild findet sich erst in der *Athenäums*-Fassung. In der Handschrift ist von der Mutter nicht die Rede. Offensichtlich kam es Novalis bei der Überarbeitung darauf an, den Aspekt des Geborenwerdens zu akzentuieren.

25   Kommerell stellt hier einen Vergleich zum Märchen von Hyazinth und Rosenblüte aus *Die Lehrlinge zu Sais* an: »Wie in der entschleierten Isis sich Rosenblütchen darstellt, stellt sich hier in der ersten Nacht das Gesicht der Mutter dar, der jungen Mutter, wie es im Gedächtnis ferner Kindheit lebt. Und das ist eine Gabe der Einweihung, daß dieselbe Nacht jedem die eigene Nacht wird, die ihm die eigene Mutter zeigt« (Max Kommerell: *Novalis'* Hymnen [s. Anm. 10], S. 180 f.).

26   Lothar Pikulik: *Frühromantik* (s. Anm. 13), S. 190.

27   In diesem Zusammenhang ist eine Notiz aus dem Sommer 1799 von Interesse. Darin geht es um Novalis' Ideen zur Religion: »All unsre Neigungen scheinen nichts, als angewandte Religion zu seyn. Das Herz scheint gleichsam das religioese Organ[.] Vielleicht ist das höhere Erzeugniß des produktiven Herzens – nichts anders, als der *Himmel*. | (Indem sich das Herz, abgezogen von allen einzelnen wircklichen Gegenständen – sich selbst empfindet, sich selbst zu einem

Die Stelle ist für Novalis' Hymnenkonzeption außerordentlich aufschlussreich. Man kann hier beobachten, wie der Text das Objekt seiner Ansprache selbst hervorbringt. Das Nacht-Wesen wächst aus der Rede beziehungsweise durch die Rede empor. Es handelt sich um keine präexistente, überindividuelle Gottheit, sondern um eine Figur, die auf das engste mit dem Sprecher-Ich zusammenhängt.[28] Das heißt allerdings nicht, dass sie lediglich dessen Alter Ego wäre, dass sich der Sprecher darin eine Kopie seiner selbst geschaffen hätte, die seiner Willkür unterworfen wäre. Diese Behauptung träfe insbesondere deshalb nicht zu, weil das Ich das Nacht-Wesen mit seiner eigenen Mutter bei seiner Geburt identifiziert. Ein stärkeres Bild für das Gefühl einer elementaren Abhängigkeit wäre kaum denkbar. Die Nacht ist demzufolge nur

---

idealischen Gegenstande macht, entsteht Religion – Alle einzelne Neigungen vereinigen sich in Eine – deren wunderbares Object – ein höheres Wesen, eine Gottheit ist – daher ächte Gottesfurcht alle Empfindungen und Neigungen umfaßt. Dieser Naturgott ißt uns, gebiert uns, spricht mit uns, erzieht uns, beschläft uns, läßt sich von uns essen, von uns zeugen und gebären; Kurz ist der unendliche Stoff unsrer Thätigkeit, und unsers Leidens. | Machen wir unsre Geliebte zu einem solchen Gott, so ist dies *angewandte Religion*.)« (N III, S. 570 f.:104). Das Fragment wirkt wie ein vorweggenommener Kommentar zur ersten Apostrophe. Dass der darin erwähnte »Naturgott« den Menschen – neben vielem anderen – nicht nur »gebiert«, sondern sich auch von diesem »gebären lässt«, bezeugt seine Verwandtschaft zur Nacht aus der ersten Hymne. Noch deutlicher wird die Verbindung, wenn man bedenkt, dass sich diese Gottheit einer Empfindung verdankt, in der sich das Herz – »abgezogen von allen einzelnen wircklichen Gegenständen« – auf sich selbst bezieht. Eben diese Situation, die Abtrennung von allen Bezügen zur äußeren Realität, inszeniert die erste Hymne: »Fernab liegt die Welt«, heißt es im Absatz vor der ersten Du-Anrede, »in eine tiefe Gruft versenkt – wüst und einsam ist ihre Stelle« (131). Durch diese Entleerung werden die Bedingungen zur Selbstempfindung bzw. -reflexion des Herzens hergestellt. Auch das lässt darauf schließen, dass die Nacht aus den *Hymnen an die Nacht* zumindest in einigen Hinsichten mit dem »Naturgott« aus der Notiz parallelisiert werden kann. Nebenbei sei bemerkt: Auch in anderen Texten stellt Novalis das Gott-Mensch-Verhältnis im Rekurs auf körperlich-sinnliche Vorgänge dar. Eines der frappantesten Beispiele bildet die *Hymne* aus den *Geistlichen Liedern* (N I, S. 166–168).

28   Die Nähe des Anderen manifestiert sich auch in dem besonderen Tonfall, in dem in den *Hymnen an die Nacht* die verschiedenen Personen und Personifikationen apostrophiert werden: Die Du-Sätze wirken beinahe wie aus einem Gespräch unter Freunden, wie spontane Reaktionen eines aufmerksamen Dialogpartners. Feierliche, die Distanz und Erhabenheit des Objekts anzeigende Oh-Anreden im Vokativ sucht man zumindest in den ersten vier Hymnen vergebens.

insofern ein Spiegelbild des Ichs, als sie den *Horizont* seiner Neigungen verkörpert. Sie personifiziert die andere Seite seiner Empfindungen, seiner aktiven Wünsche wie seiner passiven, erleidenden Gefühle und Erinnerungen.

Die erste Anrufung gewährt also Einblick in das besondere Verhältnis, in dem Text und hymnisches Gegenüber in den *Hymnen an die Nacht* zueinander stehen. Subjekt und Objekt steigern sich hier wechselseitig. Durch die redende Hinwendung nimmt das Andere erst die Gestalt eines apostrophierbaren Objekts an; sobald dieser Schritt vollzogen ist, verfügt der Sprecher über ein konkretes Ziel, auf das sich seine Energie richten, an dem sie sich bündeln kann; seine Erregungskurve erreicht einen immer höheren Ausschlag. Zugleich gelangt er durch die Gegenüberstellung zu einer gänzlich neuen Wahrnehmung seiner selbst. Die Apostrophe ist demzufolge keineswegs nur rhetorischer Schmuck, sondern ein textkonstitutives Manöver: Anstatt ein bereits Bestehendes nachträglich zu benennen, »gebiert« sie dieses im Akt der Anrede – und mit ihm den Anrufenden.

Somit stellt sich die Frage, inwieweit sich der Befund zur ersten Du-Anrede auf die übrigen acht übertragen lässt. Der folgende Durchgang durch die Apostrophen zielt insbesondere auf deren Zusammenspiel mit der übergreifenden Entwicklung des Zyklus, auf Veränderungen im Bewusstsein beziehungsweise in der Redeposition des Sprechers, die von den Anrufungen gegebenenfalls ausgelöst werden.

Zurück zur Tabelle. Prima vista bietet die Liste der Angerufenen ein verwirrendes Bild. Bei näherem Hinsehen zeigt sich indes eine Regelmäßigkeit, die Wiederholung eines Musters. Die Folge der Anreden 1–3 kehrt leicht abgewandelt in 5–7 wieder: Aus der Sequenz »Nacht-Licht-Geliebte« wird »Nachtbegeisterung-Licht-Geliebter«. Die beiden Dreiergruppen sind einander auch insofern verwandt, als das dritte Glied jeweils den abschließenden Höhepunkt eines Gedichts darstellt. In der Hinwendung zu der/dem Geliebten kulminieren die erste und die vierte Hymne. Hier wie dort geht der Klimax ausgerechnet eine Anrufung des Lichts, des Widerparts der Nacht voraus. Die größte hymnische Emphase entspringt beide Male einer Auseinandersetzung mit dem Gegenpol.

Aus dem ersten Dreierblock lässt sich relativ leicht ersehen, inwiefern der Blick auf die andere Seite – das heißt die Licht-Ansprache – zur Evokation der Geliebten, zur höchsten Vergegenwärtigung der Nacht beiträgt. Vor der Folie des »armen« und »kindischen« Tags (133) nimmt sich die Magie der nächtlichen Gegenwelt umso gewaltiger aus:

> Also nur darum, weil die Nacht dir abwendig macht die Dienenden, säetest du in des Raumes Weiten die leuchtenden Kugeln, zu verkünden deine Allmacht – deine Wiederkehr – in den Zeiten deiner Entfernung. Himmlischer, als jene blitzenden Sterne, dünken uns die unendlichen Augen, die die Nacht in uns geöffnet. Weiter sehn sie, als die blässesten jener zahllosen Heere – unbedürftig des Lichts durchschaun sie die Tiefen eines liebenden Gemüths – was einen höhern Raum mit unsäglicher Wollust füllt (133).

Der Gedanke an die Sterne, sozusagen die Spione des Tages in der Nacht, erzeugt im Sprecher sogleich den Impuls, der Innenwelt des »Gemüths« ein umso mächtigeres Organ zuzuschreiben – die »unendlichen Augen«, die weiter sehen als die entferntesten Gestirne und zudem ohne Licht auskommen. Die erhabenen Dimensionen des Kosmos werden zum Bildspender für die Unermesslichkeit der Nacht-Kräfte umfunktioniert. Die Reflexion der Lichtwelt führt zu einer gesteigerten Präsenz der Nacht. Wenn im Finale von Hymne I die Geliebte als »liebliche Sonne der Nacht« besungen wird (133), so tritt vollends zutage, dass die vom Licht verkörperte Antithese in die höchste Spiegelung der Nachtwelt mit einfließt.[29]

Die zweite Anrufung des Lichts findet sich im Mittelteil der vierten Hymne. Zunächst lobt der Sprecher wie in Hymne I die Werke des Tags. Doch er erklärt im selben Atemzug, sein »geheimes Herz« gehöre der Nacht »und der schaffenden Liebe, ihrer Tochter« (137):

> Kannst du mir zeigen ein ewig treues Herz? hat deine Sonne freundliche Augen, die mich erkennen? fassen deine Sterne meine verlangende Hand? Geben mir wieder den zärtlichen Druck und das kosende Wort? Hast du mit Farben und leichtem Umriß Sie geziert – oder war Sie es, die deinem Schmuck höhere, liebere Bedeutung gab? Welche Wollust, welchen Genuß bietet dein Leben, die aufwögen des Todes Entzückungen? Trägt nicht alles, was uns begeistert, die Farbe der Nacht? Sie trägt dich mütterlich und ihr verdankst du all deine Herrlichkeit. Du verflögst in dir selbst – in

---

29 Zur Rolle der Sonne bzw. des Tags im Lobpreis der Nacht auch Remigius Bunia: *Romantischer Realismus. Zu Wissenschaft, Politik und Religion bei Novalis.* Paderborn u. a. 2013, S. 167 f.

endlosen Raum zergingst du, wenn sie dich nicht hielte, dich nicht bände, daß du warm würdest und flammend die Welt zeugtest. Warlich ich war, eh du warst – die Mutter schickte mit meinen Geschwistern mich, zu bewohnen deine Welt, sie zu heiligen mit Liebe, daß sie ein ewig angeschautes Denkmal werde – zu bepflanzen sie mit unverwelklichen Blumen. Noch reiften sie nicht diese göttlichen Gedanken – Noch sind der Spuren unserer Offenbarung wenig – Einst zeigt deine Uhr das Ende der Zeit, wenn du wirst wie unser einer, und voll Sehnsucht und Inbrunst auslöschest und stirbst (137/139).

Die zweite Tag-Apostrophe verfolgt eine andere Strategie als die erste. Es geht nicht mehr darum, der Gegenseite einzelne Bestimmungen zu entlehnen und sie für die Feier der Nacht zu mobilisieren. Vielmehr richtet der Sprecher eine Reihe von rhetorischen Fragen an das Licht. Er weist diesem mit wachsender Verve nach, woran es ihm gebricht und was sich seiner Machtsphäre entzieht, von den Zärtlichkeiten der Liebe über »des Todes Entzückungen« bis hin zu »alle[m], was uns begeistert«. Es ist, als ermutige ihn gerade die Anrede in der zweiten Person zu immer weiterreichenden Behauptungen. Schließlich geht er sogar so weit, dem Licht eine sekundäre Stellung gegenüber der Nacht zuzusprechen: »in endlosen Raum zergingst du, wenn sie [die Nacht] dich nicht hielte, dich nicht bände, daß du warm würdest und flammend die Welt zeugtest«. Das bedeutet nichts Geringeres, als dass das den Zyklus einleitende Lob relativiert, wenn nicht widerrufen wird; in der ersten Hymne erscheint das Licht schließlich als »innerste Seele« aller Bereiche der Schöpfung (131, s. o.).[30] Vom textinternen Kategoriensystem her betrachtet, nimmt der Sprecher einen »höheren« Standpunkt ein als am Anfang. Er ist nun endgültig ein Jünger der Nacht. Die Anrufung des Lichts setzt im Ich also

---

30 Die Stufenfolge Kosmos-Gestein-Tier-Pflanze-Mensch, mit der der Autor bei der anfänglichen Preisung des Lichts arbeitet, rückt das Licht in die Position des Schöpfer-Gottes, d. h. des letzten Schöpfungsgrundes (vgl. auch Norbert Gabriel: *Studien zur Geschichte der deutschen Hymne*. München 1992, S. 168). Gleichwohl kann man bereits im Wortlaut der ersten Hymne gewisse Vorboten dafür finden, dass diese Auffassung im weiteren Verlauf revidiert wird: Das Licht wird von den Gestirnen, Tieren, Pflanzen und Menschen lediglich »*wie* des Lebens innerste Seele« geatmet (131, Kursivierung von J. W.). Diese Formulierung lässt genau besehen noch genügend Spielraum für die spätere Inthronisierung der Nacht.

eine Erkenntnis-Energie frei, die zur Einsicht in die Ursprünglichkeit der Nacht führt.

Diese Passage enthält zudem die bereits zitierte Stelle, in der sich der Sprecher mit der Nacht identifiziert: »Warlich ich war, eh du warst« (s. o.). Die Perspektive ist nicht länger die des empirischen Ichs. Hier liegt ein Kunstgriff zugrunde, den Novalis im berühmten Fragment *Die Welt muß romantisirt werden* als »qualitative Potenzierung« bezeichnet:[31] »Das niedre Selbst wird mit einem bessern Selbst in dieser Operation identificirt«.[32] Eben dies lässt sich in der vierten Hymne beobachten. Das Ich avanciert zum Sprachrohr der Nacht, genauer: hier spricht nicht mehr ein menschliches Individuum, sondern das »Ich« der Nacht. Interessant ist auch der Zeitpunkt, zu dem das Manöver stattfindet: Der betreffende Satz folgt unmittelbar auf die Bemerkung, in der dem Licht der Rang als Ursprung der Welt aberkannt wird. Das neuerlangte Bewusstsein ist die Voraussetzung für die Identifikation mit dem »bessern Selbst«. Nachdem das Ich seinen Glauben an die Nacht derart eindrücklich unter Beweis gestellt hat, darf es mit Fug und Recht in ihre Rolle schlüpfen. Wenn man bedenkt, in welchem Resultat der Vorgang mündet (in einem erweiterten Ich), dann zeigt sich, dass man diesen Sprung zudem auf die vorgeschaltete Apostrophe zurückführen kann: Indem der Sprecher mit dem Licht wie mit einer gleichgestellten Person redet, nimmt er eine Haltung ein, die ihm die Überschreitung seiner eigenen Grenzen ermöglicht. Das große Du bringt ein großes Ich hervor.

Die Verschiebungen, die im Zuge der zweiten Licht-Anrede eintreten, gehen noch über die »qualitative Potenzierung« hinaus. In der Schlusspartie von Hymne IV wechselt die Rede, mitten in der Anrufung des

---

31 Kommerell verweist hier mit Recht auf die Parallele zum Roman *Heinrich von Ofterdingen*, wo Heinrich in der Höhle des Grafen von Hohenzollern ein Buch mit Bildern aus seinem eigenen Leben entdeckt, d. h. seinerseits mit einem »bessern Selbst« konfrontiert wird: »Ist die Nacht das Erste, das immer war, und ist im Dichter die Nacht als Vermögen und als Zugehörigkeit vorhanden, so darf er für seine Seele dies vorweltliche Alter beanspruchen – ein Beispiel für Hardenbergs vielfach belegbare Auffassung der Person als einer Versammlung und eines Plurals; ein Beispiel, das auch erklärt, warum Heinrich von Ofterdingen in alten Bildern sein Leben vorausentworfen findet« (Max Kommerell: *Novalis' Hymnen* [s. Anm. 10], S. 186).
32 N III, S. 545:105.

Lichts, erstmals in die Versform. Beide Aspekte, die Erweiterung des Ichs sowie der Übergang zum Vers, markieren in der Dramaturgie der *Hymnen an die Nacht* einen wichtigen Einschnitt: Weder in der fünften noch in der sechsten Hymne gibt es auch nur einen einzigen Satz in der ersten Person Singular. Der Text kehrt nicht mehr zur Perspektive des Einzel-Ichs zurück. Zudem tauchen in Hymne V mehrere Abschnitte in Versen auf; Hymne VI besteht ausschließlich aus Reimstrophen (s. o.). So besehen werden am Ende der zweiten Apostrophen-Trias die Weichen für den Fortgang des Zyklus gestellt.

Der besondere Umgang mit dem Mittel der Apostrophe, der an der ersten Du-Szene beobachtet wurde, setzt sich also im weiteren Verlauf der *Hymnen an die Nacht* fort. Die Anrufungen dienen in der Annäherung an das Andere als selbstverstärkendes Element; der reine Akt der Hinwendung an das Gegenüber befeuert die hymnische Begeisterung des Ichs und erzeugt zudem Veränderungen in seiner Sprechposition. Für die dreiteiligen Sequenzen 1–3 und 5–7 gilt dies in besonderer Weise. Schon bei der ersten Dreierfolge trägt die Anrede der Gegenseite zur maximalen Vergegenwärtigung der Nacht-Sphäre bei. Bei der zweiten Licht-Episode sind die Wirkungen der Apostrophe noch vielfältiger: Der Sprecher gelangt durch die Du-Ansprache zu einer vertieften Einsicht in das Verhältnis von Licht und Dunkel und löst sich vermittels der Identifikation mit der Nacht von der Perspektive des empirischen Ichs; der Text springt erstmals von der Prosa- in die Versform. Man kann das angewandte Verfahren ebenso wie beim ersten Du als »reflexiv« bezeichnen: Während die erste Anrede im erläuterten Sinne auf einer Spiegelung des Sprecher-Ichs beruht, liegt den Dreiergruppen die Struktur einer Reflexion im Entgegengesetzten zugrunde.

Zwischen den beiden Triaden befindet sich die vierte Apostrophe, die Anrufung des »Heiligen Schlafs« in Hymne II. Sie steht isoliert zwischen den anderen, hat nicht an den triadischen Steigerungsbewegungen teil. Passend zum Adressaten scheint der Prozess der Spiegelungen buchstäblich einzuschlafen.[33] Diese Besonderheit hängt offenkundig mit dem

---

33 Es bedarf eines energischen Einschreitens, um ihn wieder in Gang zu bringen. Dies bewerkstelligt die dritte Hymne. Sie greift bei ihrer Apostrophe das Bild des Schlafs auf (»Schlummer des Himmels«), parallelisiert das Wort jedoch mit einem anderen, das der bewegenden Kraft des Gegenübers in weit höherem Grade

statischen Charakter der zweiten Hymne zusammen: Der Sprecher versucht sich der Bedeutung der Erfahrung aus Hymne I im Rückblick zu versichern.[34] Während sich das Ich in Hymne I im Vollzug seines Sprechens auf die mystische Vereinigung mit der Geliebten zubewegt, redet es hier von einem mehr oder weniger festen Standpunkt aus. Der Gegensatz von Tag und Nacht wird nicht im Wechsel der Anreden *erschlossen*, sondern in der Distanz der dritten Person *betrachtet*. Nicht umsonst verwendet der Sprecher zweimal das Verb »wissen« – ein Wort, das in der wesentlich umfangreicheren ersten Hymne kein einziges Mal auftaucht.

Diese Überlegung ist ein wichtiges Argument für die vorgeschlagene Deutung der Anrufungen. Durch die Differenz zwischen Hymne I und II verdeutlicht Novalis, dass die Art der Hinwendung, auf die er im Zyklus zielt, nicht im Sinne eines fixen, vergegenständlichenden Wissens aufzufassen ist.[35] Die hymnische Du-Anrede sorgt für eine neue Beziehung zwischen Sender und Adressat, nicht für die Wiederherstellung der Verbindung zu einem bereits bekannten Objekt. Im Blick steht eine variable Relation zum Anderen, die gerade von ihren Wechseln und Sprüngen

---

angemessen ist: »du Nachtbegeisterung« (135). Damit ist der Schwung wiedergewonnen. Das Du wird zum Startsignal für die zweite Triade der Du-Anreden.

34 Für Ritter ist die zweite Hymne »das *Nacherleben und Neuerleben der Nachtwelt innerhalb des wiedererschienenen Tages.* [...] *Die Nachtwelt wird aufgesucht innerhalb der Tageswelt*« (Heinz Ritter: *Novalis' Hymnen* [s. Anm. 10], S. 104, im Original gesperrt).

35 Das bedeutet allerdings nicht, dass das Wissen in den *Hymnen an die Nacht* lediglich eine negative Rolle spielte. Die vierte Hymne beginnt mit dem Satz: »Nun weiß ich, wenn der letzte Morgen seyn wird – wenn das Licht nicht mehr die Nacht und die Liebe scheucht – wenn der Schlummer ewig und nur Ein unerschöpflicher Traum seyn wird« (135). Auch wenn diese Formulierung auf Hymne II Bezug nimmt (s. o.), wird damit keine Phase eingeleitet, in der sich das im vorigen Gedicht Beschriebene verfestigte. Das Wissen blockiert hier nicht den Fortgang der Anreden, sondern treibt ihn vielmehr voran; schließlich folgt kurz darauf die zweite Licht-Anrufung. Während sich die Relation zwischen Hymne I und II auf den Nenner »wechselnde Apostrophe vs. Wissen« bringen lässt, gehen die beiden Pole im zweiten Hymnenpaar eine Synthese ein: Zum einen sind hier beide Gedichte an der Trias der Anrufungen beteiligt; die Bewegung umschließt sowohl die dritte als auch die vierte Hymne. Zum anderen wird das Wissen zu einem Moment innerhalb des von den Apostrophen getragenen Prozesses. In Hymne IV hat es eine Form erreicht, die der anderen Seite eher entspricht als in II. – Zur Rolle des Wissens in den *Hymnen an die Nacht* grundlegend: Max Kommerell: *Novalis' Hymnen* (s. Anm. 10).

lebt. Auch dies spricht dafür, die Apostrophen in den *Hymnen an die Nacht* als »Setzungen«[36] zu verstehen, die im Verhältnis zwischen den beiden Polen unvorhersehbare Effekte nach sich ziehen.

Damit zu den beiden noch fehlenden Apostrophen, den an Christus und Maria gerichteten Anrufungen in Hymne V. Die Christus-Anrede beginnt im vierten der sechs Teile, wenn der »Sänger« aus Griechenland das »Wunderkind«, das heißt den Messias, in der Du-Form besingt (147), setzt sich im fünften Abschnitt fort,[37] bis zum Anfang des sechsten, wo Christus vom Wir der Gemeinde adressiert wird.[38] In der dritten der insgesamt sieben Strophen von V. 6 kommt es schließlich zum Adressatenwechsel. Von dieser Stelle an richtet sich der Gesang an Maria.[39]

---

36 Zur Rolle der Setzungen in den *Hymnen an die Nacht* vgl. Herbert Uerlings: *Novalis* (s. Anm. 15), S. 144. Uerlings zitiert in diesem Zusammenhang folgende Notiz: »Indem ich glaube, daß Söffchen um mich ist, und erscheinen kann, und diesem Glauben gemäß handle, so ist sie auch *um mich* – und erscheint mir endlich gewiß – gerade da, wo ich sie nicht *vermuthe* – In mir, als meine Seele vielleicht etc. [...] und gerade dadurch wahrhaft *außer mir* – denn das Wahrhaft Äußre kann nur durch mich – in mir, auf mich wirken – und im entzückenden Verhältnisse« (N III, S. 374:603).

37 »Noch weinen deine Lieben Thränen der Freude, Thränen der Rührung und des unendlichen Danks an deinem Grabe – sehn dich noch immer, freudig erschreckt, auferstehn – und sich mit dir« (149).

38 »Gehoben ist der Stein – | Die Menschheit ist erstanden – | Wir alle bleiben dein | Und fühlen keine Banden« (149).

39 »Nach dir, Maria, heben | Schon tausend Herzen sich. | In diesem Schattenleben | Verlangten sie nur dich. | Sie hoffen zu genesen | Mit ahndungsvoller Lust – | Drückst du sie, heilges Wesen, | An deine treue Brust« (151). Dabei lässt sich zugleich eine Scheidung innerhalb der Gläubigen feststellen. Die vierte Strophe handelt wie die dritte von den »Herzen«, die Maria anbeten: »So manche, die sich glühend | In bittrer Qual verzehrt | Und dieser Welt entfliehend | Nach dir sich hingekehrt; | Die hülfreich uns erschienen | In mancher Noth und Pein – | Wir kommen nun zu ihnen | Um ewig da zu seyn« (151). Das Wir, von dem in den letzten beiden Versen die Rede ist, gesellt sich zu den bereits anwesenden Verehrern. Doch während sich diese der Muttergottes »glühend | In bittrer Qual verzehrt | Und dieser Welt entfliehend« zugewandt haben, verbreitet der Sprecher mitsamt seiner Bundesgenossen eine ganz andere Stimmung: »Nun weint an keinem Grabe, | Für Schmerz, wer liebend glaubt, | Der Liebe süße Habe | Wird keinem nicht geraubt – | Die Sehnsucht ihm zu lindern, | Begeistert ihn die Nacht – | Von treuen Himmelskindern | Wird ihm sein Herz bewacht« (151). Das Wir-Subjekt übermittelt den sonstigen Verehrern seine Botschaft: Anstatt zu trauern, sollen sie sich der Nacht hingeben, bis sich ihre Sehnsucht erfüllt. Die Gemeinschaft teilt sich also in zwei Gruppen: Die eine harrt

Nach den weit ausgedehnten Christus-Anreden wirkt die plötzliche Hinwendung zu Maria etwas irritierend. Lawrence O. Frye interpretiert den Wechsel dahingehend, dass auf diese Weise der Bogen zur Geliebten aus der ersten Hymne geschlossen werde – die assoziative Verbindung sei bei Maria enger als bei Christus.[40] Diese Erläuterung leuchtet unmittelbar ein. Sie lässt sich sogar zu einer These über die Gesamtstruktur der Apostrophen in Novalis' Zyklus erweitern: Indem zunächst Christus und dann Maria adressiert wird, knüpft die fünfte Hymne nochmals an die Gipfel der beiden früheren Anrufungs-Triaden an, und zwar in spiegelverkehrter Anordnung. Die beiden Höhepunkte Geliebte/Geliebter kehren in Maria und Christus wieder. Der textimmanente Prozess der Du-Anreden erhält auf diese Weise einen deutlich markierten Abschluss. So besehen erscheint es nur folgerichtig, wenn die sechste Hymne keine Invocatio mehr enthält.

3 Inverse Spiegelung

Wie aus den letzten Ausführungen ersichtlich, nimmt die Dichte der Anrufungen gegen Ende des Zyklus ab. Obwohl weitaus umfangreicher als die ersten beiden zusammen, enthält das dritte Hymnenpaar von den insgesamt neun Stationen der Apostrophe gerade einmal zwei – die beiden letzten. So stellt sich die Frage, ob der textimmanente Diskurs der Reflexion im letzten Hymnenpaar einfach abbricht oder ob er unter geänderten Vorzeichen, im Rückgriff auf Textparameter jenseits der Anrufung fortgesetzt wird.

---

schon länger in der Anbetung Marias aus, die andere kommt neu hinzu, wähnt sich aber sogleich zur Belehrung der ersten befugt. – So besehen löst auch die letzte Du-Anrede Veränderungen hinsichtlich der Perspektive aus: Hatte sich das Ich in Hymne IV zu einem Wir erweitert, so potenziert sich dieses in Hymne V zu einem Über-Wir.

40   Lawrence O. Frye: »Spatial Imagery in Novalis' *Hymnen an die Nacht*«. In: *Deutsche Vierteljahrsschrift für Literaturwissenschaft und Geistesgeschichte* 41 (1967), S. 568–591, hier S. 587: »Maria suddenly becomes the focal point of hope, as if she provided a more suitable parallel to the original Beloved than Christ, and thereby a more direct path from the earlier poems [...]. The scene's dimensions are then greatly expanded after the introduction of Maria and the preparation for the heavenly communion«.

Wer sich mit der fünften Hymne auseinandersetzt, steht zunächst vor der Aufgabe, den langen Text in Abschnitte zu gliedern. In der Forschung wurden dazu primär inhaltliche Aspekte herangezogen; man orientierte sich meist an der triadischen Darstellung des Geschichtsverlaufs.[41] Meines Erachtens gibt es indes noch ein zweites, nicht minder relevantes Kriterium für die Einteilung: die Unterscheidung zwischen Prosa und Vers. Schließlich handelt es sich bei der Versform um ein Textmerkmal, das für das dritte Hymnendoppel konstitutive Bedeutung hat beziehungsweise durch das sich dieses signifikant von den beiden ersten Paaren unterscheidet. Schon deshalb verdient es bei der Segmentierung besondere Beachtung. Es kommt hinzu, dass Novalis die Prosa- und die Verspartien in formaler Hinsicht sehr unterschiedlich gestaltet: In diesen spricht zumeist ein Wir (V. 4, V. 6, vgl. auch VI), in jenen wird die erste Person Plural dagegen konsequent vermieden.[42] Offenbar ist es ihm darum zu tun, den Kontrast zwischen den beiden Seiten zu unterstreichen. Die einzelnen Bestandteile erhalten dadurch eine eigenständige Rolle, auch dort, wo sich aufgrund inhaltlicher Erwägungen

---

41 Etwa Herbert Uerlings: *Friedrich von Hardenberg* (s. Anm. 14), S. 311 f. Die einseitige Orientierung an inhaltlichen Aspekten liegt auch darin begründet, dass sich die Interpreten auf Novalis' Notiz berufen, die der fünften Hymne in der handschriftlichen Fassung vorangestellt ist: »Alte Welt. Der Tod. *Xstus – neue Welt*. Die Welt der Zukunft – Sein Leiden. – Jugend – Botschaft. Auferstehung. *Mit den Menschen ändert die Welt sich*. Schluß. – Aufruf« (ebd., 140). Vgl. u. a. Gerhard Schulz: *Novalis* (s. Anm. 10), S. 239. Bei derartigen Gliederungen bleibt die spezifische Organisation der *Athenäums*-Fassung unberücksichtigt. Größere Aufmerksamkeit widerfährt der Frage nach der Einteilung bei Holger-Falk Trübenbach: »Strukturelle Beziehungen in den *Hymnen an die Nacht*«. In: *Zeitschrift für Literaturwissenschaft und Linguistik* 114 (1999), S. 125–145. Trübenbach referiert dabei einen aus einem Seminar an der Universität Tübingen hervorgegangenen Gliederungsvorschlag von Wilfried Malsch. Demnach lasse sich Hymne V in acht Abschnitte teilen (ebd., 128). Dabei spielen indes ebenfalls allein inhaltliche Überlegungen eine Rolle; nur der achte und letzte Abschnitt deckt sich mit dem sechsten Abschnitt der hier vorgeschlagenen Segmentierung.

42 Das erscheint umso mehr bemerkenswert, als sich in den ersten Gedichten auch innerhalb der Prosapassagen vereinzelt Pronomina in der ersten Person Plural finden. Z. B. in Hymne I: »Himmlischer, als jene blitzenden Sterne, dünken uns die unendlichen Augen, die die Nacht in uns geöffnet« (133). Oder in Hymne IV: »Noch sind der Spuren unserer Offenbarung wenig – Einst zeigt deine Uhr das Ende der Zeit, wenn du wirst wie unser einer« (139).

mitunter andere Grenzziehungen anbieten könnten. Aus diesem Grunde bewerte ich sämtliche drei Verspassagen als selbständige Einheiten und gelange mitsamt der ihnen jeweils vorgeschalteten Prosateile zu einer sechsgliedrigen Einteilung von Hymne V.

Infolge dieser Gliederung eröffnen sich überraschende Interpretationsmöglichkeiten. Allein aufgrund der numerischen Verhältnisse drängt sich ein Vergleich zwischen den sechs Hymnen und den sechs einzelnen Teilen von Hymne V auf. Wenn man diese Spur verfolgt, so lassen sich umfangreiche Parallelen erkennen. Das erste Hymnenpaar entspricht V. 1 und V. 2 im Hinblick auf die Rolle des Todes: Die ersten beiden Hymnen sind die einzigen, in denen die Nacht noch ohne Bezug auf den Tod besungen wird; in den ersten beiden Abschnitten von Hymne V geht es um die Verdrängung des Todes beziehungsweise um seine inadäquate Darstellung durch die griechische Kultur. Klare Anhaltspunkte für einen Vergleich gibt es auch zwischen Hymne III und der Erzählung von V. 3. Erstens beginnen beide in einem Szenario von Kargheit: die eine am »dürren Hügel« im Gefühl eines »fliehenden, verlöschten Leben[s]« (135), die andere im »freyeren, wüsten Raum«, in einem Zustand der Entgötterung, in dem »die unermeßliche Blüthe des Lebens« wie »in Staub und Lüfte« zerfallen ist (145). Zweitens kommt es sowohl in der dritten als auch in der fünften Hymne zur wundersamen Wandlung – hier durch die Vision der Geliebten, dort durch die Geburt des »blühenden Kindes« (147).

Was Hymne IV und V. 4 betrifft, so zeigen sich ebenfalls zwei grundlegende Gemeinsamkeiten. Zum einen wird jeweils Christus apostrophiert – hier zum ersten Mal im Zyklus, dort zum ersten Mal innerhalb des weitgespannten Erzählrahmens von Hymne V –, und zwar als Repräsentant des Todes (139, 147). Zum anderen spricht in beiden Teilen eine Figur, die sich als »höheres Selbst«, das heißt im Sinne einer Potenzierung des empirischen Ichs deuten lässt: in IV das Ich, das sich als älter denn das Licht bezeichnet, in V der Sänger, der in Christus bereits den Tod erkennt, bevor dieser überhaupt gestorben ist, der also Novalis' spezifische Interpretation des Christentums vorwegnimmt.[43] Wie erläutert steht diese Gestalt insofern mit dem Sprecher der Hymnen

---

43 Die Verknüpfung zwischen diesen beiden Passagen vermerkt auch Max Kommerell: *Novalis' Hymnen* (s. Anm. 10), S. 197.

in Verbindung, als sie den Part der Dichtung vertritt, als sie reflektiert, dass die Kunst in Hardenbergs Ideen zu Religion und Christentum eine unverzichtbare Rolle spielt. In Hymne IV und in V. 4 hat man es mit den beiden Passagen zu tun, in denen ein alle zeitlichen Begrenzungen überschreitendes Dichter-Ich begegnet.

Der fünfte Teil müsste dementsprechend als eine *mise en abyme* der fünften Hymne zu lesen sein. In dieser Sache ist insbesondere der Anfang von Interesse. V. 5 beginnt mit dem Bericht vom Schicksal des Sängers nach seinem Abschied aus Palästina: »Der Sänger zog voll Freudigkeit nach Indostan – das Herz von süßer Liebe trunken; und schüttete in feurigen Gesängen es unter jenem milden Himmel aus, daß tausend Herzen sich zu ihm neigten, und die fröhliche Botschaft tausendzweigig emporwuchs« (147). Die Reise nach Indien und die Bildung einer Gemeinde noch vor dem Tod Christi sind die merkwürdigsten Elemente der Sänger-Episode. Wie oben bemerkt, findet sich in den Legenden um die Jünger und Apostel Christi kein Vorbild für diese Geschichte.

Aus der hier geübten Lektüre ergibt sich eine Lösung für das Rätsel. Wenn man annimmt, V. 5 sei als Binnenreflexion der fünften Hymne konzipiert, so lässt sich verständlich machen, warum der Zug des Sängers ausgerechnet nach Indien führt und Christus erst nach seinem Abschied stirbt. Durch dieses Manöver setzt V. 5 im antiken Orient ein, in einer Kultur, die im Weltbild der Romantiker in noch höherem Maße die Bedeutung eines Ursprungs hatte als die griechische.[44] Auf die vorgriechische Vergangenheit spielen auch die ersten Sätze der fünften Hymne an; dort wird die dunkle Herkunft der griechischen Götterwelt angedeutet.[45] Die Indienreise hätte demnach nicht zuletzt die Funktion,

---

44 Friedrich Schlegel schreibt in der *Rede über die Mythologie*: »Wären uns nur die Schätze des Orients so zugänglich wie die des Altertums! Welche neue Quelle von Poesie könnte uns aus Indien fließen, wenn einige deutsche Künstler mit der Universalität und Tiefe des Sinns, mit dem Genie der Übersetzung, das ihnen eigen ist, die Gelegenheit besäßen, welche eine Nation, die immer stumpfer und brutaler wird, wenig zu brauchen versteht. Im Orient müssen wir das höchste Romantische suchen, und wenn wir erst aus der Quelle schöpfen können, so wird uns vielleicht der Anschein von südlicher Glut, der uns jetzt in der spanischen Poesie so reizend ist, wieder nur abendländisch und sparsam erscheinen« (Friedrich Schlegel: *Rede über die Mythologie*. In: *KFSA* 2, S. 311–328, hier S. 319 f.).

45 »Über der Menschen weitverbreitete Stämme herrschte vor Zeiten ein eisernes Schicksal mit stummer Gewalt. Eine dunkle, schwere Binde lag um ihre bange

dem Prozess des fünften Teils denselben Ausgangspunkt zu verleihen wie dem des gesamten Gedichts.[46] Hymne V und Abschnitt V. 5 gehen an ihrem Anfang jeweils hinter die griechische Welt zurück. Auch die übrigen Stationen von V. 5 passen ins Bild: Im weiteren Verlauf werden Tod und Auferstehung Christi geschildert, ehe der Text die Gegenwart erreicht (149). Damit reflektiert V. 5 exakt die zeitliche Bewegung der Hymne, von der Antike über Jesus von Nazareth bis hin zur Jetztzeit. Kein anderer der sechs Teile weist eine vergleichbare Struktur auf. Nur der fünfte enthält eine Erzählung, in der sich die Gesamtanlage von Hymne V wiederholt.

Beim sechsten Abschnitt von Hymne V ist es einfach, die Verbindung zur sechsten Hymne zu belegen: Bei diesen Texten handelt es sich um die einzigen innerhalb der *Hymnen an die Nacht*, die als Gesang einer Gemeinde gestaltet sind. Beide bestehen aus gereimten Versstrophen. Darüber hinaus spricht hier wie dort ein Wir. Das kommt im Zyklus ansonsten nur im Intermezzo des Sängers vor;[47] als Äußerung eines Einzelnen ist dieses aber merklich von den beiden Schlussstücken unterschieden.

Zwischen den sechs Hymnen einerseits und den sechs Teilen von Hymne V andererseits sind also weitreichende Gemeinsamkeiten festzustellen. Die Übereinstimmungen beziehen sich nicht nur auf einzelne Details, sondern auf grundlegende Aspekte der verschiedenen Gedichte, von der Rolle des Todes über die Figur des »höheren Selbst« bis hin zum geschichtsphilosophischen Rahmen der Hymnen. In Anbetracht dessen lassen sie sich kaum als Zufälle abtun. Damit stellt sich heraus, in welchem Sinne der mit den Apostrophen eröffnete textinterne Prozess der Spiegelungen fortgesetzt wird: Die fünfte Hymne stellt eine Reflexion des Gesamtzyklus dar. In ihren sechs Teilen spiegeln sich die

---

Seele« (141). Dabei geht es zwar nicht um Indien, sondern um die den griechischen Göttern vorausgehenden Titanen (dazu auch Max Kommerell: *Novalis'* Hymnen [s. Anm. 10], S. 188). Doch hier wie dort situiert sich der Text *vor* der Götterwelt der griechischen Antike.

46   Natürlich erschöpft sich die Bedeutung des Motivs nicht darin, dass mit seiner Hilfe die Zeitspanne von Hymne V in V. 5 hineinprojiziert wird. Das eben Gesagte betrifft nur seine Rolle innerhalb der *mise en abyme*. Jenseits dessen verdeutlicht der Zug nach Indien die zentrale Rolle der Dichtung in Hardenbergs Reinterpretation des Heilsgeschehens: Indien galt Novalis ebenso wie Friedrich Schlegel als Heimat der Poesie (vgl. Herbert Uerlings: *Novalis* [s. Anm. 15], S. 145).

47   Abgesehen von einigen vereinzelten Sätzen in Hymne I und IV (s. o.).

sechs *Hymnen an die Nacht*. Die den Anrufungen zugrundeliegenden Spiegelungen werden in der fünften Hymne somit Gegenstand einer potenzierten Reflexion.

Mit dem Nachweis der Parallelen ist die Reflexionsbeziehung zwischen den einzelnen Hymnen und den Teilen von Hymne V allerdings noch nicht im vollen Umfang ausgemessen. An den beiden in der fünften Hymne enthaltenen abschließenden Du-Anreden hatte sich gezeigt, dass sie die beiden Gipfelpunkte der Anrufungen aus den vorigen Hymnen in umgekehrter Reihenfolge spiegeln (s. o.). Auf diese Weise ergibt sich erst ihre symmetrische Struktur. Es stellt sich die Frage, ob im Verhältnis zwischen den beiden Sechsergruppen neben den Parallelen auch Relationen im Spiel sind, die sich im Sinne einer Umkehrung der Proportionen – und somit einer eigentlich spiegelbildlichen Symmetrie – interpretieren ließen.

Dabei ist vor allem die Makrostruktur der *Hymnen an die Nacht* von Interesse. Wenn Hymne I und II, III und IV sowie V und VI jeweils, wie oben erläutert, als zusammengehörige Paare konzipiert sind, so ist im nächsten Schritt zu prüfen, ob das auch für V. 1/2, V. 3/4 und V. 5/6 gilt. Dazu bedarf es nur einer kurzen Rekapitulation der einzelnen Abschnitte und ihres inhaltlichen Schwerpunkts: In den in Prosa gehaltenen ungeradzahligen Teilen werden die unterschiedlichen Epochen des dargestellten triadischen Geschichtsprozesses beschrieben – in V. 1 die griechische Antike, in V. 3 die Spätantike zur Zeit von Christi Geburt und in V. 5 zumindest gegen Ende die Gegenwart. In den geradzahligen Teilen in Versform artikuliert sich, auf den jeweiligen Stand der historischen Entwicklung bezogen, die Weisheitslehre rund um die Affirmation des Todes. Insofern bereitet die Paarbildung keinerlei Schwierigkeiten: V. 1/2, V. 3/4 sowie V. 5/6 entsprechen den drei Stufen der triadischen Geschichtsdarstellung und sind somit ohne jede Willkür als Zweiergruppen zu identifizieren.

Auch wenn die Paare aufgrund ihrer thematischen Nähe zusammengehören, gestaltet sich ihre Beziehung sehr unterschiedlich. Das lässt sich am jeweiligen Übergang zwischen dem Prosaabschnitt und dem Gesang erkennen. Zwischen V. 1 und V. 2 steht ein abrupter, mitten im Satz vollzogener Sprung von der Prosa in die Stanzenform. Es bleibt offen, wer die Verse zum ungelösten Rätsel des Todes eigentlich singt; in jedem Fall ist seine Perspektive die des Eingeweihten, der von dieser Warte aus das Defizit der griechischen Welt benennt. Der jähe Einbruch der fremden Stimme verdeutlicht die mangelnde Einsicht der in V. 1 dargestellten Kultur (s. o.). Bei V. 3 und V. 4 verläuft der Wechsel hingegen in geordneten Bahnen. Gleichwohl besteht auch zwischen diesen Partien eine gewisse Diskrepanz. Die Botschaft, die der Sänger in seinen Versen verkündet, hat lediglich den Status einer Prophezeiung, kann sich noch nicht auf ein Gründungsgeschehen berufen – der Tod Christi und das Ende der Alten Welt werden schließlich erst in V. 5 geschildert (149). Hier ist das in den Versen enthaltene Wissen der Beschreibung aus dem Prosateil noch immer ein Stück voraus. Dieses Ungleichgewicht hebt sich erst beim letzten Paar auf: Nachdem in V. 5 die Empfindungen und Hoffnungen der gegenwärtigen Gläubigen dargelegt wurden, öffnet sich der Text zum Gesang der Gemeinde. An dieser Stelle haben sich Prosabeschreibung und Vers endgültig einander angenähert. Das zeigt sich unter anderem daran, dass V. 6 den letzten Satz von V. 5 aufgreift und von der dritten in die erste Person Plural überträgt: von »[...] sind alle dein« in »Wir alle bleiben dein« (149). Ein derartiges Maß an Übereinstimmung ist zwischen dem dritten und dem vierten Abschnitt von Hymne V noch nicht erreicht.

Somit kommt eine signifikante Entwicklungslinie zum Vorschein. In den drei Doppelteilen der fünften Hymne bewegen sich die jeweilige Einleitung in Prosa und die nachfolgenden Verse sukzessive aufeinander zu. Stehen V. 1 und 2 noch im schroffen Widerspruch zueinander, so befinden sich V. 5 und 6 im besten Einklang. Diese Beobachtung gewinnt allerdings erst dann ihre volle Tragweite, wenn man zugleich reflektiert, dass im Verhältnis der Hymnen der umgekehrte Prozess stattfindet. Das entscheidende Kriterium ist dabei der Standort des Sprechers. In den ersten beiden Gedichten spricht jeweils dasselbe Subjekt, zunächst im Rausch der Nacht, dann im nachträglichen Rückblick. Die vierte Hymne geht insofern über die dritte hinaus, als das persönliche Erlebnis am Grab der Geliebten zu einer »Wallfahrt zum heiligen Grabe« (137) transzendiert wird und das Selbst eine »qualitative Potenzierung« erfährt (s. o.). Zwischen Hymne V und VI klafft indes ein tiefer Spalt: Die eine exponiert das Wir einer Gemeinde, das sich auch innerhalb der Christenheit für auserwählt hält und in Zukunftsvisionen schwelgt, die andere dagegen einen Chor, der sich nicht in einer privilegierten Position wähnt, sondern in matter Todessehnsucht sein Ende besingt.

Die drei Gedichtpaare driften im Verlauf des Zyklus also immer weiter auseinander. Ihre Pendants in der fünften Hymne rücken dagegen zusammen.⁴⁸ Akzeptiert man diese Lektüre der *Hymnen an die Nacht* und der besonderen Rolle von Hymne V, so befindet man sich an dem Punkt, wo sich die rekonstruierte Konzeption mit einer der schillerndsten und komplexesten Figuren aus Hardenbergs philosophischen Fragmenten in Beziehung setzen lässt: dem Gedanken der seitenverkehrten Spiegelung, des *ordo inversus*.⁴⁹ Die Wege der drei großen und der drei kleinen Paare verlaufen schließlich nicht parallel, sondern in spiegelbildlicher Symmetrie. Die These lautet: Die Struktur der fünften Hymne entspricht genau dem Muster der inversen Reflexion. Indem sich der Abstand zwischen den Zweiergruppen von Hymne V in der den Hymnenpaaren

---

48   An diesen Beobachtungen zeigt sich, dass die sechste Hymne – anders als Ritter meint (Heinz Ritter: *Novalis' Hymnen* [s. Anm. 10], S. 151, s. o.) – auf das engste in das Beziehungsgeflecht der *Hymnen an die Nacht* eingebunden ist: Durch ihren Gegensatz zu V und ihre Affinität zu V. 6 partizipiert sie an beiden Bewegungen, an der Trennung der Hymnenpaare sowie an der Annäherung der Einzelstücke in der fünften Hymne. Dass Hymne VI einen Kontrapunkt zu Hymne V setzt, lässt sich auch ohne Rückgriff auf die zyklusübergreifenden Dynamiken aus der Logik des Texts heraus plausibel machen: Da der *ordo inversus* (s. u.) von Hymne V einen Höhepunkt in der Annäherung an das Angerufene impliziert, ist ein radikaler Schwenk vonnöten, um eine Verfestigung bzw. Vergegenständlichung des sprachlich Evozierten zu vermeiden. Barth interpretiert diesen Zug mit Recht im Sinne von Hardenbergs Gedanken einer »Logarithmisierung« des Höchsten (Andreas Barth: *Inverse Verkehrung* [s. Anm. 17], S. 295, 309). Man könnte darüber spekulieren, ob dies wiederum nur zur Vorbereitung einer neuerlichen »Potenzierung« dienen soll. Den Schritt zu einer an die sechste anknüpfenden *siebten* (und damit zahlensymbolisch aufgeladenen) Hymne überlässt Novalis indes der Phantasie des Lesers.

49   Andreas Barth untersucht in seiner Dissertation explizit die »inverse Verkehrung der Reflexion« bzw. entsprechende Textverfahren bei Friedrich Schlegel und Novalis. Den *Hymnen an die Nacht* ist ein Unterkapitel gewidmet (Andreas Barth: *Inverse Verkehrung* [s. Anm. 17], S. 295–310). In Barths Bemerkungen zu Hymne V findet sich eine Passage, die in eine ähnliche Richtung wie die vorliegende Interpretation geht: »Wie kunstvoll die Hymne [V] komponiert ist, zeigt sich u. a. darin, daß die Ausweitung der individuellen Erfahrung auf die Darstellung von Christi Geburt, Tod und Wiedergeburt analogice und in Homologie zur zugrundegelegten Leitsymbolik eben die Bewegung beschreibt, die der Text vollzieht. Die 5. Hymne ist aber auch durch eine Reihe stilistischer Merkmale mit den vorherigen Hymnen verknüpft« (ebd., 306). Gleichwohl bezeichnet der Autor die fünfte Hymne nicht explizit als Binnenspiegelung des Zyklus, geschweige denn als *ordo-inversus*-Reflexion. Dies hängt damit zusammen, dass er die inverse Reflexion eher im übertragenen Sinne versteht und, im Anschluss an das Fragment *Die Welt muß romantisirt werden* mit der Tätigkeit des Romantisierens sowie der damit verbundenen Logarithmisierung des Höchsten zusammendenkt (ebd., 295, *passim*).

entgegengesetzten Weise verändert, ergänzen sich jene mit diesen zu einer symmetrisch angeordneten Figur:

		Hymne V	V. 1		
	Hymne III			V. 3	
Hymne I					V. 5
Hymne II					V. 6
	Hymne IV			V. 4	
		Hymne VI	V. 2		

Dies passt zudem zu den Du-Anreden an Christus und Maria, die in dieser Reihenfolge eine Umkehrung und somit wiederum eine symmetrische Spiegelung der Anrufungs-Höhepunkte darstellen (s. o.).

Bei der Analyse der Hymnen kommen also immer wieder Reflexionsverhältnisse ans Licht. Wie sich an der ersten, grundlegenden Apostrophe aus Hymne I zeigt, beruht bereits die Personifikation der Nacht zumindest partiell auf einer Spiegelung des Ichs. Die Höhepunkte am Ende der Hymnen I und IV verdanken sich der Reflexion der Gegenseite, der vorgängigen Anrede des Lichts. Das Zentrum dieser Relationen bildet indes die fünfte Hymne, deren einzelne Stücke die sechs Gedichte in seitenverkehrter Anordnung widerspiegeln.

4   Reflexion und Religion

Der Begriff der Reflexion kommt bei Novalis ähnlich wie bei Friedrich Schlegel und den übrigen Frühromantikern in den verschiedensten Zusammenhängen und Färbungen vor. Dabei lassen sich zwei Grundaspekte voneinander unterscheiden. Zum einen ist damit allgemein ein mentaler Akt gemeint, in dem sich das Subjekt auf ein Objekt richtet beziehungsweise *durch* den das Reflektierte, so diffus und flüchtig es an sich auch sein mag, zum Gegenstand wird.[50] Zum anderen verwenden die Romantiker das Wort mitunter in Verbindung mit dem Attribut »poetisch«. Bei der

---

50   »Alles, ohne Unterschied, worauf wir reflectiren und was wir empfinden, ist Gegenstand und steht mithin unter dessen *Gesetzen*. Der Gegensatz selbst ist Gegenstand, insofern wir darauf reflectiren« (N II, 206:288).

»poetischen Reflexion« hat das Moment der Spiegelung besondere Bedeutung. Hier geht es um Reflexion im Feld der Kunst, und zwar weniger um die werkimmanente Selbstthematisierung des aus seiner Rolle heraustretenden Autors[51] als vielmehr um Phänomene der inhaltlich-formalen »Verdopplung«.[52]

Der erste Gesichtspunkt steht unter anderem im Kontext der Rezeption von Fichtes Philosophie. Wie Manfred Frank mit beeindruckender Klarheit gezeigt hat, spielt die Figur des »ordo inversus« in Novalis' Auseinandersetzung mit der *Wissenschaftslehre* eine entscheidende Rolle. Angesichts des darin erkennbaren Dilemmas[53] – dass dem Selbstbewusstsein in Fichtes Konzeption allen gegenteiligen Beteuerungen zum Trotz eine reflexive Struktur zugrunde liegt und es somit kein Erstes sein kann[54] – zieht Hardenberg eben die inverse Spiegelung[55]

---

51 Vgl. Winfried Menninghaus: *Unendliche Verdopplung. Die frühromantische Grundlegung der Kunsttheorie im Begriff absoluter Selbstreflexion*. Frankfurt a. M. 1987, S. 39, 61.

52 Vgl. den Titel der Habilitationsschrift von Winfried Menninghaus (Winfried Menninghaus: *Unendliche Verdopplung* [s. Anm. 51]).

53 Fichtes philosophisches System gründet sich bekanntlich auf die Selbstgewissheit des reinen Ichs. Sofern diese die oberste Voraussetzung aller Bewusstseinsphänomene sein soll, entzieht sie sich der Tätigkeit der Reflexion – da diese das Ich nur vermittels der Abgrenzung von anderen Objekten in den Blick zu nehmen vermag, muss ihr dieses zuvor bereits bekannt gewesen sein. Insofern kann das reflexiv erschlossene Ich kein ursprüngliches sein. Daher versuchte Fichte das Selbstbewusstsein als *vorbegriffliche* Identität von Subjekt und Objekt zu bestimmen.

54 »Unmittelbarkeit und Selbstbezüglichkeit sind miteinander unverträgliche Gedanken«, schreibt Manfred Frank, »keine der Formeln, die Fichte zur Lösung des Dilemmas aufbot, hat Novalis befriedigen können« (Manfred Frank: *Einführung in die frühromantische Ästhetik. Vorlesungen*. Frankfurt a. M. 1989, S. 250). Wie Frank weiter ausführt, verknüpft Hardenberg diese Überlegung mit dem Problem des Urteils. Sobald man die ursprüngliche Identität ausspreche, d. h. auf die Kopula »ist« zurückgreife, trete man bereits aus ihr heraus (ebd., S. 251): »Wir verlassen das *Identische* um es darzustellen« (N II, S. 104:1).

55 Die besagte Figur begegnet in vielen Aufzeichnungen, z. B. in folgender: »man nehme nur auf den Ordo inversus des mittelbaren Ich Rüksicht – denn dis ist eigentlich der Grund des Widerspruchs« (N II, S. 127:32). Oder in folgendem Fragment, auch wenn der Begriff darin nicht explizit verwendet wird: »Wenn in der Reflexion die Reflexion Was ist und das Gefühl Nichts, so ist es in der That umgekehrt, so ist das Gefühl Was und die Reflexion Nichts. Beydes soll aber in der

als Lösungsmöglichkeit in Erwägung.[56] Wenn die reflexive Annäherung an das Selbst fehlschlägt, so die Überlegung, weil sie dieses in ein beobachtetes und ein beobachtendes aufspaltet und es somit nur als ein mittelbares zu fassen vermag, dann sei Novalis zufolge zu bedenken, ob sich die Verzerrungen mittels einer Gegenspiegelung des Gespiegelten aufheben lassen. Das heiße indes nicht, dass das Ich in diesem zweiten Schritt des Grundes seines Bewusstseins habhaft werde. Vielmehr gelange die Reflexion im Zuge der Gegenspiegelung zu der Einsicht, dass sie sich nicht selbst hervorgebracht hat beziehungsweise dass sie von einem vorgängigen Sein (im Sinne einer regulativen Idee[57]) abhängig ist: »Als das, was Relate zur Einheit des *Selbstbewußtsein[s]* zusammenhält, kommt eine unverfügliche Identität jeder Form von Bewußtsein immer schon zuvor«.[58]

Dieses Gefühl der Abhängigkeit vom »unvordenklichen« Sein hat Frank zufolge für Novalis grundlegende Bedeutung.[59] Darin liegt zugleich die Wichtigkeit der inversen Spiegelung. Wenn das besagte Gefühl aus dem Widerspiel zwischen erster und zweiter Reflexion hervorgeht, so ist sie der Schlüssel zu seiner Aktualisierung. Die Reflexion *ordine inverso* terminiert in der Gewissheit ihrer sekundären Stellung gegenüber einem sich entziehenden Ersten.

In Hardenbergs Schriften begegnen indes auch ganz anders gelagerte Gedanken zum Reflexionsbegriff. Im Anschluss an Walter Benjamins Dissertation zeigt Winfried Menninghaus, dass Reflexion in vielen Textfragmenten der Frühromantiker eben nicht als etwas Abgeleitetes, Nachträgliches erscheint: »statt bloß *Re*flexion eines Vorausgesetzten zu sein, ist die Reflexion umgekehrt sogar ›logisch das erste‹

Reflexion statt finden – Folglich müßte das Eine immer in einer andern Reflexion geschehn, wenn das Andre in einer andern geschähe« (N II, S. 118:20). Vgl. auch die Auflistung bei Manfred Frank: *Einführung* (s. Anm. 54), S. 257 f.

56   Vgl. Manfred Frank: *Einführung* (s. Anm. 54), S. 253.
57   Ebd., S. 260 f.
58   Ebd., S. 260.
59   Es besetzt den systematischen Ort, den bei Fichte das Selbstbewusstsein innehat. – Neben dem Gefühl der Abkünftigkeit vom Sein ist auch eine – ebenfalls als denknotwendig vorauszusetzende – präreflexive Vertrautheit des Selbst mit sich für die beschriebene Grund-Gewissheit des Bewusstseins konstitutiv (vgl. Manfred Frank: *Einführung* [s. Anm. 54], S. 263, *passim*).

[...], ›absolut schöpferisch‹ [...], ›das Ursprüngliche und Aufbauende in der Kunst wie in allem Geistigen‹«.[60] Das Reflektierte, ob es nun unter dem Namen des Absoluten, des Ichs oder des Seins firmiert, ist demnach kein unerreichbarer Ursprung, sondern wird von der Reflexion vielmehr erst produziert.[61] Diese Überlegungen weisen insofern in eine andere Richtung als die *ordo-inversus*-Lehre, als der Reflexion hier kein sekundärer Charakter zugeschrieben wird und der Akzent nicht auf den Verzerrungen gegenüber einem vorausgesetzten Ersten liegt.[62]

Damit ist das Spannungsfeld angedeutet, in das die Beobachtungen zu den Spiegelungsverhältnissen in den *Hymnen an die Nacht* hereinreichen. Schließlich ist die Kunst für Novalis *der* Schauplatz der Reflexion; in ihr lassen sich die verschiedenen Spielarten der Spiegelung exemplarisch realisieren.[63] Der Gegensatz zwischen den beiden Positionen ist somit auch für die Deutung der hymnischen Anrede relevant. Dementsprechend

---

60   Winfried Menninghaus: *Unendliche Verdopplung* (s. Anm. 51), S. 48.
61   Menninghaus bezieht sich dabei u. a. auf folgende Formulierung bei Benjamin: »Die Reflexion *konstituiert* das Absolute, und sie konstituiert es als ein Medium« (Walter Benjamin: »der Begriff der Kunstkritik in der deutschen Romantik«, in: ders.: *Gesammelte Schriften*. Hg. von Rolf Tiedemann und Hermann Schweppenhäuser. Bd. 1.1, Frankfurt a. M. 1974, S. 7–122, hier S. 37). Vgl. Winfried Menninghaus: *Unendliche Verdopplung* (s. Anm. 51), S. 48. Menninghaus' Auffassung zufolge werden in diesen Überlegungen einige Grundgedanken Saussures (ebd., S. 58) bzw. Derridas Absage an die Idee eines absoluten Ausgangspunkts vorweggenommen (S. 90).
62   Für Menninghaus beruhen Hardenbergs Betrachtungen zum *ordo inversus* »noch ganz auf der Annahme der kategorialen Unangemessenheit reflektierender *Darstellung* an das selbstpräsente *Sein* des Absoluten« (ebd., S. 79). Somit seien sie den von ihm herausgearbeiteten Bezügen diametral entgegengesetzt. Seiner Lektüre zufolge kommen in Schlegels und Novalis' Schriften beide Positionen vor; bildeten darin zwei konträre Schichten (S. 79 f.). Indes neige gerade Novalis im Lauf seiner Studien immer mehr der zuerst beschriebenen Auffassung zu (S. 80). Dem *ordo inversus* schenkt Menninghaus somit vergleichsweise wenig Beachtung, anderen Formen der potenzierten Reflexion dagegen umso mehr – von der Figur des Wechsels (S. 89–96) bis hin zu den Metaphern des Webens und Schwebens (S. 132–142). Zur Kritik an den beiden Ansätzen u. a. Andreas Kubik: *Die Symboltheorie bei Novalis. Eine ideengeschichtliche Studie in ästhetischer und theologischer Absicht*. Tübingen 2006, S. 21, 134–142.
63   Das gilt sowohl für die Reflexion *ordine inverso* (vgl. Manfred Frank: *Einführung* [s. Anm. 54], S. 255 f.) als auch für die Formen des Wechsels oder des Schwebens (vgl. Winfried Menninghaus: *Unendliche Verdopplung* [s. Anm. 51], S. 89–96, 132–142).

eröffnen sich zwei Möglichkeiten: Entweder zielen die verschiedenen Anrufungen auf ein vorgängiges Objekt/Sein (unabhängig davon, wie man dieses im Einzelnen interpretieren mag), dem sie sich in der Reihe der Apostrophen anzunähern versuchen. Oder das eigentliche Ziel der Preisung ist weniger auf der Seite des Angerufenen als vielmehr im Medium selbst[64] zu verorten; es offenbart sich gerade in der Dynamik der Spiegelungen, im lebendigen Wechsel der Reflexion.

Im Laufe der Lektüre ist vieles zutage getreten, was für die zweite Alternative spricht, etwa die als eine Doppelgeburt von Nacht und Ich inszenierte erste Du-Anrede des Zyklus. Von Benjamins Betrachtungen zum Reflexionsbegriff herkommend ließe sich dieser virtuose Zug wie folgt interpretieren: Weder Ich noch Nacht, weder Bezeichnendes noch Bezeichnetes gehen dem Akt der Anrufung in der gegebenen Form voraus; vielmehr bringt dieser Subjekt und Objekt in der vorliegenden Konstellation erst hervor. Hardenbergs Darstellung unterstreicht die Gleichursprünglichkeit, die »unhintergehbare [...] Verschränkung«[65] der beiden Pole. Angesichts der vielfältigen Wechselbeziehungen zwischen den Anrufungen und der Redeposition des Sprechers – man denke etwa an die beschriebene Potenzierung des Ichs – lässt sich das auch auf die übrigen Apostrophen übertragen. Die Du-Anreden erscheinen als Werkzeug der Reflexion, ja als deren Äquivalent im hymnischen Verfahren. Indem die *Hymnen an die Nacht* etwas als ein Du anrufen, erzeugen sie die zentralen Momente der Gegenüberstellung, bei denen sich Ich und Adressat von Fall zu Fall gemeinsam verschieben. Eben deshalb legen diese Beobachtungen eine Interpretation im Sinne der zweiten Möglichkeit nahe: Die Anreden dienen nicht der *Rück*versicherung. Anstatt die Beziehung zu einem ihnen Vorausliegenden zu bekräftigen, tasten sie vorwärts, loten aus, geben sich einem Spiel mit unkalkulierbarem Ausgang hin. Das Göttliche träte demnach weniger in einem (oder mehreren) der adressierten Objekte als vielmehr im Reflexionsmedium selbst, in seinen Sprüngen und Volten hervor.

---

64 Hier sei nochmals an Benjamins Vorstellung der Reflexion als eines »Mediums« des Absoluten erinnert (s. o., Anm. 61). Dazu auch Winfried Menninghaus: *Unendliche Verdopplung* (s. Anm. 51), S. 41 f.
65 Winfried Menninghaus: *Unendliche Verdopplung* (s. Anm. 51), S. 80.

Andere Textelemente sprechen indes eher für die erste Variante. Wenn die fünfte Hymne, wie hier vorgeschlagen, als *ordo-inversus*-Spiegelung des gesamten Zyklus verstanden werden kann, so weist das darauf hin, dass die Perspektive der Hymnen trotz allem an einem vorgängigen Ersten ausgerichtet ist: Der Rückgriff auf das Verfahren des inversen Flektierens zeugt von der Absicht, die Verzerrungen der ersten Spiegelung aufzuheben; dies impliziert die Orientierung an einem vorausgesetzten Ausgangspunkt. Dieser Gedanke ließe sich ohne Schwierigkeiten auf einen konkreten Nenner bringen. Man könnte argumentieren, dass namentlich die ersten vier Hymnen die religiöse Thematik auf sehr persönliche Art und Weise behandeln und zuwenig auf kollektive Vorstellungen rekurrieren. Wenn in der fünften Hymne der Übergang von der antiken Götterwelt zum Christentum dargestellt wird, so hätte dies demnach die Funktion, einen Kontrapunkt zu der individuellen Spiegelung des Göttlichen zu setzen. Die zweite Reflexion fungierte insofern als Korrektiv, genauer: als Gegengewicht[66] zur ersten, als sie der historischen Dimension der Religionsproblematik Rechnung trägt.

In dieser Sache ist zudem die prominente Rolle christlicher Motive in den Hymnen IV–VI zu bedenken. Novalis erschafft schließlich nicht einfach eine Privatreligion, sondern interpretiert die christliche in einigen – wenngleich sehr wesentlichen – Punkten um (s. o.). Auch das ließe sich prima vista als Indiz dafür werten, dass die *Hymnen an die Nacht* an ein vorgegebenes Gottesbild gekoppelt bleiben. Zur genaueren Klärung empfiehlt sich ein kurzer Seitenblick auf die religionsphilosophischen Ideen des Autors. Eine der wichtigsten Quellen ist dabei das vielzitierte 74. Fragment aus der Sammlung *Blüthenstaub*:

> Nichts ist zur wahren Religiosität unentbehrlicher als ein Mittelglied – das uns mit der Gottheit verbindet. Unmittelbar kann der Mensch schlechterdings nicht mit derselben in Verhältniß stehn. In der Wahl dieses Mittelglieds muß der Mensch durchaus frey seyn. Der mindeste Zwang hierinn schadet seiner Religion. Die Wahl ist caracteristisch und es werden mithin

---

66 Entscheidend ist, dass auf diese Weise eine Spannung zwischen der ersten und zweiten Spiegelung entsteht – analog zu den Überlegungen zu Novalis' Fichte-Rezeption ließe sich auch hier konstatieren, dass durch den *ordo inversus* die Gewissheit einer sekundären Stellung gegenüber einem sich entziehenden Ersten aktualisiert wird (s. o.).

die gebildeten Menschen ziemlich gleiche Mittelglieder wählen – dahingegen der Ungebildete gewöhnlich durch Zufall hier bestimmt werden wird. Da aber so wenig Menschen einer freyen Wahl überhaupt fähig sind – so werden manche Mittelglieder allgemeiner werden – sey es durch Zufall – durch Association, oder ihre besondre Schicklichkeit dazu. Auf diese Art entstehn Landesreligionen. Je selbstständiger der Mensch wird, desto mehr vermindert sich die Quantität des Mittelglieds, die Qualität verfeinert sich – und seine Verhältnisse zu demselben werden mannichfaltiger und gebildeter – Fetische – Gestirne – Thiere – Helden – Götzen – Götter – *Ein* Gottmensch. Man sieht bald, wie relativ diese Wahlen sind und wird unvermerckt auf die Idee getrieben – daß das Wesen der Religion wohl nicht von der Beschaffenheit des Mittlers abhänge, sondern lediglich in der Ansicht desselben, in den Verhältnissen zu ihm bestehe.

Es ist ein Götzendienst, im weitern Sinn, wenn ich diesen Mittler in der That für Gott selbst ansehe. Es ist *Irreligion*, wenn ich gar keinen Mittler annehme [...] Wahre Religion ist, die jenen Mittler, als Mittler annimmt – ihn gleichsam für das Organ der Gottheit hält – für ihre sinnliche Erscheinung.[67]

Besonders bemerkenswert erscheint zum einen die These, das Wesen der Religion liege im Verhältnis zum Mittler, nicht in dessen spezifischer Beschaffenheit, zum anderen das Insistieren auf der Mittelbarkeit des Mittelglieds, das heißt die Warnung, dieses mit Gott selbst zu verwechseln. Demnach kommt es darauf an, dass sich die Beziehung zum jeweiligen Medium nicht verfestigt. Dies wirft nochmals ein neues Licht auf die wechselnden Anrufungen in den *Hymnen an die Nacht* – aus dieser Sicht wäre wiederum der reflexiven *Tätigkeit* Vorrang gegenüber den jeweiligen Adressaten der Apostrophe einzuräumen. Andererseits hält Novalis die Wahl des Mittelglieds keineswegs für arbiträr. Das zeigt sich sowohl an der nach »Feinheit« gegliederten, im »Gottmenschen« mündenden Liste der sakralen Objekte als auch an der Behauptung, die Gebildeten würden »ziemlich gleiche Mittelglieder wählen«. Das Christentum erhält dadurch eine privilegierte Stellung. Hardenberg vollführt einen Spagat zwischen der christlichen Religion und einer freien, auf individuellen Setzungen beruhenden Spiritualität. Offenbar ist er der Auffassung, der Mittlergedanke sei im Christentum prinzipiell bereits

---

67 N II, S. 441 f.:74.

realisiert und lediglich aufgrund dogmatischer Verkrustungen aus dem Blick geraten.[68]

Das Streben, den Gegensatz zwischen individuellen religiösen Empfindungen und der christlichen Religion zu überwinden, durchzieht auch die *Hymnen an die Nacht*.[69] Der Prozess der sechs Gedichte verläuft vom einen Pol zum anderen: Sie beginnen mit sinnlichen Erfahrungen aus dem Umkreis von Nacht und Rausch, erweitern diese mit Blick auf den Tod und dringen erst dann in die christliche Vorstellungswelt vor. Der Spielraum dieser gedanklichen Entwicklung ist bereits an der Folge der Angerufenen abzulesen. Indem Novalis Christus und Maria in eine Reihe mit der Nacht, der Geliebten und dem Schlaf stellt, gibt er ihnen, im Einklang mit dem *Blüthenstaub*-Fragment, den Charakter eines Mittelglieds zurück. Sie werden gleichsam neu geboren – aus der Sinnlichkeit der Nacht. Von diesen Überlegungen her lässt sich darüber hinaus ein Ansatz zu einer Erklärung für die beobachtete Ambivalenz, für das Changieren zwischen vorwärts- und rückwärtsgewandten Momenten gewinnen: Der Zwiespalt zwischen dem freien Spiel der Reflexion und der Rückbindung an einen vorausgesetzten Anfang verweist auf die Opposition zwischen individueller Religiosität und objektiver Religion.[70] Novalis geht es nicht um eine Entscheidung für die eine oder die andere Seite, sondern um ihre wechselseitige Befruchtung.

---

68   Eine vergleichbare Position liegt Friedrich Schleiermachers Reden *Über die Religion* (1799) zugrunde; das Verhältnis zwischen Schleiermachers allgemeinen Ideen zur Religion und der Rolle des Christentums wird insbesondere in der fünften Rede thematisiert. Dazu Kurt Nowak: *Schleiermacher. Leben, Werk und Wirkung.* Göttingen 2001, S. 108–111.

69   Dieses Anliegen äußert sich auch in Novalis' *Europa*-Rede: »Als eine fremde unscheinbare Waise muß sie [die Religion] erst die Herzen wiedergewinnen, und schon überall geliebt seyn, ehe sie wieder öffentlich angebetet und in weltliche Dinge zur freundschaftlichen Berathung und Stimmung der Gemüther gemischt wird« (N III, S. 518). Zur Religion bei Novalis u. a. Ludwig Stockinger: »Religiöse Erfahrung zwischen christlicher Tradition und romantischer Dichtung bei Friedrich von Hardenberg (Novalis)«. In: Walter Haug und Diethmar Mieth (Hg.): *Religiöse Erfahrung. Historische Modelle in christlicher Tradition.* München 1992, S. 361–393.

70   Dass am Anfang eher die individuell-sinnliche, am Ende dagegen die objektive Seite hervortritt, zeigt sich zudem am allmählichen Übergang von der zunächst dominierenden mütterlichen Nacht-Göttin hin zum Vater-Gott der sechsten Hymne.

Transzendental, nicht emotional. Zu Friedrich Schlegels Theorie des Erhabenen

Giovanna Pinna

1   Die Kunst: zum Erhabenen untauglich?

Anders als der Begriff des Schönen hat derjenige des Erhabenen eine fragmentarische und ungleiche Geschichte, die sich aus intensiven, aber zeitlich begrenzten Interessensspitzen und sehr langen Phasen der Vernachlässigung zusammensetzt. Denn zwischen Longins Abhandlung *Über das Erhabene* und ihrer ersten modernen Übersetzung von Boileau vergehen viele Jahrhunderte, und auf die vielschichtigen Diskussionen der britischen und deutschen Aufklärung, die ihren Höhepunkt in Kants Ästhetik der Urteilskraft finden, folgt (oder so scheint es) ein langes Schweigen, das erst in den achtziger Jahren des zwanzigsten Jahrhunderts durch ein erneutes Aufkommen des Diskurses über das Erhabene in der postmodernen französischen Kunsttheorie gebrochen wird. In jüngster Zeit ist das Erhabene wieder in die ästhetische Debatte eingetreten, angetrieben durch die Studien prominenter Neurowissenschaftler, die darauf abzielen, die Spezifizität des Phänomens und insbesondere seinen Unterschied zum Schönen durch die Messung von neurologischen Reaktionen festzustellen, die bei der Betrachtung von traditionell als erhaben klassifizierten Naturschauspielen wie stürmischen Meeren, dunklen Orten und hohen Bergen erfolgen.[1] Der

---

1   Siehe z. B. Tomohiro Ishizu and Semir Zeki: »A Neurobiological Inquiry Into the Origin of Our Experience of the Sublime and Beautiful«. In: *Frontiers in Human Neuroscience* 8 (2014), S. 1–10. Im Allgemeinen besteht die Untersuchung darin, die Gehirnreaktionen einer gewissen Anzahl von Probanden vor auf einem Bildschirm gezeigten Landschaftsbildern zu messen und sie mit dem von den Probanden selbst formulierten Erhabenheitsurteil nach einer Intensitätsskala (+ oder – erhaben) zu korrelieren. Dies setzt offensichtlich eine sehr vereinfachte Definition des Erhabenen voraus, das mit einer die Aufmerksamkeit stark auf sich ziehenden und Spannung erzeugenden Bildeigenschaft identifiziert wird, und liefert letztlich eine zirkuläre Erklärung: Die experimentellen Ergebnisse bestätigen, dass Bilder, die als die erhabensten (d. h.

neuroästhetische Ansatz geht von der Absicht aus, universelle und überkulturelle Kriterien zur Definition der ästhetischen Sphäre zu finden, sich dabei explizit auf Burkes physiologisches Erklärungsmodell des Erhabenheitsgefühls stützend.[2] Es wird jedoch darauf verzichtet, dessen theoretische Prämissen zu klären oder eine artikulierte Begriffsdefinition zu liefern. Der interessanteste Aspekt von Burkes ›delightful horror‹, nämlich die an sich widersprüchliche Struktur der gemischten Gefühle, wird dabei ausgeklammert, was paradoxerweise zu einer naturalistischen Version der (von Burke und Kant in Frage gestellten) antiken Idee des Erhabenen als Steigerung der Schönheit führt. Bezeichnenderweise wird Kant in solchen Kontexten gleichsam nur pflichtmäßig erwähnt, obwohl seine Analyse auf das Erhabene der Natur fokussiert. Denn der in seiner transzendentalkritischen Perspektive relevante Mechanismus der Subreption, der eine Beziehung zwischen ästhetischer Wahrnehmung und moralischen Vorstellungen herstellt, lässt sich kaum in einen Rahmen messbarer physiologischer Reaktionen einordnen.[3]

Der Reduktionismus der Neurowissenschaftler sowie die Anwendung eines solchen Erklärungsmodells auf das Gebiet der Literatur- und Kunstkritik wurde von Tallis und anderen mit guten Argumenten kritisiert.[4] Im Fall des Erhabenen hat das breite Interesse an dieser Untersuchungsmethode in den Geisteswissenschaften zweifellos dazu beigetragen, den Begriff wieder in die Debatte über die Grundlagen der modernen Ästhetik

---

aufregendsten) angesehen werden, intensivere Emotionen erzeugen. Der Unterschied zwischen schön und erhaben soll letztendlich im Intensitätsgrad der emotionalen Reaktion des Betrachters liegen.

2 Siehe Marcos Nadal, Antoni Gomila und Alejandor Gàlvez-Pol: »A History for Neuroaesthetics«. In: Jon O. Lauring (Hg.): *An Introduction to Neuroaesthetics*. Copenhagen 2014, S. 3–49, hier S. 7.

3 Zur Subreption, d. h. der symbolischen Übertragung der überwältigenden Präsenz des Objekts auf die Idee der Humanität im Subjekt als Merkmal des Erhabenheitsgefühls bei Kant, siehe Robert C. Clewis: *The Kantian Sublime and the Revelation of Freedom*. Cambridge 2009, S. 183 ff.

4 Raymond Tallis: »The Neuroscience Delusion«. In: *Times Literary Supplement*, 9. April 2008. Tallis bezieht sich beispielhaft auf die Auslegung von dichterischen Texten. Zur bildenden Kunst siehe Ladislav Kesner: »Neuroaesthetics: Real Promise or Real Delusion?«. In: Ondřej Dadejík und Jakub Stejskal (Hg.): *The Aesthetic Dimension of Visual Culture*. Newcastle 2010, S. 17–32.

einzubringen, seine theoretische Komplexität jedoch tendenziell erodiert und seine historische Reichweite verringert. Die auffälligsten Folgen der Gleichsetzung des Erhabenen mit einer intensiven emotionalen Reaktion sind der fast ausschließliche Bezug auf visuelle Phänomene sowie die Ausklammerung der Sphäre der Kunst. So heißt es beispielsweise in der unlängst erschienenen Studie über das Erhabene in der Philosophie von Emily Brady »that artworks are not immense or powerful enough to be sublime«.[5] Die erste Referenz bildet hier die Landschaftsmalerei, die vergeblich bemüht sei, Naturkräfte darzustellen, und umso mehr gelte das für die Literatur als kulturell vermitteltes Darstellungsmedium.

Blickt man auf die historische Entwicklung des Begriffs des Erhabenen in der Moderne, so hat die empiristische Sicht des Begriffs eine faktische Abwertung des kantischen Ansatzes und vor allem von dessen Produktivität für die Reflexion über die moderne Kunst zur Folge. Der einzige theoretisch relevante Beitrag zum Diskurs über das Erhabene wäre in einer solchen Perspektive der von Schopenhauer als dem Vertreter einer dezidierten Naturalisierung und Ent-Moralisierung der kantischen Position.[6] Diese naturalistische Auffassung des Erhabenen trägt jedoch der Komplexität des Phänomens nicht Rechnung, nicht zuletzt, weil sie die von Kant eingeführte, von Schiller und den Romantikern kunsttheoretisch implementierte reflexiv-symbolische Komponente des Phänomens übersieht.

In meinem Beitrag möchte ich am Beispiel der Kunsttheorie Friedrich Schlegels zeigen, dass das Erhabene mit seiner inneren dialektischen Spannung einen grundlegenden Transformationsfaktor des romantischen Schönheitsbegriffs darstellt und damit einen wichtigen Beitrag zur Konstruktion einer Theorie der modernen Kunsterfahrung geleistet hat.

---

5 Emily Brady: *The Sublime in Modern Philosophy*. Cambridge 2013, S. 120. Die Werke eines Friedrich oder eines Turner werden aufgrund eines naiven Konzeptes der Nachahmung so interpretiert.
6 Beispielhaft in diesem Sinn, neben Brady, S. 94 f., ist Bart Vandenabeele: *The Sublime in Schopenhauer's Philosophy*. Basingstoke 2015, insbesondere S. 83 ff.

2 Erhabenes und Romantisches

Im allgemeinen Verständnis wird das Prädikat ›erhaben‹ problemlos mit der romantischen Kunst und der romantischen Dichtung assoziiert, so, dass im breiten Spektrum der europäischen Romantik das Erhabene als »eine Atmosphäre, ein impliziter Gedanke« allgegenwärtig zu sein scheint.[7] Gemeint ist damit der Schwung nach dem Unendlichen und dem Übersinnlichen, der in manchen Fällen an das Groteske und das Phantastisch-Negative grenzt. »The essential claim of the sublime is that man can, in feeling and in speech, transcend the human«.[8] Es ist ein solches Transzendieren der gewöhnlichen menschlichen Erfahrung, das als Signatur des Romantischen, oder vielmehr der romantischen Kunst, gilt. Zweifellos bildet eine aus der Spannung von Sehnsucht und Utopie resultierende Idee des Erhabenen (Sublime), die die Romantik mit den Avantgarden des zwanzigsten Jahrhunderts verbindet, einen wichtigen Bestandteil der immanenten Poetik der europäischen Dichter, von Wordsworth bis Leopardi, Novalis oder Victor Hugo. Schaut man jedoch auf die theoretisch-philosophische Seite der romantischen Kultur, so scheint der bei Kant und Schiller zentrale Begriff des ›Erhabenen‹ in den Hintergrund getreten zu sein. Im Übergang von der Kantischen zur frühidealistischen Ästhetik soll das Erhabene, in seiner Funktion, das Übersinnliche »durch das Gefühl des Subjekts angesichts der Insuffizienz theoretischer Erkenntnis und des Fehlens unmittelbarer praktischer Nützlichkeit« zu vermitteln, theoretisch irrelevant geworden sein.[9] Der Schönheitsbegriff sei folglich zum ausschließlichen Orientierungspunkt der Kunstphilosophie des neunzehnten Jahrhunderts geworden, während das Erhabene in der Kunst- und Literaturproduktion fest beheimatet geblieben sei.[10] Solch eine Diskrepanz zwischen philosophischer Theorie und künstlerischer

---

7   Dominique Peyrache-Leborgne: *La poétique du sublime de la fin des Lumières au romantisme. Diderot, Schiller, Wordsworth, Shelley, Hugo, Michelet.* Paris 1997, S. 9.
8   Thomas Weiskel: *The Romantic Sublime. Studies in the Structure and Psychology of Transcendence.* Baltimore/London 1986, S. 3.
9   So Renate Homann: »Erhaben, das Erhabene«. In: Joachim Ritter u. a. (Hg.): *Historisches Wörterbuch der Philosophie.* Bd. 2. Darmstadt 1972, S. 624–636.
10 Diese Position vertritt beispielsweise Baldine Saint Girons: *Le sublime de l'antiquité à nos jours.* Paris 2005, S. 110 ff. Für eine prinzipielle Trennung von literarischem Ausdruck und philosophischer Theorie des Erhabenen nach Kant plädiert auch

Praxis – man könnte auch sagen, zwischen Begriff des Erhabenen und Gefühl des Erhabenen – ist aber fragwürdig, besonders wenn man die enge Wechselwirkung von literarischer Schöpfung, Kritik und philosophischer Reflexion in der frühromantischen Kultur beachtet.[11] Man muss sich zunächst fragen, was sich an der Form des Erhabenen als Kernstück der »doppelten Ästhetik« des achtzehnten Jahrhunderts ändert und was davon übrig bleibt. Es sind zwei Umstände zu beobachten, die in der nachkantischen Ästhetik auf eine Wandlung des theoretischen Grundmodells hinweisen: das Verschwinden des Erhabenen als strukturellem Gegensatz zum Schönen und das starke Zurücktreten der Natur als Objekt der ästhetischen Erfahrung. Die Umdeutung des Erhabenen als Element der Kunsttheorie geht jedoch in verschiedene Richtungen, je nachdem, ob der Vernunftbegriff in einem praktischen oder theoretischen Sinne verstanden wird. In Schillers Revision des Erhabenen steht die Autonomie der moralischen Vernunft im Fokus, sowohl wenn sie auf das tragische Pathos bezogen, als auch wenn in *Über das Erhabene* das Chaos als Dokument *ex negativo* ihres Bestehens deklariert wird. Die kritische Theorie der Frühromantik markiert eine Tendenzänderung in der Auffassung der Erhabenheit der Kunst, nicht nur, weil ihre Komplementarität zum Schönen allmählich verschwindet, sondern vor allem auch, weil sie in eine kognitiv-transzendentale Perspektive eingeschlossen wird. Im Werk Friedrich Schlegels wird das Erhabene mit zwei verschiedenen Begriffen in Verbindung gebracht: erstens mit dem des Hässlichen, zweitens mit dem des Transzendentalen.

Die früheste Dokumentation der ästhetischen Reflexion Schlegels über das Schöne und das Erhabene bietet der Aufsatz *Über das Studium der griechischen Poesie*, in dem die Absicht, die klassische Kultur zu verteidigen, bald zu einem Gründungsakt der Idee der Moderne mutiert. Es ist die griechische Welt, in der er die objektiven Gesetze der Schönheit im höchsten Maße realisiert zu sehen wähnt, während die moderne Kunst, die die intellektuelle und moralische Krise einer Epoche ausdrückt,

---

Walter Erhart: »Verbotene Bilder? Das Erhabene, das Schöne und die moderne Literatur«. In: *Jahrbuch der deutschen Schillergesellschaft* 39 (1997), S. 79–106.

11 Das gilt im Allgemeinen, bei aller Nuancierung, für den ganzen europäischen Kulturraum, ist aber in der deutschen Romantik, von der hier die Rede ist, besonders evident.

das Interessante, die »subjektive ästhetische Form« zum Ideal macht. Sie reiht sich in eine mittlere Position ein, in einen Spannungspunkt zwischen dem griechischen Modell der vollendeten Einheit der Sinnlichkeit mit der Vernunft und einer utopischen Schönheit der Zukunft, der Poesie des Unendlichen. In diesem Kontext ist der Diskurs über das Schöne unmittelbar an den Anspruch, eine neue Art der Schönheit zu finden, die über die hässliche, disharmonische und unangenehme gegenwärtige Kunst hinausgeht, geknüpft.

Schlegel erhält hier noch die dualistische Struktur der Ästhetik aufrecht, die die Positionen Kants und Schillers definiert hatte, überträgt aber die Funktion der Entgegensetzung zum Schönen, die zuvor das Erhabene übernommen hatte, auf das Hässliche, das einerseits als Verneinung der Schönheit und des ästhetisch Positiven, andererseits aber als Radikalisierung des Interessanten verstanden wird.[12] Das Erhabene erscheint hingegen als Element einer dialektischen Beziehung, die gegenüber den ursprünglichen klassizistischen Tendenzen desselben Autors eine neue Idee der Schönheit darstellt.

Es gibt nämlich »*ein Schönes im weitesten Sinne*«, das »das Erhabne, das Schöne im engern Sinne und das Reizende umfaßt« und in Abschwächung der Kantischen Formel als »*die angenehme Erscheinung des Guten*« definiert ist.[13] Das »Schöne im engern Sinne« ist, wie Schlegel ausführt, die erreichte Perfektion der Form, »die Erscheinung einer endlichen Mannigfaltigkeit in einer bedingten Einheit«, das heißt, die komplette Auflösung eines bestimmten ideellen Inhalts in einer vollendeten Form. Eine Definition, die wie eine Hommage an Winckelmann klingt.[14] Die so verstandene Schönheit ist für Schlegel jedoch ein vergangener Zustand. Der Tribut an die Gräkomanie seiner Zeit wird in

---

12　Über den Begriff des Hässlichen bei Schlegel siehe Carsten Zelle: *Die doppelte Ästhetik der Moderne. Revisionen des Schönen von Boileau bis Nietzsche*. Stuttgart/Weimar 1995, S. 260 ff., und Günter Oesterle: »Entwurf einer Monographie des ästhetisch Häßlichen. Die Geschichte einer ästhetischen Kategorie von Friedrich Schlegels Studium-Aufsatz bis zu Karl Rosenkranz' Ästhetik des Häßlichen als Suche nach dem Ursprung der Moderne«. In: Dieter Bänsch (Hg.): *Zur Modernität der Romantik*. Stuttgart 1977, S. 217–297.

13　Friedrich Schlegel: »Über das Studium der griechischen Poesie«. In: *KFSA* 1, S. 217–367, hier S. 288.

14　Ebd., S. 312.

dieser Weise durch eine dialektische Auffassung des Schönen relativiert, die die Möglichkeit vorsieht, die Diskrepanzen und die Ungleichgewichte der künstlichen Bildung der Moderne durch eine neue Fertigkeit des künstlerischen Ausdrucks zu überwinden.

In der gleichsam ›expandierten‹ Auffassung der Schönheit, die die Basis der ästhetischen romantischen Utopie bildet, ist das, was Schlegel »das Schöne im engern Sinn« nennt, nur eines der grundlegenden Elemente und steht sowohl zum Erhabenen als auch zum Reizenden in einem Spannungsverhältnis. Das Erhabene ist im Wesentlichen »Erscheinung des Unendlichen«,[15] was die »Allegorie des Unendlichen« als Grundbezeichnung der modernen Kunst unmittelbar hervorruft. Es handelt sich dabei jedoch um eine Harmonie, die sich gänzlich im Bereich des Intelligiblen bewegt und folglich mit einer grundlegenden Diskrepanz zwischen dem dargestellten Unendlichen und seiner sinnlichen Erscheinung verbunden ist: Die Disharmonie, die auf inhaltlicher Ebene verneint wird, bleibt also für die Struktur des Erhabenen grundlegend.

Diesem Konzept des Schönen scheinen teilweise diejenigen Eigenschaften einverleibt zu sein, die die Ästhetik des 18. Jahrhunderts dem Erhabenen zugesprochen hatte (d. h. Negativität und Übermaß), allerdings in ihrer emotional-anthropologischen Dimension vermindert und in eine kritisch-spekulative Kunsttheorie integriert. Im Prinzip interessiert sich Schlegel nicht für die psychologische Wirkung des Erhabenen, sondern für seine tatsächliche Konfiguration im Kunstwerk.[16] Im *Studiumaufsatz* sind jedoch noch die Spuren des »delightful Horror« des sensualistischen Erhabenen in einer Theorie des Hässlichen zu finden, die als Kehrseite des erhabenen Schönen erscheint. Da der Text sich als Überschneidung einer embryonalen philosophischen Ästhetik, die die Anstoßpunkte des modernen spekulativen Denkens aufnimmt, und einer kritischen Geschichte der Poesie entwickelt, kommt das Konzept des Hässlichen in verschiedenen Kontexten und (teilweise konkurrierenden) Funktionen vor: als gegensätzliches Komplement des Erhabenen, als Maßstab für die

---

15 Ebd., S. 313.
16 Solch eine Distanz zur psychologischen Sichtweise, die einen wichtigen Bestandteil der deutschen ästhetischen Debatte vor Kant ausmacht, wird richtigerweise in Peter D. Krause: *Unbestimmte Rhetorik. Friedrich Schlegel und die Redekunst um 1800*, Tübingen 2001, S. 211, hervorgehoben.

Beurteilung der modernen Kunst, das heißt als Grundlage für einen »vollständigen ästhetischen Kriminalkodex«, und *last but not least* als kennzeichnende Eigenschaft der Modernität.[17]

Zunächst ist das Hässliche allgemein als »unangenehme Erscheinung des Schlechten« definiert, als Mangel an Form, als Leerheit, verfehlte Verschmelzung von Einheit und Vielfalt.[18] Es beleidigt die Sinne und ruft dadurch eine moralische Abscheu hervor. Es gibt aber für Schlegel auch eine erhabene Hässlichkeit, die als Kehrseite des Erhabenen eine selbstständige Konsistenz als ästhetische Kategorie annimmt. Da das Erhabene als »unendliche Fülle oder unendliche Harmonie« zweifach konnotiert erscheint, ist auch sein Gegenteil zweifach definiert als »unendlicher Mangel und unendliche Disharmonie«.[19] Das Resultat solch einer absoluten Hässlichkeit, welche die Erwartung jener Harmonie und jener Vollkommenheit heraufbeschwört, um sie dadurch radikal verneinen zu können, ist »*Verzweiflung*, gleichsam ein absoluter, vollständiger Schmerz«.[20] Aus diesem Grund erfordert die Darstellung des erhabenen Hässlichen, die ein extremes Konfliktpotential enthält, ein Maximum an Kraft, im Gegensatz zur einfachen Hässlichkeit, die das Resultat einer mangelnden moralischen Energie und einer Beschränktheit der Kreativität darstellt.[21] Das Gefühl von Leere und die Empfindung des unendlichen Bruchs sind nämlich je gewaltiger, desto intensiver der Wunsch nach Perfektion ist, den sie hervorrufen. Schlegel scheint auf diese Weise, durch das Konzept der erhabenen Hässlichkeit oder des hässlichen Erhabenen, wieder die Faszination des Negativen und des Dunklen in die Kunst einzubringen. Es gibt jedoch einen grundlegenden Unterschied zur traditionellen Kategorie des Erhabenen als gemischter Empfindung. Während der Schrecken, den das Erhabene hervorruft, wie es Burke oder Kant verstehen, eine Art Revanche der Rationalität über die Übermacht des sinnlichen Eindrucks bildet, bleibt in der erhabenen Hässlichkeit

---

17 Auf die Schwierigkeit, das Hässliche als Beurteilungskriterium fehlerhafter Erscheinungen der modernen Kunst und als wesentlichen Bestandteil der modernen Schönheit zugleich zu betrachten, hat Rolf-Peter Janz in »Romantisch und hässlich?«. In: *European Society and Culture* 5 (2010), S. 155–171, hingewiesen.
18 Friedrich Schlegel: *Über das Studium der griechischen Poesie*. (s. Anm. 13), S. 311.
19 Ebd., S. 313.
20 Ebd.
21 Ebd.

die Spannung ungelöst.²² Da in der erhabenen Hässlichkeit »noch etwas Schönes enthalten« ist, erweist sie sich als eine ständige Provokation für die zum Absoluten strebende moderne Kunst, die nicht scheut, in den Abgründen des Bösen und des Ekelhaften den Sinn der individuellen Freiheit zu erblicken. Die Idee der Heraufbeschwörung *ex negativo* der unendlichen Perfektion und Vollkommenheit stellt dieses Konzept ins Verhältnis zu jenen Werken der modernen Kunst, die sich von den anderen durch die Macht ihrer Gestaltung und die Tiefgründigkeit des Inhalts abheben, es jedoch nicht vermögen, die vollendete Harmonie der griechischen Kunst zu erreichen.

In Schlegels Texten um 1800 hat das Erhabene seinen Platz im Projekt der Integration von Philosophie und Poesie, als Ausdruck der Suche nach dem Absoluten. Unter den ästhetischen Begriffen ist es derjenige, der am direktesten mit der Sphäre der Reflexivität verbunden zu sein scheint, das heißt mit der erkenntnistheoretischen Grundlage der Subjektivität. Er führt folglich in den Kreis des Schönen eine übersinnliche, subjektiv-metaphysische Komponente ein, die das wesentliche Element des modernen Ideals der Kunst bildet.²³ Die prinzipielle Verbindung des Erhabenen mit der kognitiven Dimension der Kunst kommt in einer Reihe von Fragmenten aus der Zeit des *Athenäum* zum Ausdruck: »Transcendental hat Affinität mit Erhaben – Abstract mit dem strenge[n] Schönen; Empirisch mit dem Reizenden«.²⁴ Das sinnliche Vergnügen, durch die angenehme und unmittelbar wirkende Erscheinung des Kunstwerks hervorgerufen, ist dem Erhabenen, das gänzlich auf den Bereich der geistigen und kognitiven Erfahrung zurückgeführt wird, entgegengesetzt. Dem Erhabenen wird somit jegliche Emotionalität entzogen.

---

22   Zu diesem Punkt Günter Oesterle: *Entwurf einer Monographie des ästhetisch Hässlichen* (s. Anm. 12), S. 241 f.

23   Eine überzeugende Analyse der Relevanz des Erhabenen in Schlegels Theorie der modernen Kunst findet sich in Dietrich Mathy: »Zur frühromantischen Selbstaufhebung des Erhabenen im Schönen«. In: Christine Pries (Hg.): *Das Erhabene. Zwischen Grenzerfahrung und Größenwahn*. Weinheim 1989, S. 143–60. Zum Verhältnis des Erhabenen zur künstlichen (weil zu einer höheren Freiheit strebenden) Bildung der Moderne Fred Rush: *Irony and Idealism. Rereading Schlegel, Hegel & Kierkegaard*. Oxford 2016, S. 61 f.

24   Friedrich Schlegel: »Fragmente zur Literatur und Poesie«. In: *KFSA* 16, S. 83–190, hier S. 152.

Die Abstraktheit des »strenge[n] Schönen« scheint hier weniger auf Intellektualität als vielmehr auf in sich geschlossene und daher nicht interessante Harmonie des Klassischen bezogen zu sein. Schlegel zielt offensichtlich darauf ab, in einen der romantischen Poesie entsprechenden, gleichsam potenzierten Schönheitsbegriff den Schwung nach dem Übersinnlichen, der dem Erhabenen zu eigen ist, zu integrieren, ohne jedoch die sinnliche Dimension der ästhetischen Erfahrung ganz zu verneinen. Das Fragment 108 des *Athenäum* wiederholt dieselbe Forderung, indem das Schöne als Vermittlung oder als Resultat der Opposition von Sinnlichkeit und kognitivem Impuls erscheint: »[S]chön ist, was zugleich reizend und erhaben ist«.[25] Die Gegensätze, das Anziehende und das Erhabene, sind für Schlegel die aktiven Elemente des Schemas, diejenigen, gegen die sich das künstlerische Schaffen wendet, welches aus der Faszination für die Gegenstände der Welt in ihrer phänomenalen Konsistenz oder, im Gegenteil, aus einer Sehnsucht nach dem Unendlichen entsteht. »*Erhaben* und *Reizend* sind die Pole d[er] π [Poesie]. *Schön* die Mitte und der magnetische Kreisstrom (Ocean) die alles umgibt – Der Poet geht immer aufs Erhabene und Reizende; nur der Mensch aufs Schöne«.[26] Die Harmonie erscheint hier als eine allgemeine Forderung des Menschlichen, oder als eine ästhetische Utopie, wobei die Kunst, zumindest die moderne Kunst, sich auf die Extreme hinbewegen muss.

Es ist die Idee des Unendlichen, auf der Schlegel die romantische Auffassung von Erhabenheit konstruiert, um den Berührungspunkt zwischen Erhabenem und Hässlichem zu bilden und, wenn auch nur implizit, um erhabene Schönheit und Modernität in ein Verhältnis zueinander zu setzen. Schlegels Überlegungen zu Dante sind ein Beispiel für die Komplementarität dieser beiden Aspekte des romantischen Erhabenen. Dessen Werk, quasi eine Vorwegnahme des später im Fragment 116 des *Athenäum* formulierten frühromantischen Projekts der Verschmelzung von Philosophie und Poesie, zeige in seiner erhabenen Barbarei den Weg, der die romantische Poesie zu einer neuen Schönheit und zu einer neuen Integration zwischen Natur und Kultur führen

---

25   Friedrich Schlegel: »Athenäum-Fragmente«. In: *KFSA* 2, S. 165–255, hier S. 181.
26   Friedrich Schlegel: »Philosophische Fragmente. Zweite Epoche. I«. In: *KFSA* 18, S. 195–321, hier S. 220.

soll. Die *Commedia* bezeichnet Schlegel als ein »kolossalisches Werk«, ein »erhabne[s] Phänomen in der trüben Nacht jenes eisernen Zeitalters«, in dem der spekulative Inhalt seiner Epoche in eine grandiose epische Erzählung eingebettet ist.[27] Wenn auf der einen Seite die Begriffe »barbarisch« und »kolossalisch« die Verbindung des Hässlichen und des Interessanten – charakterisierend für die moderne Poesie – mit der disharmonischen Seite des Erhabenen zusammenschließen, ist jedoch die philosophische Dimension dieses Werks Modell für die »neue Mythologie«, welche für Schlegel die wahre Erhabenheit festlegt.

Dieser Aspekt erscheint als offensichtlicher, wenn man die Erwägungen zu Dante in Betracht zieht, die in verschiedenen Fragmenten aus dem Jahre 1798 hervortreten, wie in *Athenäum 247:* »Dantes prophetisches Gedicht ist das einzige System der transzendentalen Poesie, immer noch das höchste seiner Art«.[28] Die Rolle absoluter Prominenz, die Schlegel Dante in seinem Kanon der modernen Poesie zuteilt, ist eben genau an die Verbindung, die zwischen Erhabenem und Transzendentalem existiert, gekettet, in der sich der ureigene Zug der romantischen »progressive[n] Universalpoesie« erkennen lässt, das heißt, die Fähigkeit, Poesie und Philosophie, Anschauung und Abstraktion verschmelzen zu lassen. Im Gegensatz zum Schönen im engeren Sinne, das von der Perfektion der sinnlichen Form und von seinem geschlossenen Verhältnis zur Idee definiert wird, stellt das Erhabene als Ausdruck des Unendlichen die spekulative und philosophische Seite der künstlerischen Schönheit dar: »Das Gefühl des Erhabenen muss notwendig entstehen für jeden der recht abstrahirt hat. Wer einmal das Unendliche recht gedacht hat, kann nie wieder das Endliche denken. – Die Realität liegt in der Indifferenz«.[29] Die Schönheit der romantischen, »progressiven Universalpoesie« ist von eben diesem Gefühl erfüllt.

---

27 Friedrich Schlegel: *Über das Studium der griechischen Poesie.* (s. Anm. 13), S. 233.
28 Friedrich Schlegel: *Athenäum-Fragmente* (s. Anm. 25), S. 206.
29 Friedrich Schlegel: »Philosophische Fragmente. Zweite Epoche. II«. In: *KFSA* 18, S. 323–422, hier S. 415.

3   Das Erhabene ist das Transzendentale

Wie angedeutet, bildet das Erhabene zusammen mit dem Reizenden einen der zwei Pole, aus denen eine höhere Schönheit dialektisch hervorgeht. Dass Schlegels Interesse für das gegen das Unendliche und die Spekulation tendierende Erhabene dasjenige für den anderen Pol des Gegensatzes übersteigt, zeigt sich klar in den Textpassagen, in denen das Erhabene mit einem Schlüsselkonzept seiner Poetologie in Verbindung gesetzt wird: dem Enthusiasmus. In einem der nachgelassenen Fragmente kann man lesen: »Enthus[iasmus] ist erhaben, Harm[onie] ist schön; reizend ist nichts als Zugabe und Abart«.[30] Hier scheint die dialektische Trias zu einem neuen Dualismus zu verschmelzen. Was die ausgesprochen abwertende Haltung gegenüber dem Angenehmen und Anziehenden der Kunsterscheinung prägt, ist eine Auffassung der Kunst als Ort der Wahrheit, die das Fundament der Neuorientierung der Ästhetik im kognitiven Sinne nach Kant bildet. Aus ähnlichen Gründen verleiht hingegen die Verbindung zwischen Erhabenem und Begeisterung ersterem eine theoretische Relevanz, welche nicht aus dem objektiven Gewicht des Begriffs innerhalb den der Theorie der Poesie gewidmeten Texten unmittelbar evident ist. Der Enthusiasmus, ein Begriff von offensichtlich platonischer Prägung, zeichnet für Schlegel nämlich den kreativen Zustand des poetischen Genies aus, seine Fähigkeit, die Einheit des Ganzen zu erfassen, welche ihn, als dialektischen Gegensatz zur Ironie, als Fundament der romantischen Poesie auszeichnet.[31]

Eine allgemeine philosophische Erklärung der Verbindung von Erhabenem und Enthusiasmus wird im Rahmen der Theorie des Bewusstseins geliefert, namentlich in den 1800–01 in Jena gehaltenen Vorlesungen über die Transzendentalphilosophie. Der Ausgangspunkt von Schlegels Ausführungen ist, dass das Philosophieren als Streben nach dem Fundament des Wissens ein notwendiger und ursprünglicher

---

30   Friedrich Schlegel: »Fragmente zur Poesie und Litteratur. II. und Ideen zu Gedichten (S. 18–95)«. In: *KFSA* 16, S. 253–337, hier S. 282.

31   Die Spuren Platons in dem Entwurf des Gegensatzes Enthusiasmus-Skepsis bzw. Selbstschöpfung-Selbstvernichtung sind in Ernst Behler: *Ironie und literarische Moderne*. Paderborn/München 1997, S. 94 ff. analysiert. Zu den platonischen Wurzeln von Schlegels Enthusiasmus-Konzept siehe Peter D. Krause: *Unbestimmte Rhetorik* (s. Anm. 16), S. 212 f.

Impuls des Bewusstseins sei. Als Wissen des Wissens habe die Philosophie »den ganzen Menschen« in der Vielfalt seiner intellektuellen Tätigkeiten als Gegenstand und besitze experimentellen Charakter. Dieser als »Tatsache« verstandene Wissensdrang ergibt sich aus zwei Faktoren, die als ein negativer und ein positiver im Wechselspiel wirken, Skepsis und Enthusiasmus.[32] Der negativ-sokratischen Haltung zu dem Einzelnen ist der positive Schwung nach dem Unendlichen korreliert, so, dass die eine die notwendige Bedingung des anderen bildet und umgekehrt. Sind die Elemente der Philosophie hauptsächlich zwei, nämlich das Bewusstsein und das Unendliche, so ist »das Bewußtseyn des Unendlichen im Individuo [...] das *Gefühl des Erhabenen*. Es liegt dies ganz roh im Individuo. Und dies *Gefühl des Erhabenen* ist der *Enthusiasmus*«.[33]

Schlegel bezieht sich auf Kant, indem er die Begeisterung mit dem Gefühl des Erhabenen verbindet, wobei er auf der Ebene der Erkenntnisbegründung die kantische Formulierung umsetzt, nach der »ästhetisch gleichwohl ist der Enthusiasm erhaben, weil er eine Anspannung der Kräfte durch Ideen ist«.[34] Von Kant hat er mehrere Elemente übernommen: die Unvereinbarkeit von Begeisterung und Annehmlichkeit sowie die Verwunderung, aus der der Wissensdrang entspringt. Darüber hinaus knüpft das Konzept von Enthusiasmus an Kants Definition der »Idee des Guten mit Affekt« an, wenigstens so weit, als es auf ein theoretisches Projekt verweist, in dem das abschließende Resultat der Spekulation die Durchdringung von Leben und Denken und umgekehrt ist. Die Verwunderung, die in der traditionellen Auffassung des Naturerhabenen die Wahrnehmung der furchterregenden oder grandiosen Dinge begleitet, wird aber bei Schlegel jeglicher emotionaler Bedeutung entkleidet, indem ihr als Anstoß zum Wissen des Wissens eine explizite Erkenntnisfunktion zugeschrieben wird.[35] In diesem Kontext ist

---

32   Zum »Wechselprinzip«, auf das die Philosophie begründet ist, siehe Manfred Frank: *Unendliche Annäherung. Die Anfänge der philosophischen Frühromantik*. Frankfurt a. M. 1997, S. 870 f.
33   Friedrich Schlegel: »Transzendentalphilosophie. [Jena 1800–1801]«. In: *KFSA* 12, S. 1–105, hier S. 6.
34   Immanuel Kant: »Kritik der Urteilskraft«. In: Ders.: *Gesammelte Schriften*. Bd. 5. Hg. von der Königlich Preußischen Akademie der Wissenschaften. Berlin/Leipzig 1908, S. 165–485, hier S. 272.
35   Friedrich Schlegel: *Transzendentalphilosophie. Jena 1800–1801* (s. Anm. 33), S. 7.

Schlegels Absicht eher erkenntnistheoretisch als ästhetisch. Die Totalität, die für ihn das (unerreichbare) Endziel der Spekulation darstellt, wird ursprünglich intuitiv erfasst durch einen individuellen Gefühlszustand, der den Prozess des Philosophierens in Gang setzt: »Denken wir uns alle einzelnen man[ni]chfaltigen Gefühle, die die Veränderungen im menschlichen Leben hervorbringen, hinweg, so bleibt uns *ein Gefühl*. Dies ist das *Gefühl des Erhabenen*, und in diesem finden wir die Analogie mit dem *Bewußtseyn des Unendlichen*«.[36] Dieses Gefühl, das »keiner Erklärung« bedürfe, entsteht aus der noch nicht zu Bewusstsein gekommenen Wahrnehmung des rationalen Fundaments des menschlichen Subjekts und seiner Fähigkeit, die Grenzen des Empirischen zu überschreiten. Es sei daher »das Ursprüngliche im Menschen« und gehe der Kultur voraus.[37] Darin distanziert sich Schlegel von Fichte, der mehrmals – entgegen Jakobis Philosophie des individuellen Gefühls – seine Abneigung gegen ein Denken wiederholt hatte, welches sich in die Bereiche des Gefühls einmischt. Die Verwandtschaft des Erhabenen mit dem ästhetischen Enthusiasmus, das heißt mit dem Impuls, dem die künstlerische Produktivität entspringt, wird darin sichtbar, dass es »im individuo« die weitere Stufe des spekulativen Prozesses, das Bewusstsein des Unendlichen, analogisch, das heißt bildlich vorwegnimmt. Dies bedeutet nicht, dass Schlegel eine ästhetisierende oder irrationalistische Sichtweise des philosophischen Wissens vertritt, sondern vielmehr eine Integration zwischen Denken und künstlerischer Intuition.[38] Die Grundstruktur von Schlegels Diskurs bleibt nämlich der Wechselerweis: Das Endliche bezieht sich ständig auf das Unendliche und das Unendliche kann sich nur im Endlichen manifestieren. Dies bedeutet einerseits, dass das Wissen nicht von einem einzigen Prinzip ausgeht, sondern immer als Ergebnis der Interaktion zwischen zwei Elementen zu verstehen ist, und andererseits, dass die Möglichkeit eines Endpunktes im Wissensprozess

---

36   Ebd., S. 7.
37   Ebd. Zu Schlegels Theorie des Bewusstseins siehe Bärbel Frischmann, *Vom Transzendentalen zum Frühromantischen Idealismus. J. G. Fichte und F. Schlegel.* Paderborn u. a. 2005, S. 238–246. Die Rolle des Erhabenen wird hier am Rande erwähnt.
38   Über die kognitive Funktion der Kunst bei Schlegel und gegen den Irrationalismusvorwurf siehe Elizabeth Millán-Zaibert: *Friedrich Schlegel and the Emergence of Romantic Philosophy.* New York 2007, S. 134 ff., 170 ff.

ausgeschlossen ist. Wissenstheoretisch betrachtet: Enthusiasmus ist notwendigerweise mit Skepsis verbunden. So wie der Schwung nach dem Ideal sich mit der Wirklichkeit konfrontieren muss, impliziert das Gefühl des Erhabenen die Wahrnehmung des Endlichen und Empirischen als sein Negatives. Zurück zum ästhetischen Diskurs: Als Element der (modernen) Kunst kann das Erhabene ohne den ironischen Verweis auf das Konkrete nicht bestehen. Später, in den Bonner Vorlesungen (1804–06), wird Schlegel erneut auf die widersprüchliche Struktur des Erhabenen hinweisen, das als »exzentrisches Gefühl« bezeichnet und mit der organischen und harmonisierenden Kraft der Schönheit kontrastiert wird.[39]

Erhaben kann man die romantische Kunst in Schlegels Sinne nennen, insofern sie das Sehnen des Subjekts nach dem Unendlichen und gleichzeitig die Unmöglichkeit, das Absolute begrifflich zu erfassen, in Allegorie verwandelt. Dies ergibt sich aus einem Kontrast und erzeugt ein Gefühl, das in gewisser Weise demjenigen ähnlt, dem durch die doppelte Bewegung von Erhöhung und Erniedrigung im kantischen Naturerhabenen entspringt. Die innere dialektische Spannung des Erhabenheitsbegriffs ist dabei darin erhalten und wird auf die symbolische Darstellung der Selbstreflexion des Subjekts und dessen Beziehung zu den konkreten Existenzformen bezogen.

Schlegels Auffassung des Erhabenen kann daher weder als ein sekundäres Phänomen innerhalb seiner Theorie der transzendentalen Poesie noch als eine isolierte Position in der romantisch-idealistischen Ästhetik betrachtet werden. Eine ähnliche Tendenz zur Substitution des Schönen durch das Erhabene findet sich mit unterschiedlichen Akzentuierungen auch bei Schelling und Solger. So subsumiert Schellings Metaphysik der Kunst, die auf der ästhetischen Anschauung der Einheit von Natur und Geist gründet, die beiden Termini unter den (übergeordneten) Begriff des »höheren Schönen«. Bildet denn das Schöne den »Grundcharakter« des als Reflex der Identität von bewusster und unbewusster Tätigkeit konzipierten Kunstwerks, so stellt hingegen das Erhabene, als subjektiver Moment der Aufhebung des »unendlichen Widerspruchs«, die sinnliche Anschauung des ursprünglichen

---

39 Friedrich Schlegel: »Die Entwicklung der Philosophie in zwölf Büchern«. In: *KFSA* 12, S. 107–480, hier S. 384.

Gegensatzes von Subjekt und Objekt dar.[40] Schelling plädiert zwar für eine Synthese: »Das Erhabene in seiner Absolutheit begreift das Schöne, wie das Schöne in seiner Absolutheit das Erhabene begreift«.[41] Obwohl das Erhabene im Prinzip als eine Unterkategorie des Schönen bezeichnet wird, welche den ursprünglichen Trieb der ästhetischen Produktion, das heißt die Erfahrung der unendlichen Entgegensetzung von Freiheit und Notwendigkeit, offen legt, wird es in der Tat ins Zentrum des Interesses gerückt und ausführlicher als das Schöne behandelt. Zu beachten ist auch, dass bei Schelling, anders als bei Schlegel, das Erhabene mit dem Tragischen verbunden ist und die theoretische Grundlage der aus Schellings Sicht höchsten künstlerischen Gattung, der Tragödie, ausmacht. Die in der *Philosophie der Kunst* eingeführte Bestimmung des Erhabenen ist stark von Schillers Schrift *Über das Erhabene* beeinflusst und bezieht sich hauptsächlich auf die Begriffe vom Tragischen und vom Chaos. Hier wird das Chaos, das »die Grundanschauung des Erhabenen« darstellt, sogar als »das innere Wesen des Absoluten bezeichnet, worin alles als eins und eins als alles liegt«. Auf diese Weise avanciert das Erhabene zum Grundsatz der Kunstschönheit.

In die gleiche Richtung geht die Begriffsbestimmung des Erhabenen von Solger, dem anderen Ironiker der romantischen Ästhetik, nach dem die erhabene Kunst »die Idee als sich entwickelnd, den Gegensatz der Erscheinung aus sich hervorbringend« sichtbar macht.[42] Die negative Dialektik des sich in dem Endlichen offenbarenden Absoluten wird in der erhabenen Kunst in ihrer Entwicklung, als Produkt der selbstreflexiven Ichtätigkeit, angeschaut. Solch eine innere Dynamik, die das Erhabene an das Komische, das Humoristische und das Groteske grenzen lässt, kennzeichnet die subjektzentrierte Kunst der Moderne.[43] Obwohl

---

40 Siehe Friedrich Wilhelm Joseph Schelling: »System des transzendentalen Idealismus«. In: Ders.: Werke. Historisch-Kritische Ausgabe. Bd. 9.1. Hg. von Harald Korten und Paul Ziche. Stuttgart 2005, S. 23–335, hier S. 320 f.

41 Friedrich Wilhelm Joseph Schelling: *Werke. Nachlass.* Bd. 6.1. *Philosophie der Kunst.* Hg. von Christoph Binckelmann und Daniel Unger. Stuttgart 2018, S. 193.

42 Karl Wilhelm Ferdinand Solger: *Vorlesungen über Ästhetik.* Hg. von Giovanna Pinna. Hamburg 2017, S. 70.

43 Dazu Giovanna Pinna: »Zum Verhältnis von Schönheit und Erhabenheit bei Solger«. In: Anne Baillot, Mildred Galland-Szymkowiak (Hg.) *Grundzüge der Philosophie K. W. F. Solgers.* Berlin 2014, S. 39–50.

die Literatur die wichtigste Referenz der Theoretiker der Romantik ist, bildet die Wechselbeziehung zwischen Unendlichkeit und Negativität, die sich unter anderem als Tendenz zur Darstellung des Unsichtbaren manifestiert, eine der mehr oder weniger impliziten theoretischen Voraussetzungen der bildenden Kunst der letzten zwei Jahrhunderte, von Caspar David Friedrich und Turner bis zur abstrakten Malerei.[44] Letztlich ist es eine Form des Erhabenen, die wenig mit dem rhetorischen Schwung oder der heroischen Größe zu tun hat, die üblicherweise mit diesem Begriff verbunden werden und die seine Verwendung in der modernen Kultur problematisch machen. Und selbst der durch Naturschauspiele erzeugte angenehme Schrecken ist angesichts der Darstellung der gefährlichen Nähe zwischen dem Unendlichen und dem Abgrund im Charakter der Individuen einer existentiellen und moralischen Unruhe gewichen. Der Sturm ist in der Seele von Macbeth, nicht außerhalb.

---

44   Zur Anwendung der Kategorie der Erhabenheit auf die romantische Malerei siehe Laure Cahen-Maurel: »The Simplicity of the Sublime. A New Picturing of Nature in Caspar David Friedrich«. In: Dalia Nassar (Hg.): *The Relevance of Romanticism. Essays on German Romantic Philosophy*. Oxford 2014, S. 186–201.

In der Mitte schweben

María Verónica Galfione

> Ratio schlägt in Irrationalität um, sobald sie, in ihrem notwendigen Fortgang, verkennt, dass das Verschwinden ihres sei's noch so verdünnten Substrats ihr eigenes Produkt, Werk ihrer Abstraktion ist.
>
> Theodor W. Adorno: *Negative Dialektik*

Die Entstehung der modernen Ästhetik ist mit der Entwicklung einer neuen Gestalt der Subjektivität tief verflochten. Es handelt sich dabei um eine Konzeption der Subjektivität, die dem Ich den Anspruch zuschreibt, seinem eigenen Gesetz zu folgen, statt von außen beherrscht zu werden. Diese Idee, die spätestens Kant und vielleicht schon Rousseau eingeführt hat, macht das Wesen der neuzeitlichen Idee der Autonomie aus. »Frei ist ein Mensch nach dieser Idee, der keinen Gesetzen untersteht, die ihm von anderen vorgegeben sind, sondern nur solchen, die er sich selbst gegeben hat (oder doch gegeben haben könnte).«[1]

So selbstverständlich diese Auffassung der Freiheit klingen mag, so groß sind aber die Probleme, die entstehen, wenn man versucht, sich klar zu machen, wie die Einsetzung eines Gesetzes der Freiheit überhaupt möglich ist. Denn ist diese ein »Akt des Gehorsams gegenüber einem nicht selbstgegebenen Gesetz«, dann ist sie nicht frei, und wenn die Einsetzung des Gesetzes ein Akt freier Willkür ist, dann ist sie gesetzlos. »Beides sind Formen der Heteronomie: die äußere Heteronomie

---

* Dieser Aufsatz entstand im Rahmen meines von der Alexander von Humboldt-Stiftung geförderten Aufenthalts an der Goethe-Universität, Frankfurt am Main, und an der Gutenberg-Universität, Mainz.

1 Christoph Menke: »Die Idee der Selbstverwirklichung«, In: Hans Joas (Hg.): *Die kulturellen Werte Europas*. Frankfurt a. M. 2006, S. 304–352, hier S. 307. Für die Rekonstruktion der Entstehung der Ästhetik greife ich im Folgenden auf Menkes Interpretation der Moderne zurück. Vgl. Christoph Menke: *Kraft*. 2. Aufl. Frankfurt a. M. 2017.

auferlegter Gesetze oder die innere Heteronomie bloß willkürlicher Entscheidungen.«[2] Dennoch betreffen die Probleme der modernen Idee der Freiheit nicht nur ihre Begründung, sondern auch das sich mit der Autonomie etablierende Unterwerfungsverhältnis zwischen dem Gesetz und der Instanz, die sich an dieses halten muss. Denn diese Unterdrückungsbeziehung findet nicht zwischen zwei schon vorab bestehenden Instanzen statt, sondern zwischen zwei Polen, die durch das Verhältnis selbst hervorgebracht werden. Das heißt, durch dieses Verhältnis konstituiert sich der Mensch als ein Subjekt, das sich selbst unterdrücken kann, und das unregelmäßige und amorphe Feld, das es zu unterdrücken gilt. In dieser Hinsicht erfordert die autonome Auffassung der Freiheit nicht die bloße Verdrängung schon bestehender Begierde. Sie setzt vielmehr die Transformation der Sphäre der Sinnlichkeit in das Feld anomaler Bewegungen voraus, das dann von einem wechselseitig entstehenden Subjekt reguliert werden muss.[3]

---

2   Christoph Menke: »Autonomie und Befreiung«, In: *Deutsche Zeitschrift für Philosophie* 58.5 (2010), S. 675–694, hier S. 676.
3   Christoph Menke: *Die Idee der Selbstverwirklichung* (s. Anm. 1), S. 327 f. Dass die Entstehung der Ästhetik mit der Erscheinung der modernen Subjektivität verbunden ist bedeutet, dass die Ästhetik die Aufgabe übernimmt, auf irgendeine Weise mit den Aporien des Ideals der Autonomie umzugehen, nicht aber, dass sie zwingend das Schöne aus der Perspektive des Subjektes betrachtet, auch wenn beide Aspekte bei einigen Philosophen zusammenfallen. Einige Hinweise auf diese Neubestimmung der Ästhetik finden sich bereits bei Baumgarten, denn die Definition der Schönheit als *perfectio phaenomenon* schreibt dem unteren Erkenntnisvermögen einheitsstiftende Leistungen zu, die von der Vernunft nicht mehr beansprucht werden können. In der Zeit vor Baumgarten ergibt sich eine andere Konstellation zwischen Ästhetik und Subjektivität, und zwar gerade deswegen, weil das Problem der Selbstbegründung der Subjektivität sich noch nicht vollkommen entfaltet hat. Darauf macht Foucault aufmerksam, wenn er gegen Heideggers Pauschalisierung der modernen Philosophie darauf besteht, dass sich die Subjektivität erst ab Mitte des 18. Jahrhunderts mit dem Problem ihrer Begründung konfrontiert, als sie unvereinbar mit jeglicher Substantialität wird. – Zum Problem der Subjektivität bei Baumgartens Ästhetik vgl. Eberhard Ostermann: *Das Fragment. Geschichte einer ästhetischen Idee*, München 1991, S. 26 f., Joachim Ritter: »Ästhetik, ästhetisch«. In: Ders. u. a. (Hg.) *Historisches Wörterbuch der Philosophie*. Bd. 1. Darmstadt 1971, S. 555–580, hier S. 569. – Zur Periodisierung der Neuzeit vgl. Martin Heidegger: »Die Zeit des Weltbildes«. In: Ders.: *Holzwege*. Frankfurt a. M. 1950, S. 73–110, hier S. 85, Michel Foucault: *Les Mots et les Choses*. Paris 1966, S. 179, Elías Palti: »El retorno del sujeto. Subjetividad, historia y contingencia

Das hat nicht unbedingt eine negative Bedeutung, weil die subjektive Freiheit mit der Fähigkeit, etwas zu können, verbunden ist und weil die Abschaffung der ontologischen Ordnung, die die Selbstkonstitution der Subjektivität mit sich bringt, einen bisher unbekannten Spielraum eröffnet. Das heißt auch: Ohne die Möglichkeit, einer Regel zu folgen, gäbe es gar keine Möglichkeit, eine Praxis auszuüben, die gelingen könnte. Aber die entsprechenden Fähigkeiten können nur erworben werden, indem das Subjekt in sich selbst eine Grenzlinie zwischen dem zieht, was es eigentlich ist und was seinem Wesen nicht substanziell zugehört. Das Nicht-Subjektive entsteht dadurch als ein offener, nicht abgesteckter Raum, der aber zugleich ausgeschlossen werden muss, damit das Subjekt entsteht. Das verstrickt die Subjektivität nicht nur in Widersprüche, sondern hat auch ein dauerndes Leidenmüssen des Individuums zur Folge. Die Abgrenzung des Nicht-Subjektiven im Subjekt quält die Subjektivität in einer sehr merkwürdigen Weise, weil das Abscheiden seiner selbst die Voraussetzung seines eigenen Bestandes ist.[4] In diesem Sinne kann man in Anschluss an Foucault schließen, dass der Prozess der Subjektivierung einer der Normalisierung ist, dessen Wesen darin besteht, das Individuum in eine Instanz zu transformieren, die eine Grenzlinie zwischen dem Ich und dem Nicht-Ich immer wieder und immer tiefer in sich selbst ziehen muss.

Wenn man sich diese Widersprüche vor Augen führt, wird ziemlich klar, warum die Ästhetik als Disziplin und das Ästhetische als Probleme Mitte des 18. Jahrhunderts entstehen.[5] Als nicht entfernbare Bedrohung und unerfüllbares Versprechen wird das Ästhetische als der einzige sichtbare Rückstand dessen gelten, was ausgeschlossen wurde, damit das Individuum eine subjektive Gestalt annehmen konnte. In diesem Zusammenhang wird die Ästhetik die Aufgabe übernehmen, mit einer Masse von unbestimmten Kräften umzugehen. Als nicht-substantielle Reflexion über das Schöne sei sie in der Lage, entweder Platz für das freie Spiel der ästhetischen Kräfte einzuräumen oder die Befreiung der

---

en el pensamiento moderno«. In: *Prismas. Revista de historia intelectual* 7.7 (2003), S. 27–49.
4 Vgl. Judith Butler: *Psyche der Macht. Das Subjekt der Unterwerfung*. Frankfurt a. M. 2001, S. 16 f.
5 Vgl. Christoph Menke: *Kraft* (s. Anm. 1), S. 22.

Sinnlichkeit von den tradierten Regeln und Mustern dafür zu benutzen, den subjektivierenden Prozess noch tiefer in das Individuum eindringen zu lassen.

Wie Christoph Menke ausführlich gezeigt hat, spalten sich die ersten modernen ästhetischen Perspektiven zwischen diesen gegensätzlichen Programmen auf. Einige instrumentalisieren die ästhetische Suspendierung der ontologischen Bestimmungen, um die Lücke zwischen dem Menschen und dem Subjekt zu schließen, die der disziplinierende Prozess offen gelassen hat,[6] während andere im unendlichen ästhetischen Schwanken ein Indiz der Kontingenz der Gründe jeglicher etablierten Ordnung erkennen wollen. Menke bestimmt diese Perspektiven anhand der Begriffe von »Kraft« und »Vermögen«. In seiner Genealogie der modernen Ästhetik ist »das Vermögen […] diejenige besondere Gestalt der Macht, die das Subjekt als Teilnehmer normativer, sozialer Praktiken definiert«, während »(d)ie Kraft hingegen […] (auf) die Macht des Wirkens (verweist), die sich als Spiel entfaltet«. In diesem Zusammenhang beharren die zuerst genannten ersten ästhetischen Perspektiven, die man als Ästhetik des Schönen bezeichnen könnte, auf der Spontaneität der Konkordanz zwischen den Kräften. Die anderen dagegen, die dem Erhabenen näherstehen, verweisen darauf, dass diese Konkordanz nur durch externe Gewalt zustande kommen kann. Denn das freie Spiel der Kräfte sei eine regel- und maßlose Vollzugsweise, »die etwas als ihren Ausdruck hervorbringt und im selben Zug auflöst«.[7]

Es ist klar, dass Menke die Kraft nicht als etwas versteht, das dem Subjektivierungsprozess schon vorgegeben wäre, so dass man daraus eine neue *prima philosophia* erschließen könnte. Indem er sich aber primär auf Herder bezieht, um den Ursprung der modernen Auffassung der Ästhetik zu erklären, gelingt es ihm nicht immer, die ontologischen Untertöne

---

6 In dieser Hinsicht ermöglicht die Ästhetik die Überwindung einer Schwäche, die den neuzeitlichen Herrschaftsformen zugrunde liegt und die darin besteht, dass die Verwandlung des Menschen in ein Subjekt »eine unendliche Objektivierung seiner selbst durch sich selbst impliziert«, derart dass sie nie komplett zu erreichen ist und deswegen nie für abgemacht gelten kann. Michel Foucault: »Der Kampf um die Keuschheit (1982)«. In: Philipe Aries und André Bejin (Hg.): *Die Masken des Begehrens und Metamorphosen der Sinnlichkeit. Zur Geschichte der Sexualität im Abendland*. Frankfurt a. M. 1992, S. 25–39, hier S. 37.

7 Christoph Menke: *Kraft* (s. Anm. 1), S. 9.

des Kraftbegriffs zu vermeiden. Daher wird hier vorgeschlagen dieser Gefahr dadurch zu entgehen, dass als Bezugspunkt Friedrich Schlegel gewählt wird. Das möchte ich im Folgenden in vier Schritten zeigen. Zunächst rekonstruiere ich die Kritik, die schon Schlegel an Herders ontologischer Auffassung der Natur als Kraft geübt hat. Danach versuche ich zu erklären, warum Schlegel Fichtes Programm, den Überschuss des Ich in das Bewusstsein zu integrieren, für unangemessen hält. Drittens erkläre ich anhand der Unterscheidung zwischen dem Klassischen und dem Progressiven Schlegels Auffassung der Freiheit. Am Ende stelle ich einige Überlegungen zur Aktualität von Schlegels Begriff der Subjektivität in einen Zusammenhang, in dem die Selbstreflexivität der modernen Subjektivität mit dem Risiko verbunden ist, in der Figur einer ständigen Selbstbildung stillgestellt zu werden.

1   Herder und die ontologische Auffassung der Kraft

Herders Auffassung des Begriffs der Kraft stammt sowohl aus Spinozas Substanz-Begriff als auch aus den neuen vitalistischen Ansätzen der zeitgenössischen Naturwissenschaften. Spinozas Gott, der das Eine und das Ganze in ihrem Unterschied verbindet, bietet Herder ein Model an, um die Aktion eines Prinzips zu denken, das eine Vielfalt einzelner Prinzipien vereinigen kann. Die vitalistischen Ansätze dagegen ermöglichten ihm, die statische spinozistische Substanz zu dynamisieren. Aus der Verbindung beider Ansätze ging ein merkwürdiges Bild des Weltalls hervor, dem zufolge dieses als die materiale Darstellung eines vitalistischen aktiven Prinzips erscheint: »so sieht man, die ganze Welt ist zu diesem großen Geiste allein Körper: alle Auftritte der Natur an diesem Körper Glieder, wie alle Charaktere und Denkarten zu diesem Geiste Züge – und das Ganze mag jener Riesengott des Spinoza ›Pan! Universum!‹ heißen«.[8]

Anhand dieses neuen Bildes der Natur versuchte Herder der relativen Autonomie der verschiedenen geschichtlichen und natürlichen Formen gerecht zu werden. Denn wenn die Natur produktiv ist, dann war man

---

8   Johann Gottfried Herder: »*Shakespeare*«. In: *Der junge Herder*. Tübingen 1955, S. 74–94, hier S. 89.

weder gezwungen die Präformation der Organismen zu akzeptieren,[9] noch die nicht klassischen Kunstwerke als Entstellungen eines universellen Schönheit-Ideals zu verurteilen. Diese konnten nun als gelungene Ableitungen eines Prinzips gelten, das trotz seiner Einheit sich selbst nur durch die Individualisierung verwirklichen kann. Ebenso wie bei der vitalistischen Beschreibung des Organismus war die Natur hier kein Keim, der sich nur in der Zeit entfaltet. Sie war vielmehr eine aktive Kraft, die sich in unendlichen lebendigen Bildern erschloss, die wiederum fähig waren, eine Menge untergeordneter Kräfte zu organisieren.

In dieser Hinsicht war es das Ziel der Einführung des Begriffs Kraft in die Poesie, die Illusion zu widerlegen, die uns »auf den erbärmlichen Wahn brachte, zu einer anderen Zeit, unter einem andern Volk und Himmelsstrich leben zu wollen«.[10] Trotzdem gelang es dem jungen Herder dadurch nicht, ein angemesseneres Bild der Moderne zu entwickeln. Das ist seiner Verachtung künstlicher Verfahren in der modernen Kunst – ihrer »künstliche(n), wissenschaftliche(n) Denkart, Sprache und Letternart« – zu entnehmen. Die Einführung des Begriffs Kraft führte dazu, die Geschichte als bloßen Raum der Kontingenz aufzufassen und die Lebendigkeit der Natur in ein Kriterium zu verwandeln, anhand dessen man die unreflektierten Werke der älteren Völker vor der modernen Reflexion und Abstraktion vorzuziehen hatte.

Eben das – und nicht nur sein Relativismus – ist es, was Schlegel an Herders Denken kritisiert. Dessen Auffassung der Natur als vitalistische Kraft verwandle die Geschichte in »eine Kette oder eine sich in allen Teilen berührende Masse, welche Einheit weder die theoretische noch

---

9 Dabei muss man berücksichtigen, dass die Diskussionen über die Entwicklung der organischen Wesen – sowohl in einem phylo- als auch in einem ontogenetischen Sinne – tief mit Versuchen verflochten waren, die besondere Beziehung zwischen Teilen und Ganzem zu erklären, die sich sowohl in einzelnen Werken als auch in der gesamten Geschichte der Kunst findet. Vgl. María Verónica Galfione: »Natural history and temporalization. Reflections on Buffon's Natural history«, in *Hist. cienc. saude-Manguinhos* 20.3 (2013), S. 813–829, und dies.: »La promesa de lo bello. Consideraciones acerca de la estética filosófica hacia finales del siglo XVIII«, in *Anales del Seminario de Historia de la Filosofía* 31.1 (2014), S. 131–153.
10 Johann Gottfried Herder: »Plastik«. In: *Werke in fünf Bänden*. Bd. 3. Weimar 1963, S. 71–154, hier S. 103.

die praktische Vernunft befriedigt«.[11] Damit ist gemeint, das deren Einheit nicht in der Lage ist, die Notwendigkeit einerseits und die Spontaneität anderseits sowohl der natürlichen Wesen als auch der menschlichen Handlungen zu erklären. In dieser Hinsicht habe Herder die Vorstellung der modernen Poesie als bloße Entartung eines ursprünglichen Modells bekräftigt, statt die Notwendigkeit der geschichtlichen Vielfalt zu beweisen. Er habe die unterschiedlichen Formen der Geschichte an die Unveränderlichkeit eines Naturgesetzes gebunden, statt die Möglichkeit des Neuen zu begründen.[12]

Diese Kritik an Herder macht deutlich, inwiefern Schlegel schon 1795 die Unmöglichkeit klar war, die Schranken der Subjektivität durch den Verweis auf ein Prinzip aufzuheben, das sich jenseits jeglicher Spaltung und insofern jenseits des Endlichen und der Reflexivität befindet. Für ihn war der Versuch, die geschichtlichen Schranken durch den Hinweis auf eine vitalistische Auffassung der Natur zu überwinden, gleichbedeutend mit der Behauptung der ständigen Wiederholung des Gleichen.

2   Fichte und die Integration der Kräfte

Schlegels Abscheu gegenüber jeglicher Abkehr von einer modernen Auffassung der Geschichte der Säkularisierung erklärt vielleicht seine starke Begeisterung für Fichtes *Wissenschaftslehre*. Denn Fichtes Projekt galt in dieser Hinsicht als Gegenentwurf zu demjenigen Herders. Er wagte den Versuch, ins Bewusstsein das zu integrieren, was bisher als seine Grenze gegolten hatte, während Herders Absicht darin bestand,

---

11   Friedrich Schlegel: *Vom Wert des Studiums der Griechen und Römer* (1795–1796). In: KSFA 1, S. 621–642, hier S. 629.

12   In den *Philosophischen Lehrjahren* sind verschiede Hinweise auf Herder zu finden: »Herders Metakritik ein Heringssalat von Ontologie und Grammatik« (in: *KFSA* 18, S. 1–501, hier S. 251), »Im Spinosa ist das Verhältniß d[er] Theile nicht bloß abstract, sondern auch organisch, aber doch wohl nicht progreßiv.« (ebd., S. 50), »Eindruck des Spinosa. Duft d[er] Unendlichkeit – klare Unverständlichkeit – Magie unendl[icher] Beredsamkeit – Majestät seiner Gedanken – Harmonie des ewigen Werks – Universum seiner Gedanken – Spinoza annihiliert alle andre Philosophie actu, indem gar von ihr nicht mehr die Rede ist.« (ebd., S. 75), »Affektenlehre und amor Dei intellectualis: Die Rezeption Spinozas« (ebd., S. 75).

durch die Kraft auf den Überschuss zu verweisen, der in keiner Form erschöpft werden konnte. Aber Schlegel entdeckt ziemlich bald, dass ein die Immanenz der Geschichte erstnehmendes Denken auch bei Fichte nicht zu finden war, weil sein Versuch, »das Wissen in einem obersten, durch unmittelbare Evidenz gesicherten Satz zu fundieren«,[13] nur durch eine willkürliche Unterbrechung der Reflexion stattfand. In diesem Sinn behauptet Schlegel »L[eibnizen]'s und F[ichte]'s φ[Philosophie könnte man eigent[lich] Hyperkritizismus nennen. (Doch in gewissem Sinne auch Hypokr[itizismus]. Sie sind noch nicht kritisch genug)«.[14] Denn wo eine weitere Begründung zu erwarten war, fand man ein bloßes Postulat. Fichtes Philosophie ist »kritisiert«, sagt Schlegel, nicht aber »kritisierend«,[15] weil sie nicht in der Lage ist, auch ihre eigene Vorgehensweise zu begründen.

Schlegel analysiert die Widersprüche, die die *Wissenschaftslehre* durchdringen, auf zwei Ebenen. Einerseits weist er darauf hin, in welchem Maße die Selbstreferenz der Tätigkeit des Ichs, die für die Begründung des Systems erforderlich ist, die Entstehung jeglicher Differenz innerhalb des Ichs undenkbar macht. Setzt man die Selbstbezüglichkeit des Ichs voraus, heißt das, dann ist es nicht mehr möglich zu erklären, wie die einzelnen Taten des Bewusstseins und das empirische Bewusstsein selbst sich aus der Einheit des Ichs ergeben haben.[16] So gesehen war Fichtes Ansatz trotz seines transzendentalen Charakters den Interpretationen Spinozas ähnlich, die durch Herders Vermittlung am Ende des 18. Jahrhundert üblich geworden waren. Der Verweis auf ein unbedingtes Prinzip bewirkt nach Schlegel insofern das Gegenteil dessen, worauf Fichte abzielte. Fichte, meint Schlegel, »hat die Form der Selbständigkeit

---

13   Dieter Henrich: *Der Grund im Bewußtsein*, Stuttgart 1992, S. 832.
14   Friedrich Schlegel: *Philosophische Lehrjahre* (s. Anm. 12), S. 47.
15   Ebd., S. 32.
16   Fichte gibt das auch ansatzweise selbst zu, wenn er sagt: »Dieser Handlung wird das Ich sich nie bewusst, und kann sich derselben nie bewusstwerden; ihr Wesen besteht in der absoluten Spontaneität, und sobald über diese reflektiert wird, hört sie auf Spontaneität zu sein. Das Ich ist nur frei, in dem es handelt; so wie es auf diese Handlung reflektiert, hört dieselbe auf frei, und überhaupt Handlung zu sein, und wird Produkt.« (Johann Gottlieb Fichte: *Grundriss des Eigentümlichen der Wissenschaftslehre*. In: Reinhard Lauth u. a. [Hg.]: Ders.: *Gesamtausgabe der Bayerischen Akademie der Wissenschaften*. Bd. 1.3, Stuttgart 1966, S. 129–208, hier S. 176).

auf das reine Ich übertragen, das Nichts ist, und dem keine Tätigkeit zugeschrieben werden kann«.[17] Deswegen fragt er sich ganz rhetorisch »Könnte in Fichtes Räsonnement aus A = A nicht eben so gut folgen ›Das Nicht-Ich setzt sich selbst‹?«[18]

Aber wenn ein so undifferenziertes Ich mit dem Nichts zusammenfällt, wenn die höchste Tat der Freiheit und ihr absoluter Verlust identisch sind, unterminiert der Verweis auf das Nicht-Identische – auf den Anstoß – die Unbedingtheit des Ichs und dadurch auch seine Freiheit. Wie Schlegel sehr bald gemerkt hat, handelt es sich dabei nicht um einen Widerspruch, dem irgendwie zu entgehen wäre, um die Freiheit des Ichs zu retten. Denn dieser Widerspruch steckt schon in der Idee einer Selbstkonstitution des Ichs, indem das Ich, um sich auf sich selbst zu beziehen, sich von dem unterscheiden muss, was es nicht ist. Insofern muss es sich auf das andere seiner selbst mitbeziehen. In dieser Hinsicht gäbe es keine freie Tat, die sich als absolute Selbstreferenz vollziehen könnte, weil die Identität des Ich nur durch die Abgrenzung und in Differenz zu einem Außen zustande kommt. Auf eben diese konstitutive Rolle des Außen in Fichtes Tathandlung verweist Schlegel, wenn er sagt: »In Fichtes Philosophie schleicht sich denn doch etwas ein, was nicht Ich ist, noch aus dem Ich kommt, und doch auch nicht bloß Nicht Ich ist«.[19] Das heißt, das Ich ist das Produkt einer Geschichte, durch die nicht nur es selbst entsteht, sondern auch sein Anderes, sein Gegenteil. Insofern geht die Existenz des Ich der Entstehung des Nicht-Ich so wenig voraus wie die Entstehung des Nicht-Ich der Existenz des Ich. Das Nicht-Ich ist ein »gebildetes Nichts«.[20]

Diese Neubestimmung der Subjektivität als eine Instanz, die sich durch ihre eigene Selbstbildung auch ihre Unmöglichkeitsbedingung verschafft, hat eine Umdeutung der Aufgabe, der Form und der Methoden der Philosophie zur Folge. Denn insofern die Entstehung der Subjektivität nicht ohne Rest geschieht, kann die Philosophie weder nur progressiv vorgehen noch den Anspruch erheben, ein geschlossenes und kompaktes System abzuleiten. Im Gegensatz dazu muss die progressiv ableitende

---

17 Friedrich Schlegel: *Philosophische Lehrjahre* (s. Anm. 12), S. 417.
18 Ebd., S. 510.
19 Ebd., S. 25.
20 Ebd., S. 264.

Form der tradierten Philosophie durch eine rückwendige Reflexion ergänzt werden, die auf das Bedenken des mitentstehenden Nicht-Ichs abzielt. In dieser Hinsicht war Fichtes Auffassung der Form der Philosophie auf zwei Weisen falsch. Einmal war sie falsch, weil Fichte die Hoffnung hegte, das ganze System der Philosophie abzuleiten, ohne zu merken, dass er keinen festen Ausgangspunkt hatte:

> Wie sollte es Wissenschaftsurteile geben, wo es noch keine Wissenschaft gibt? Zwar müssen auch alle übrigen Wissenschaften oszillieren, so lange es an einer positiven Philosophie fehlt. Indessen gibt es in ihnen / doch wenigstens etwas relativ Festes und Allgemeingeltendes. In der Philosophie ist nichts ausgemacht, wie der Augenschein lehrt. Es fehlt hier noch aller Grund und Boden.[21]

Aber er irrte sich anderseits auch, indem er dachte, dass die Reflexion sich ohne Umwege entfalten könne. »Fichte duldet den Witz bloß«, sagt Schlegel, »mag ihn gern, sieht aber darauf herab. Er hat etwas praktische Abstraktion aber nicht viel. Fichtes Gang ist noch zu gerade aus nicht absolut progressiv cyclisch«.[22] »Fichte«, so setzt Schlegel fort, »geht den spartanischen Schritt«,[23] während er selbst ruckweise philosophiere, um über jegliche potenzierte Reflexion hinaus »gleichsam drunter noch eine Etage tiefer« zu finden.[24]

Schlegels Einsicht in die Opazität, die der Subjektivität innewohnt, spiegelt sich in seiner bekannten Überzeugung wider, nach der es »gleich tödlich (ist) für den Geist, ein System zu haben, und keins zu haben«. Merkwürdigerweise weist Schlegel nicht einfach den Anspruch zurück, ein System zu haben. Das wäre für ihn mit einem Sprung in die Transzendenz gleichzusetzen, denn, wie aus einem frühen Brief an seinen Bruder hervorgeht, sei im System alles in Begriffen, »was wir in Werken, Handlungen, und Kunstwerken Seele heißen«,[25] das heißt, was wir geistigen und deswegen freien und selbstbewussten Zusammenhang

---

21 Friedrich Schlegel: »Rezension der vier ersten Bände von F. J. Niethammers Philosophischem Journal. 1797«. In: *KFSA* 8, S. 12–32, hier S. 30 f.
22 Friedrich Schlegel: *Philosophische Lehrjahre* (s. Anm. 12), S. 31.
23 Ebd., S. 56.
24 Ebd., S. 414.
25 Friedrich Schlegel: Brief an August Wilhelm Schlegel, Mai 1793. In: *KFSA* 23, S. 123–130, hier S. 129.

nennen. Aber trotzdem ist Schlegel auch nicht bereit, die Freiheit aus dem bloßen Besitz eines Systems abzuleiten. Man wäre dann so geistig verloren, als ob man keins hätte, insofern jedes System seinen eigenen Abgrund mitproduziert und ihn deswegen verdrängen muss. Dementsprechend setzt die Bildung eines Systems eine willkürliche Unterbrechung der Reflexion voraus, die wiederum nur unterbrochen werden kann, wenn man jeglichen Zusammenhang unserer Kräfte in Frage stellt. Wenn es um die freie Entfaltung unserer Kräfte geht, »wird man sich also wohl entschließen müssen, beides zu verbinden«.²⁶

3   Das Klassische und das Progressive

Da Schlegels Einsatz selbstwidersprüchlich ist, ist man berechtigt, sich zu fragen, ob sein Programm einer Verbindung zwischen System und Chaos nicht direkt zum Irrationalismus führt. Schlegels Tendenz, auf dem Widerspruch zu bestehen, statt Partei für die eine oder andere Seite zu ergreifen, könnte als Ergebnis der vielfach thematisierten romantischen Abscheu gegenüber aller Bestimmung interpretiert werden, wie vor allem Hegel behauptet hat. Aber diese seltsame Haltung könnte sich auch einer tieferen Einsicht in die besondere geschichtliche Auffassung der modernen Subjektivität verdanken, indem sie darauf verweist, dass die Freiheit nicht ohne Subjekt, aber auch nicht ausschließlich aus diesem gedacht werden kann. Denn aus der Perspektive des Subjekts kann man die Freiheit zwar »als Autonomie, als Vermögen der Gesetzgebung und -befolgung, als Vermögen der Regeln und Begriffe denken«, aber nicht als Spontaneität, »als Vermögen des Neuen oder des Anfangens, des Bruchs oder der Überschreitung des Gegebenen, bloß Seienden«.²⁷

---

26   Auch wenn diese Kritik an Fichte in mehreren Fragmenten zu finden ist, weist Schlegel auch an einigen Stellen deutlich darauf hin, dass auch Fichte erkannt habe, in welchem Maße die Widersprüchlichkeit wesentlich für die Freiheit der Subjektivität ist: »Fichte (hat) den Anfang (der Metaphysik entdeckt) nicht aber im Ich und Nicht Ich, sondern in der innern Freiheit der Reflexion« (Friedrich Schlegel: *Philosophische Lehrjahre* [s. Anm. 12], S. 280). »Die intelectuale Anschauung ist das Gefühl des ursprünglichen Dualismus« (ebd., S. 285).
27   Christoph Menke: »Die Lücke in der Natur«, in: *Merkur* 68 (2014), S. 1091–1095, hier S. 1092.

Und umgekehrt: Wenn man von der Unform der Erkenntniskräfte des Menschen ausgeht, kann man die Entstehung des Unerwarteten verstehen, aber es ist nicht möglich, die praktische Freiheit zu garantieren. Im Folgenden soll gezeigt werden, dass die Lust auf Widersprüche, die den Romantiker Schlegel kennzeichnet, nicht aus dem Verweis auf einen unbestimmten Grund jenseits der Geschichte abzuleiten ist, gleichgültig ob man diese Referenz auf die Unbestimmtheit als positiv oder negativ ansieht. Ganz im Gegenteil hängt Schlegels Bestehen auf dem Widerspruch mit seiner Einsicht in die neuen Bedingungen für die Begründung der Freiheit zusammen, die sich aus der modernen Auffassung der Subjektivität ergeben. Das wird deutlich, wenn man sich Schlegels Unterscheidung zwischen dem Klassischen und dem Progressiven vor Augen führt. Denn die Pole dieser Unterscheidung, die im zweiten Teil der ersten Epoche der *Philosophischen Lehrjahre* (1796–97) auftaucht, beziehen sich nicht mehr auf zwei Epochen der Geschichte, sondern vielmehr auf zwei gegensätzliche Ansprüche, die der modernen Subjektivität innewohnen und auf deren Spannung die Freiheit gründet.[28] Es liegt nahe, dass Schlegel seine frühere Philosophie der Geschichte nun zur Seite geschoben hat, um eine allegorische Verwendung der Geschichte einzuführen, die dazu taugt, die Widersprüche der modernen Subjektivität zu reflektieren, statt sie zu überwinden.[29]

---

28 Dadurch ersetzt Schlegel die geschichtlich orientierte Unterscheidung zwischen Klassik und Romantik, die in anderen Stellen seines Werkes vorkommt. Diese Verschiebung ist darauf zurückzuführen, dass Schlegel entdeckt hat, dass der Kern der Romantik im Progressiven liegt, während die Klassik sich dadurch kennzeichnet, dass sie ein stabiles Vorbild anbietet und insofern nachahmbar ist. Für die Unterscheidung zwischen Klassischem und Romantischem vgl. Friedrich Schlegel: *Philosophische Lehrjahre* (s. Anm. 12), S. 30, 32, 40.

29 Hier setze ich die verbreitete Unterscheidung zwischen Schlegels Texten aus der Zeit der Niederschrift des *Studium*-Aufsatzes und denjenigen, die er ab 1797 verfasst, voraus. Während der ersten Epoche vertritt Schlegel eine dem Klassizismus nahe Position, indem er der griechischen Objektivität noch einen exemplarischen Charakter für die Gegenwart zuschreibt. Ab 1797 aber gibt Schlegel diese Position auf und fängt zunehmend an, die Eigenständigkeit der Moderne anzuerkennen. Schlegels Vorliebe für die Objektivität während der ersten Epoche spiegelt sich in seinen wiederholten Versuchen wider, die Spaltung der Moderne zu überwinden. Ein interessanter Fall dieser Überwindung ist die Unterscheidung der modernen Poesie in drei Epochen, die er im *Studium*-Aufsatz einführt. Schlegel kennzeichnet dort jede Epoche durch eines der drei Elemente des Schönen, dergestalt, dass am

Diese Umformulierung ist aber nicht ganz offensichtlich, weil Schlegel den ersten Pol der Unterscheidung auf eine sehr ähnliche Weise kennzeichnet, wie er früher das Altertum charakterisiert hatte, nämlich durch die Übereinstimmung zwischen dem Ich und dem Nicht-Ich, der Natur oder der Welt. Die Klassik definiert sich also durch die Ausschließung jeglichen Fluchtpunkts, durch das totale Stützen auf sich selbst. Deswegen ermöglicht die Klassik die spontane und freie Konkordanz unserer Erkenntniskräfte und bestätigt dadurch, »daß der Mensch in die Welt passe«.[30] Aber im Unterschied zum *Studium-Aufsatz* ist Schlegel jetzt weit davon entfernt, dieses beruhigende Gefühl, das die Objektivität des Klassischen bewirkt, als den Gipfel der Schönheit zu betrachten. Er entdeckt darin vielmehr eine Beschränkung, die überwunden werden muss, weil die klassische Harmonie mit der Hemmung der Entwicklung der einzelnen Kräfte einhergeht. Wie Schlegel ausdrücklich zugibt, ist diese Beschränkung die unausweichliche Bedingung unserer praktischen Freiheit. Denn damit diese Kräfte uns mit der Erkenntnis der Welt versorgen und Handlung in ihr ermöglichen, müssen sie in Übereinstimmung gebracht werden, sie müssen gebildet werden, und »Bildung«, behauptet Schlegel, »ist gewissermaßen Beschränkung«.[31]

Indem die Lust, die wir in der Schönheit erfahren, unsere Anpassung an eine Welt ermöglicht, die die freie Entfaltung unserer Kräfte verhindert, ist ihre angebliche In-Sich-Selbst-Geschlossenheit – trotz jeglicher damit verbundenen Leistung – immer ideologisch. Deswegen wäre es falsch, Schlegels Interpretation der Verbindung zwischen Klassik, Altertum und Natur so zu verstehen, als ob die Klassik auf eine schon überwundene Phase der menschlichen Geschichte verweisen würde, in der die Natur

---

Ende der gesamten Entwicklung ein vollendetes Bild des Schönen zu finden sein soll. Diese Rekonstruktion, die die italienische Poesie mit der Vielfalt und dem Reiz verbindet, die französische mit der Korrektheit oder Einheit und die englische mit der Totalität oder der Wahrheit, bringt zahlreiche Problem in Bezug auf die Kohärenz mit sich und zeigt am Ende nur, dass die Entwicklung der Geschichte auf keinen Fall zur Wiedergewinnung der Objektivität führt. Vgl. Friedrich Schlegel: »Über das Studium der griechischen Poesie«. In: *KFSA* 1, S. 217–367, hier S. 220.

30   Immanuel Kant: »Handschriftlicher Nachlass. Logik«. In: *Kants gesammelte Schriften*. Hg. von der Königlich Preußischen Akademie der Wissenschaften etc. Bd. 16. Berlin u. a. 1924, S. 127.
31   Friedrich Schlegel: *Philosophische Lehrjahre* (s. Anm. 12), S. 57.

oder der Instinkt die Entwicklung der Menschen geleitet habe. Laufen die menschlichen Kräfte in einem naturförmigen Kreislauf, dann ist das auf einen Rückfall in die Natur zurückzuführen, den die Bildung mich sich bringt, und nicht auf die Tatsache, dass der Mensch die Natur noch nicht verlassen hat. Wie später Hegel in Bezug auf die bürgerliche Gesellschaft als geistiges Tierreich behaupten wird, setzt Bildung ein Moment der Entfremdung voraus, indem das Gebildete dazu neigt, sich vom Menschen zu entbinden und den Gang der Geschichte abzustumpfen. Deswegen behauptet Schlegel dass dann, wenn man annimmt,»dass es gebildete Menschen und Völker gegeben habe oder geben könne«, die Geschichte unter der Form des »Systems des Kreislaufes« erscheinen muss.[32]

In Gegensatz dazu verweist die Progression immer über ihre Grenzen hinaus, weil die Verbindung zwischen ihren Teilen unvermeidbar mangelhaft ist. Statt konservativ zu wirken, antizipiert die Progression ihre eigene Überwindung, indem sie ihre wesentliche Vergänglichkeit explizit macht. Genau darauf basiert das Existenzrecht der Progression. Denn während die Klassik unsere Anpassung an die Welt ermöglicht, erfahren wir durch die Progression – ebenso wie durch das *Erhabene* bei Kant –, dass irgendetwas bei uns sich über das Gegebene hinwegsetzt. In dieser Hinsicht ist die Progression utopisch, weil sie durch das Gefühl des Widerstandes unserer Kräfte offensichtlich macht, »dass dieses bloße Dasein nicht das letzte Wort habe«.[33]

Ebenso aber, wie die kreisförmige Entfaltung der Klassik sich aus dem Anspruch auf eine praktische Anwendung unserer Erkenntniskräfte ergab und insofern geistig vermittelt war, kann wiederum das, was jetzt sich als künstlich herausstellt, auch nicht als reines Produkt menschlicher Tätigkeit verstanden werden. Das Moment der Unbestimmtheit, das für die Progression konstitutiv ist, ihr wesentlicher Widerwille gegen jegliche Schranken, verbindet sie mit »einer Phase«, in der der Mensch seine Kräfte noch ungehemmt hat benutzen können. Diese Referenz der Progression auf die Natur tritt sehr deutlich in Schlegels Neuinterpretation

---

32   Friedrich Schlegel: *Vom Wert des Studiums der Griechen und Römer* (1795–1796) (s. Anm. 11), S. 631.
33   Theodor W. Adorno: *Ästhetik* (1958/59). Frankfurt a. M. 2009, S. 52.

der griechischen Komödie hervor.³⁴ Denn die Komödie als postklassische Kunst wird dort in Verbindung mit der Unterbrechung des Gesetzes während der Saturnalien oder des Karnevals gesetzt. Ebenso wie es bei diesen volkstümlichen Festen gestattet ist, dass die Kräfte der Menschen sich in aller Freiheit entfalten, wird die Freiheit in der Komödie »durch das Hinwegnehmen aller Schranken dargestellt«.³⁵ Die Komödie sei die Kunstform einer Zeit, die durch die Überschreitung der Schranken mit der Natur wieder in Berührung gekommen sei. Sie habe den Imperativ eines Ausgleiches zwischen menschlichen Kräften hinter sich gelassen und könne insofern die Freiheit als eine Person darstellen, die »im frohen Genusse ihrer selbst nur aus reiner Willkür und Laune handelt, absichtlich ohne Grund oder wider Gründe [...] während das Gesetz großmütig seinem Rechte entsagt«.³⁶

Allerdings ist diese Erscheinung der Natur in der Komödie nicht mit einer positiven Offenbarung derselben zu verwechseln, wie es bei Herder der Fall war. Die Natur erscheint in der Komödie nicht in ihrer Unmittelbarkeit, sondern als Grenze dessen, was die Kultur gebildet hat. Das hat für Schlegel einen historischen Grund, indem die Komödie nicht als eine präklassische Kunstform präsentiert wird, sondern als die Kunst einer postklassischen Zeit, in der die Empfänglichkeit des Publikums mit seiner Selbsttätigkeit in Widerspruch geraten ist. In dieser Zeit akzeptieren die menschlichen Kräfte keine äußerlichen Grenzen mehr für ihre Entfaltung und versuchen daher, jegliche Schranken zu überschreiten. Die Komödie ergibt sich aus der Erfahrung, dass die »reine Freude, ohne allen Zusatz von Schmerz (nicht mehr) hinreicht«, um den Trieb des Publikums »aufs höchste zu spannen«, dass etwas zerstört werden muss, um »die Energie zu erreichen, ohne welche alle dramatische Darstellung unnatürlich und unwirksam ist«.³⁷ In dieser Hinsicht bleibt die Erscheinung der Natur in der Komödie negativ. Sie wirkt als destruktive Kraft, als Ironie, Parabase oder Unterbrechung dessen, was sich etabliert hat, statt als ein

---

34   Ulrich Breuer hat mich auf die Bedeutung der Komödie im Zusammenhang der Herausbildung von Schlegels Theorie der Subjektivität hingewiesen.
35   Friedrich Schlegel: »Vom ästhetischen Werthe der Griechischen Komödie«. In: Johannes Endres (Hg.): *Athenaeum-Fragmente und andere frühromantische Schriften*, Stuttgart 2018, S. 7–129, hier S. 9.
36   Ebd., S. 9 f.
37   Ebd., S. 7.

in-sich-geschlossenes und unvermitteltes Ganzes zu erscheinen. Insofern ist die Natur, die in der Komödie zutage tritt, ein Anderes der Kultur, das von und in der Kultur hergestellt wurde.

4 Schluss

Ziel dieses Beitrags war es, eine Interpretation von Schlegels Denken voranzutreiben, die Menkes kritische Rekonstruktion der ästhetischen Moderne als Ausgangspunkt nimmt. Wie bereits erläutert wurde, stellt die ästhetische Moderne für diesen Rekonstruktionsversuch eine Reaktion auf die Feststellung dar, dass die moderne Auffassung der Freiheit als Autonomie antinomisch ist. Dieser antinomische Charakter ist aber nicht auf einen Mangel am Begriff zurückzuführen, der durch weitere Begriffsarbeit zu überwinden wäre. Die Antinomie spiegelt vielmehr die antinomische Struktur der modernen Subjektivität wider, deren Herausbildung zwangsläufig auf einem blinden Fleck basiert und insofern den Abgrund dessen, was gebildet wird, mitproduziert.

Diese Widersprüchlichkeit versperrt aber nicht jegliche Aussicht auf eine Begründung der Freiheit. Sie öffnet vielmehr eine neue Perspektive, die es erlaubt, die Freiheit auf die Potenzierung des Widerspruchs zu stützen, statt auf seine Verleugnung. Diese Auffassung charakterisiert die Freiheit als Wechselwirkung zwischen einem normativen Moment, das der gesetzlichen Seite der Freiheit gerecht wird, und einem irregulären Moment, in dem jegliche Normativität zugunsten der Willkür suspendiert wird. Denn insofern die Konstitution des Subjekts nicht ohne Rest geschieht, kann die Freiheit des Individuums nur dann gewährleisten werden, wenn es das Recht behält, sich nicht an das autonome Gesetz zu halten. Das bedeutet, dass eine akzeptable Auffassung der Freiheit nicht nur berücksichtigen muss, dass das Subjekt nicht von außen beherrscht werden darf. Von diesem Standpunkt aus kann man die Freiheit zwar ›als Autonomie‹ auffassen, aber man gewinnt keine Einsicht in die Heteronomie, die dieser Form der Konstitution der Subjektivität zugrunde liegt.[38] Um diese Einsicht zu gewinnen und den Zwang des Sub-

---

38 Vgl. María Verónica Galfione und Esteban Juárez: »Introducción a *Fuerza*«. In: Christoph Menke: *Fuerza. Un concepto fundamental de la antropología estética.* Granada 2019, S. IX–XIX.

jektivierungsprozesses zu brechen, braucht man einen breiteren Begriff von Freiheit, der das Recht einschließt, auch mit dem, was als vernünftig gilt, nicht einverstanden zu sein.

Menkes Auffassung zufolge ist die Entstehung der Ästhetik Mitte des 18. Jahrhundert als die Folge dieser Entdeckung zu verstehen. Deshalb sei die moderne Ästhetik von Anfang an ambivalent gewesen. In ihrer bürgerlichen Version habe sie die Aufgabe übernommen, den Hiatus aufzuheben, der sich innerhalb der Freiheit öffnete und der jegliche Legitimation der Normativität in Frage stellte. In ihrer modernen Auffassung hingegen habe die Ästhetik sich darauf konzentriert, das hervorzuheben, was ab dem zwanzigsten Jahrhundert völlig unbestreitbar geworden ist. Das heißt, dass die Vernunft auch zu einem Herrschaftsinstrument werden kann und dass es gerade deshalb notwendig wird, ein breiteres Konzept von Freiheit zu entwickeln. Aus dieser Perspektive wird es unmöglich, die Ästhetik weiterhin bloß als einzelne Disziplin zu betrachten und ihre Autonomisierung als einen Prozess der Befreiung von der Logik der anderen Sphären zu denken. Von Menkes Standpunkt ausgehend ist sie vielmehr der *punctus saliens* der Moderne, das moderne Denken *par excellence*, und die Überlegungen eines Denkers wie Schlegel, der als wegweisender Ästhetiker gilt, erlangen eine herausragende Bedeutung. Denn angesichts der Dialektik der modernen Auffassung der Freiheit kann seine Auffassung der Freiheit nicht mehr als ein Plädoyer für ein apolitisches oder asoziales Verhalten verstanden werden, wie es häufig geschehen ist. Was diese Dialektik manifestiert, ist im Gegenteil die Forderung, dass das Recht zu behalten ist, ›ohne Grund oder wider Gründe‹ zu handeln, solange man vermeiden will, auf jegliche Form von Freiheit zu verzichten.

Allerdings beschränkt sich Schlegel nicht darauf, zwischen Herder und Fichte hin und her zu schwanken. Er nimmt vielmehr eine ironische Haltung gegenüber seiner eigenen Perspektive ein – so dass man schließlich nicht wissen kann, ob die Spaltung der Subjektivität ontologisch begründet ist oder ob sie als Ausgangspunkt für neue Formen der Ironie verstanden werden soll. Darin unterscheidet sich seine Einsicht deutlich von derjenigen Menkes, der die Idee einer unendlichen Potenzierung der Ironie zu verwerfen scheint, um den Antagonismus zwischen Kraft und Fakultäten anthropologisch interpretieren zu können. Das erklärt möglicherweise, warum Menke in Herder und nicht in Schlegel seinen Gewährsmann für die Begründung einer modernen, das heißt kritischen,

Ästhetik findet. Denn obwohl Herder der Kraft einen metaphysischen Charakter zuschreibt, der bei Menke nicht fortgeführt wird, geht in beiden Fällen die Absicht, die geschichtliche Kontingenz zu begründen, mit dem Postulat einer ursprünglichen Spannung zwischen einem teleologischen Prinzip und einem gänzlich anderen einher, das sich jeglicher Bestimmung entzieht.

Bei Menke ergibt sich diese Vorgehensweise aus dem Anspruch, den metaphysischen Moment zu überwinden, der in der geschichtsphilosophischen Tradition des deutschen Idealismus zu finden ist und den man auch bei Philosophen wie Adorno noch begegnen kann. Angesicht der Gefahr, dass die gespaltete Subjektivität in eine neue Totalität integriert wird, weist Menke die Idee einer Vermittlung des Antagonismus zwischen der Kraft und den Vermögen kategorisch zurück. Das führt jedoch dazu, die Historizität der Geschichte zu verwischen und die geschichtlichen Ereignisse in bloße Beispiele für die ständige Wiederholung des Zusammenstoßes der Kraft mit den zwangsläufig endlichen Formen zu verwandeln, in denen sie sich ausdrücken muss. Insofern ist nicht ganz klar, ob Menkes Begriff von Kraft einen echten Gewinn im Vergleich mit Fichtes Grundsatzphilosophie bringt. Denn dort, wo Fichte die Geschichte als Entfaltung eines vorgegebenen Ichs versteht, ontologisiert Menke ähnlich wie Herder den Widerspruch zwischen der Kraft und ihren endlichen Gebilden, das heißt den Vermögen. Damit wird der Widerspruch zu einer Art fester Struktur, die dem geschichtlichen Verlauf unterliegt, die an sich aber keinen geschichtlichen Ursprung hat. Er fungiert vielmehr als nichtgeschichtliche Quelle aller geschichtlichen Ereignissen, auch wenn er, nun gegen Herders Auffassung, schließlich nur die Unbegründbarkeit jeglicher geschichtlichen Konfiguration gewährleisten kann.

Bei Schlegel kann dagegen nicht ausgemacht werden, ob die Auffassung der Subjektivität ein anthropologisches Apriori darstellt oder ob sie als ein geschichtliches Phänomen verstanden werden muss. Bei dieser ›Unklarheit‹ spielt Schlegels Konzeption der Ironie eine wesentliche Rolle, indem uns die Ironie nicht nur zwischen der Natur und dem Ich schwanken lässt, sondern auch zwischen dem Beharren auf der Spaltung der Subjektivität als unüberbrückbarer Ausgangspunkt und dem Versuch ihrer Vermittlung. Insofern ist Schlegels Ironie eher mit einer ambivalenten Einstellung gegenüber dem Widerspruch selbst gleichzusetzen, als mit der bloßen Unterbrechung der Formen, die der Ausbruch der Kraft verursacht. Man könnte meinen, es handle sich um einen trivialen Unterschied. Allerdings öffnet sich mit der Relativierung der Figur einer dezentrierten Subjektivität auch die Möglichkeit, nach der gesellschaftlichen Konfiguration zu fragen, innerhalb derer diese Form der Subjektivität möglich und nötig wird. Die Relativierung der Subjektivität führt aber bei Schlegel nicht dazu, deren interne Spaltung in einer versöhnten gesellschaftlichen Totalität aufzuheben. Im Gegenteil warnt das von Schlegel favorisierte Oszillieren vielmehr vor dem Risiko einer Verwandlung der dezentrierten Figur der Subjektivität in eine neue Form der Versöhnung[39] – das heißt vor der Transformation der Negativität der ästhetischen Subjektivität in die Form eines gelungenen Lebens –, die aus dem Übersehen ihrer eigenen Verflechtung mit den Verhältnisse entsteht, die sie kritisiert.

Schlegels Beharren, die Ironie als ein Schweben in der ›Mitte‹ zu verstehen, und nicht als Haltung einer Subjektivität, die nichts anfassen kann, ohne es zugleich zu relativieren, zu dematerialisieren oder zu verdampfen, legt offen, inwiefern er die Ambivalenz verspürt, die der ästhetischen Auffassung der Freiheit innewohnt. Denn seine Idee einer unendlichen Potenzierung der Reflexion mitsamt der daraus sich ergebenden ständigen Umkehrung ihres dekonstruktiven Moments – richtet sich genau gegen die Naivität, die aus dem überheblichen Vertrauen in unsere eigene Unglaubwürdigkeit entsteht.

In dieser Hinsicht haben Schlegels Überlegungen zur ästhetischen Freiheit eine herausragende Bedeutung nicht nur für die Geschichte der Ästhetik, sondern auch für den Diskurs der Moderne im Allgemeinen. Sie erschließen die neu entstehende Figur der ästhetischen Subjektivität, aber beleuchten zugleich das Terrain, auf dem der moderne Kampf

---

39   Auf dieses Risiko macht Menke in »Ein anderer Geschmack. Weder Autonomie noch Massenkonsum« aufmerksam. Um das Problem in seiner ganzen Komplexität zu erfassen, ist es allerdings meiner Meinung nach nötig, die Ambivalenz der Form zu erörtern, die der progressiven Gestalt der ästhetischen Subjektivität innewohnt. Vgl. Christoph Menke: »Ein anderer Geschmack. Weder Autonomie noch Massenkonsum«. In: Ders. und Juliane Rebentisch (Hg.): *Kreation und Depression. Freiheit im gegenwärtigen Kapitalismus*. Berlin 2010, S. 226–239.

um die Freiheit stattfinden wird. Genau darin liegt sowohl Schlegels Aktualität als auch seine Theoriefähigkeit. Er bringt uns nach mehr als zwei Jahrhunderten Allianz zwischen Macht und Freiheit dazu,[40] uns erneut zu fragen, unter welchen Voraussetzungen die ästhetische Freiheit noch den Anspruch auf eine kritische Einsicht erheben kann, das heißt, inwiefern und auf welche Weise die kritische Seite der Ästhetik noch zu denken ist, wenn die politische Lage sich so verändert hat, dass sogar die extremsten Formen der Repression sich aus der Logik einer unendlichen Potenzierung unserer Freiheit ableiten lassen sollen.

---

40 Joseph Vogl: *Der Souveränitätseffekt*. Zürich 2015, und Thomas Lemke: »Die Regierung der Risiken«. In: Ulrich Bröckling u. a. (Hg.): *Gouvernementalität der Gegenwart. Studien zur Ökonomisierung des Sozialen*. Frankfurt a. M. 2000, S. 227–265.

Jahrhundertwende 1800? Ein kritischer Blick auf Luhmanns frühromantische Epochenkonstruktion

Melanie Seidel

›Wie theoriefähig ist die Frühromantik heute?‹ – der Leitfrage der diesjährigen Tagung der Friedrich-Schlegel-Gesellschaft soll in diesem Beitrag mit Niklas Luhmanns systemtheoretischer Kunsttheorie nachgegangen werden. Denn Niklas Luhmann baut zum einen, so die hier vertretene Kernthese, seine Kunsttheorie auf ein frühromantisches Gedankenfundament auf. Und zum anderen konstruiert er die Epoche der Frühromantik dabei sehr selektiv mithilfe seiner systemtheoretischen Theoreme.[1]

Der vorliegende Beitrag bezieht sich dazu im Folgenden vor allem auf Luhmanns große kunsttheoretische Studie *Die Kunst der Gesellschaft*, erschienen 1996, und auf seine einschlägigen und von Niels Werber 2008 herausgegebenen *Schriften zu Kunst und Literatur*.

In seinen Untersuchungen nimmt Luhmann eine evolutionstheoretische Perspektive auf die Literaturgeschichte ein.[2] Er nähert sich so dem Problem der Epochenbildung, ihrer Abgrenzung und ihres Wandels. Luhmann arbeitet die Evolutionstheorie in seine Theorie sozialer Systeme ein, indem er das Modell der organischen Evolution: Variation, Selektion und (Re-)Stabilisierung auf den Bereich des Sozialen überträgt. Dabei will er die soziokulturelle Evolution nicht als kontinuierliche Formenentwicklung beschreiben, sondern verstärkt abrupte Diskontinuitäten wahrnehmen. Luhmann spricht hier von

---

1 Man könnte hier anstelle des Epochenbegriffs auch den Begriff der Strömung fruchtbar machen, vgl. Ludwig Stockinger: »Die ganze Romantik oder partielle Romantiken?«. In: Bernd Auerochs und Dirk von Petersdorff (Hg.): *Einheit der Romantik? Zur Transformation frühromantischer Konzepte im 19. Jahrhundert*. Paderborn 2009, S. 21–41.

2 Vgl. Niklas Luhmann: »Das Problem der Epochenbildung und die Evolutionstheorie«. In: Ders.: *Schriften zu Kunst und Literatur*. Hg. von Niels Werber. Frankfurt a. M. 2008, S. 102–122.

»Klumpenbildung«,³ von Zeiten plötzlich häufiger und »tiefgreifender Strukturveränderung[en]«⁴ nach langen Perioden der Stagnation.

Nachfolgend wird dargelegt werden, wie sich dies an die im Beitragstitel erwähnte Jahrhundertwende 1800 zurückbinden lässt. Zunächst jedoch ist zu konstatieren, dass Luhmanns Fokus im Allgemeinen und für jedwede Epochenkonstruktion auf den Bedingungen liegt, die diese sprunghaften Strukturbrüche und die damit einhergehende Entstehung struktureller wie auch semantischer Komplexität ermöglichen. Breitenwirksame Veränderungen oder, mit anderen Worten, »Errungenschaften«⁵ machen für Luhmann Epoche, da sie durch eine Neuzentrierung von Interdependenzen, von gegenseitigen Abhängigkeiten – auch dies ist mit Blick auf 1800 noch genauer auszuführen – die Systeme unter Anpassungsdruck setzen. Denn wenn alte Abhängigkeiten aufgelöst würden, führe dies über kurzzeitige Instabilität letztlich zur Normalisierung von Unwahrscheinlichkeiten und hierdurch erreiche die neue Entwicklungsstufe einen höheren Komplexitätsgrad.⁶ Diese Entwicklung kann mit Luhmann, so meine These und im Folgenden dargestellt, als evolutionärer Dreischritt von Ausdifferenzierung, Autonomie und Autopoiesis gedacht werden; wenn Ausdifferenzierung als Variation und Selektion, Autonomie als Stabilisierung und Autopoiesis als Restabilisierung verstanden werden. Luhmann begreift dabei für die Kunst und Literatur die Frühromantik als Vordenkerin und verhält sich ihr gegenüber für die eigene Theoriebildung sogar parasitär, indem er ihre Denkfiguren nachträglich systemtheoretisch auflädt.

1   Die Ausdifferenzierung der Gesellschaft

Der erste Evolutionsschritt ist die Ausdifferenzierung der Gesellschaft. Luhmanns Theorie basiert auf einer Theorie funktionaler Differenzierung,⁷ das heißt es bilden sich soziale Teilsysteme, Funktionssysteme aus, die

---

3 Ebd., S. 109.
4 Niklas Luhmann: *Problem der Epochenbildung* (s. Anm. 2), S. 109.
5 Ebd., S. 110.
6 Vgl. ebd., S. 111.
7 Siehe Niklas Luhmann: *Soziale Systeme. Grundriß einer allgemeinen Theorie.* Frankfurt a. M. 1984, S. 112: »Am Anfang steht also nicht Identität, sondern Differenz«, und vgl. Edgar Landgraf: »The Psychology of Aesthetic Autonomy. The Signature of the

auf die Erfüllung einer Funktion innerhalb des Gesamtsystems der Gesellschaft spezifiziert sind.[8] Luhmann beschreibt den evolutionären Übergang von einer stratifizierten Gesellschaft in der europäischen Frühmoderne ab dem 12./13. Jahrhundert in eine funktional differenzierte zum Ausgang des 18. Jahrhunderts.[9] Die funktionale Differenzierung der Gesellschaft, konkreter die Ausbildung des Kunstsystems ist dann der gesuchte Strukturbruch, jene erste evolutionäre Errungenschaft, die weitere anstoßen soll. Für die Kunst bedeutet dies, dass sie nun abgekoppelt und somit unabhängig von anderen Teilsystemen wie der Religion oder der Politik agiert, nämlich als operativ geschlossenes System.[10] Hierfür identifiziert Luhmann sogenannte systemspezifische binäre Codes, die als Leitunterscheidung jeglicher systeminterner Kommunikation dienen.[11]

In Luhmanns Systemtheorie ist der Code »eine Struktur, die das Erkennen der Zugehörigkeit von Operationen zum System ermöglicht«.[12] Der Code ist somit ein selektierendes Beobachtungsschema des Systems. Zu Beginn der Ausdifferenzierung sind es mit Luhmann historisch betrachtet die Codewerte schön/hässlich, die die Systembildung der Kunst garantieren.[13] Allerdings werden diese eingeführt und ›übercodiert‹ vom Code gut/schlecht (gut auch im Sinne von wahr und schlecht im

---

Signature of Beauty«. In: Anthony Krupp (Hg.): *Karl Philipp Moritz. Signaturen des Denkens*. Leiden 2010, S. 205–226, hier S. 209.

8   Siehe dazu auch Albrecht Koschorke: »Die Grenzen des Systems und die Rhetorik der Systemtheorie«. In: Ders. und Cornelia Vismann (Hg.): *Widerstände der Systemtheorie. Kulturtheoretische Analysen zum Werk von Niklas Luhmann*. Berlin 1999, S. 49–60, hier S. 58: »Mit dem Parameter der Differenzierung wird die Systemtheorie zur Evolutionstheorie. Das Prinzip der Evolution muß aber dann – und hier entstehen extrem heikle logische Probleme – auch auf die Entstehung der Systeme selbst und damit den Prozeß ihrer operativen Abschließung voneinander und von ihrer Umwelt anwendbar sein.«

9   Vgl. Niklas Luhmann: *Die Kunst der Gesellschaft*. Frankfurt a. M. 1997, S. 215–300.

10 Niklas Luhmann: »Die Ausdifferenzierung des Kunstsystems«. In: Ders.: *Schriften zu Kunst und Literatur*. Hg. von Niels Werber. Frankfurt a. M. 2008, S. 316–352, hier S. 328 f.

11 Vgl. Niklas Luhmann: *Die Kunst der Gesellschaft* (s. Anm. 9), S. 301–393.

12 Ebd., S. 303.

13 Luhmann müsste hier aber, und Plumpe merkt dies zu Recht an, den »Nachweis führen, dass die Ausdifferenzierung dieses Codes als Voraussetzung der Systembildung von Kunst erfolgreich vollzogen wurde«, siehe Gerhard Plumpe: *Epochen moderner Literatur*. Wiesbaden 1995, S. 51.

Sinne von böse), dem Code der Moral.[14] Noch bei Johann Christoph Gottsched bis zur Mitte des 18. Jahrhunderts lässt sich diese Verschränkung von Ästhetik und Moral konstatieren, denn der Schönheitsbegriff wird für die Ästhetik zum programmatischen ›Leitbegriff‹: »Das endliche Zusammenfallen von Schönheit und ästhetischem Gelingen ist ein stabiles Ergebnis desselben historischen Prozesses, in dem das System der Künste formiert wurde und der ästhetische Diskurs entsprang.«[15] 40 Jahre später hingegen sind moralische und literarische Kommunikation scheinbar bereits voneinander entkoppelt. Wenn Kunst im »idealistischen Kontext« der Jahrhundertwende »um Kunst zu sein, auch schön sein«[16] muss, so gilt alsbald, dass das Gute/Wahre »kein sicherer Index mehr für Schönheit«[17] ist. Luhmann dürfte sich somit getrost auf Friedrich Schlegels *Lucinde* berufen: »Ist also nicht eine gewisse ästhetische Bosheit ein wesentliches Stück harmonischer Ausbildung?«,[18] oder er könnte in *Über das Studium der Griechischen Poesie* nachlesen, dass »viele [...‚ dieser] trefflichsten Werke ganz offenbar Darstellungen des *Häßlichen* sind«.[19] An der Idee des Schönen/des Hässlichen hält Luhmann, wie erwähnt, in Anbetracht der Jahrhundertwende in seiner Kunsttheorie vorläufig fest.[20] Denn er macht in historischer Perspektive mit den Frühromantikern eine Ästhetik stark, die mittels der Codierung schön/hässlich Kunst

---

14 Bei Plumpe und Werber nimmt diese Rolle die philosophische Leitdifferenz wahr/falsch ein, vgl. Gerhard Plumpe und Niels Werber: »Literatur ist codierbar«. In: Siegfried J. Schmidt (Hg.): *Literaturwissenschaft und Systemtheorie*. Opladen 1993, S. 9–43, hier S. 29.

15 Ulrich Schödlbauer: »Ästhetische Erfahrung«. In: Dietrich Harth und Peter Gebhardt (Hg.): *Erkenntnis der Literatur. Theorien, Konzepte, Methoden der Literaturwissenschaft*, Stuttgart 1982, S. 33–55, hier S. 47.

16 Oliver Jahraus: *Literatur als Medium. Sinnkonstitution und Subjekterfahrung zwischen Bewußtsein und Kommunikation*. Weilerswist 2003, S. 479.

17 Gerhard Plumpe und Niels Werber: *Literatur ist codierbar* (s. Anm. 14), S. 23.

18 Friedrich Schlegel: »Lucinde«. In: *KFSA* 5, S. 1–82, hier S. 28.

19 Friedrich Schlegel: »Über das Studium der Griechischen Poesie«. In: *KFSA* 1, S. 217–367, hier S. 219.

20 Luhmann markiert diese Codierung in seinem Aufsatz »Weltkunst« fraglos als historische: »Das mag im Ergebnis dann ›schön‹ bzw. ›hässlich‹ heißen, aber wenn man diese ehrwürdigen und ein bißchen angestaubten Bezeichnungen nicht mehr will, wäre gegen eine Absage nichts einzuwenden – sofern ein Ersatz angeboten wird«. Niklas Luhmann: »Weltkunst«. In: Ders.: *Schriften zu Kunst und Literatur*. Hg. von Niels Werber. Frankfurt a. M. 2008, S. 189–245, hier S. 224.

und Literatur beobachtet, also zugleich unterscheidet und bezeichnet. Die frühromantische Ästhetik ist für ihn keine Fremdbeschreibung der Kunst, sondern ihre Reflexionstheorie: Sie »teil[t] mit dem System, das sie reflektier[t], dessen Code.«[21] Sie beschreibt nicht nur sich selbst, das Kunstsystem, sondern auch ihre Umwelt. Sie thematisiert damit das Verhältnis zwischen System und Umwelt systemintern, als gesteigerte, da in Theorie gefasste Selbstbeschreibung.

Luhmanns Codierung halte ich folglich, historisch verengt auf den Zeitraum zwischen 1770 und 1800, mit Blick auf die zeitgenössische ästhetische Literaturprogrammatik für durchaus plausibel. Die frühromantische Agenda ist doch nicht nur eine philosophische, sondern vor allem eine poetologische. Denn die ästhetischen Schriften – man denke besonders an das *Athenäum* und an die *Fragmente zur Kunstkritik* – geben die dichterische Schreibart, das Selbstverständnis eines ausdifferenzierten Kunstsystems wieder. Dennoch erscheint es mir ein schwieriges Unterfangen, diese Codierung, die nicht nur das System als Ganzes betrifft, sondern auch systeminterne kleinere Einheiten, nämlich einzelne Werke der Kunst, dauerhaft aufrecht zur erhalten. Ausgerechnet bei Friedrich Schlegel, also Luhmanns Gewährsmann, lesen wir 1797 in *Über das Studium der Griechischen Poesie*: »Aus diesem Mangel der Allgemeingültigkeit, aus dieser Herrschaft des Manirierten, Charakteristischen und Individuellen, erklärt sich von selbst die durchgängige Richtung der Poesie [...], der Modernen aufs Interessante.«[22] Dies ist ein Paradigmenwechsel. Nicht mehr aufs Schöne hin zielt die Poesie,[23] sondern der moderne Zeitgeist verlangt nach geistig Anziehendem. Der »Motor der Moderne«[24] ist das »*rastlose unersättliche Streben nach dem Neuen,*

---

21 André Kieserling: »Die Soziologie der Selbstbeschreibung. Über die Reflexionstheorien der Funktionssysteme und ihre Rezeption der soziologischen Theorie«. In: Henk de Berg und Johannes F. K. Schmidt: *Rezeption und Reflexion. Zur Resonanz der Systemtheorie Niklas Luhmanns außerhalb der Soziologie*. Frankfurt a. M. 2000, S. 38–92, hier S. 56.

22 Friedrich Schlegel: *Über das Studium der Griechischen Poesie* (s. Anm. 19), S. 252.

23 »Die Kategorie des Interessanten hat als Konkurrent des Schönen schon seit etwa 1730 Konjunktur«. Siehe Gerhard Plumpe und Niels Werber: *Literatur ist codierbar* (s. Anm. 14), S. 30 f.

24 Ebd., S. 31.

Piquanten und Frappanten«.[25] Das Werk ist nicht schön, weil es objektiv wahr ist, sondern aufgrund seiner Fiktionalität ist es interessant, weil es selektiv und perspektivistisch ist – und das ist innovativ. Die neue Codierung interessant/langweilig[26] koinzidiert mit der Dynamik der Variation. Denn im Gegensatz zum zeitenthobenen Schönen ist das Interessante »dem reißenden Strom der Zeit«[27] ausgesetzt. Das Innovative steht ab 1770 ein für die weiteren Strukturbrüche nach Zeiten der stillstehenden Entwicklung. Die Epochenabgrenzung zeugt, indem sie das Alte vom Neuen scheidet, vom Imperativ des Neuen. Im Gegensatz zu anderen Systemen im 18. Jahrhundert, wie der Religion oder der Politik, ist die Neuheit in der Kunst nicht vornehmlich negativ besetzt. Sie kann somit als Unterscheidungsmerkmal der Funktionsbereiche hervortreten.

In Luhmanns Evolutionstheorie der Kunst wirken Innovationen sodann als darwinistischer Selektionsmechanismus auf der Stilebene, also dort, wo konformes und abweichendes Verhalten laufend neu legitimiert wird. Eindrucksvolle, erfolgreiche künstlerische Erfindungen, Abweichungen, regen wiederum als neuartige Muster beziehungsweise als spezifische frames zur Nachahmung an.[28] Sie inspirieren durch Verwunderung und Bewunderung zum variantenreichen Kopieren. Die Abweichungen, die Irritationen, unterstützen somit die Formenvielfalt. Damit baut die Evolution nicht länger auf zufällige Stilbrüche, sondern auf intendierte: Neuheiten werden eingefordert. Die neue Innovationsregel substituiert die alte Imitationsregel. Es soll nun ›Unruhe‹ gestiftet werden und das Genie soll diese Forderung erfüllen. Den Geniekult der 60er und 70er Jahre des 18. Jahrhunderts begründend, schreibt Heinrich Wilhelm von Gerstenberg (1766): »Begriffe, die aus einer solchen Seele kommen, [weichen] von den gewöhnlichen durchaus ab [...]: *wo Genie ist, da ist Erfindung, da ist Neuheit, da ist das Original.*«[29] Zwar sind mit

---

25 Friedrich Schlegel: *Über das Studium der Griechischen Poesie* (s. Anm. 19), S. 228.
26 Auch Plumpe und Werber optieren daher für den Code: interessant/uninteressant. Vgl. Gerhard Plumpe und Niels Werber: *Literatur ist codierbar* (s. Anm. 14), S. 29 f.
27 Ebd., S. 37.
28 Niklas Luhmann: »Die Evolution des Kunstsystems«. In: Ders.: *Schriften zu Kunst und Literatur*. Hg. von Niels Werber. Frankfurt a. M. 2008, S. 258–275, hier S. 266.
29 Heinrich Wilhelm von Gerstenberg: *Briefe über Merkwürdigkeiten der Literatur*. Stuttgart 1890. Reprint: Berlin 2013, S. 181.

Luhmann Genies nicht die externe Ursache der Evolution, sondern deren Produkte im Kunstsystem. Sie stehen damit ebenso wenig für Variation ein, wie der Geschmack für Selektion. Aber das Genie dient als Künstlerindividuum in Zeiten von Individualisierung und rollenspezifischer Zuspitzung um 1800 (auch ein Ergebnis der Ausdifferenzierung) durchaus als zeitgenössische Erklärung für die Entstehung des Neuen. Es ist ausgestattet mit dem erforderlichen Mut zum Stilbruch.

Luhmann hätte dies an Schlegels *Lucinde* (1799) ohne Schwierigkeiten vorführen können. Denn Schlegel verhandelt hier Ausdifferenzierung auf der Ebene des Kunstwerkes und erprobt damit Originalität. Die *Lucinde* ist ein Stilbruch par excellence, sie galt »ästhetisch betrachtet [...] als kleines Ungeheuer«[30] (so Wilhelm Dilthey). Und das betrifft sowohl die Form, die allegorische Struktur des Buches und eine durch das ›systematische Chaos‹ der fragmentarischen Textstücke vermeintlich fehlende Romanhaftigkeit, als auch den Stoff: Das Romankonzept bricht durch seinen freizügigen Umgang mit Sexualität, sein neuzeitliches Eheverständnis und den emanzipatorischen Vorstellungen der Titelheldin mit moralischen Tabus. Der ›Roman‹ behauptet somit, dass moralische und literarische Kommunikation entkoppelt seien.

Leider schenkt Luhmann der *Lucinde* in seiner Kunststudie in diesem Sinne keine Beachtung. Vielmehr ist es Gerhard Plumpe, der ab 1770 die Geschichte moderner Literatur als eine Geschichte von Tabubrüchen und Normenverletzungen nachzeichnet – wobei Plumpe sich allerdings an Goethes *Werther* (1774) orientiert.[31] Luhmann unterlässt es hingegen bewusst, seine Epochenkonstruktion an die Entstehung moderner Literatur anzubinden, obwohl die gelungene funktionale Systemdifferenzierung den Take-off moderner, also ausdifferenzierter Literatur bedeuten könnte. Luhmann will sich nicht der Diskussion stellen, wie die Romantik im Kontext der modernen Gesellschaft und ihrer Selbstbeschreibung als modern zu beurteilen sei.[32] Meines Erachtens ist dies ein Versäumnis, denn die *Lucinde* wäre in Luhmanns verengter Perspektive

---

30 Wilhelm Dilthey: *Leben Schleiermachers*. Berlin 1870. Reprint: Berlin 2019, S. 492.
31 Gerhard Plumpe: *Epochen moderner Literatur* (s. Anm. 13), S. 65 ff.
32 Niklas Luhmann: »Eine Redeskription ›romantischer Kunst‹«. In: Ders.: *Schriften zu Kunst und Literatur*. Hg. von Niels Werber. Frankfurt a. M. 2008, S. 353–371, hier S. 353.

auf die Jahrhundertwende 1800 ein paradigmatischer ›moderner‹ Roman, da modern für Luhmann alles ist, was Systemautonomie, den zweiten gleich näher zu erläuternden Evolutionsschritt, aushält: Als autonomes Kunstwerk ist *Lucinde* im besten Sinne antisozial – was freilich provoziert, und Schlegel musste diesen Angriffen standhalten.

Mit der Einbindung des modernen, innovativen Romans hätte Luhmann die Möglichkeit besessen, zu demonstrieren, dass das System in der operativen Abgrenzung von anderen Systemen wie dem religiösen oder dem pädagogischen seinen künstlerischen Freiraum gewinnt. Welt kann hier auf eine neue Weise und als differente wahrgenommen werden, weil auf der anderen Seite die Welt erhalten bleibt, wie sie ist. Es wird nicht alles aufs Spiel gesetzt. Die Funktion von Kunst ist es dann, Kontingenzen aufzuzeigen, ein Auch-anders-möglich-sein. »Kunst ist ›spielende‹ Realitätsverdopplung, das ist das Resultat und die Bedingung ihrer Evolution«,[33] so folgert Luhmann aus dem zweiten Evolutionsschritt, aus der operativen Schließung des Systems.

2   Die Autonomie der Kunst

Für Luhmann ist es die Frühromantik, die sich als erste Kunstepoche in ihrer theoriegeleiteten Phase auf die neue Situation einlässt, dass dem System durch funktionale Ausdifferenzierung Autonomie zufällt.[34] Fest macht er dies an den Selbstbeschreibungen der Kunst. Die Frühromantiker reflektieren laut Luhmann erstmals kritisch den Verlust oder Verzicht auf Anlehnungskontexte. Diese Reflexion der »tiefgreifende[n] Strukturveränderung«[35] stellt nun auch die eigentliche Zäsur, den Strukturbruch im Geschichtsverlauf dar. Der Beobachter sieht die Epoche, die Frühromantiker sehen ihre Epoche. Erst nach der Epochenwende kann das Kunstsystem sich beobachten und den Versuch unternehmen, sich auch adäquat zu beschreiben. Es sind systeminterne Selbstbeschreibungen, Beschreibungen, die die Funktion und die Einheit

---

33   Niklas Luhmann: *Kunst der Gesellschaft* (s. Anm. 9), S. 391.
34   Vgl. ebd., S. 270: »Was [...] reflektiert wird, ist die dem Kunstsystem aufgenötigte Autonomie, ist also die funktionale Differenzierung des Gesellschaftssystems«.
35   Niklas Luhmann: *Problem der Epochenbildung* (s. Anm. 4), S. 109.

des Systems darstellen – als Zeichen gesteigerter Komplexität und einer Erhöhung der Freiheitsgrade –, die die Ausdifferenzierung des Systems, die »Differenzerfahrungen« als Epocheneinteilungen artikulieren, mithin »überartikulieren«[36] und damit auch für die Zukunft festschreiben. Die *Athenäumsfragmente* und die literarischen Systemprogramme leisten hierzu um 1800 einen gewichtigen Beitrag. Luhmann spricht in diesem Fall von »Verstärkereffekten im Kommunikationsprozess«.[37]

Das Epochenmodell ist dann Teil der historisch semantischen Selbstbeschreibung eines Systems.[38] Zum einen ist es die Darstellung und Antwort auf die Frage, wie das System auf die Herausforderung der eigenen Autonomie reagiert, und zum anderen ist es ein evolutionärer Mechanismus der Restabilisierung des Systems. Als Festschreibung der Identität des Systems kann von hier aus erneut Variation ausgehen. Es geht mithin um Selbstsimplifikation, also um die Frage, wie sich die Kunst um 1800 als soziales System präsentiert, welche Funktion sie übernehmen will. Luhmann könnte sich hier erneut auf Schlegel berufen, der 1798 im Rekurs auf Fichte notiert: »Eine Philosophie der Poesie [...] würde mit der Selbständigkeit des Schönen beginnen, mit dem Satz, daß es vom Wahren und Sittlichen getrennt sei und getrennt sein solle, und daß es mit diesem gleiche Rechte habe; welches für den, der es nur überhaupt begreifen kann, schon aus dem Satz folgt, daß Ich = Ich sei.«[39] Schlegel reflektiert hier, wie im Übrigen auch in seinem *Studiumaufsatz*, wenn er von der »Isonomie«,[40] der Gleichheit vor dem Gesetz spricht, für Luhmann mustergültig die operative Schließung der Systeme und ihr gleichberechtigtes Nebeneinander. Novalis ist Luhmann dann der beste Zeuge für die Autonomie der Kunst: »Die Poësie ist durchaus personell und darum unbeschreiblich und indefinissabel. Wer es nicht unmittelbar weiß und fühlt, was Poësie ist, dem läßt sich kein Begrif davon beybringen. Poësie ist Poësie.«[41] Zu diskutieren ist an dieser Stelle die unter anderem von Wolfgang Bunzel geäußerte Kritik an Luhmanns Betonung der

---

36 Ebd., S. 121.
37 Ebd.
38 Vgl. ebd.
39 Friedrich Schlegel: »Athenäums-Fragmente«. In: *KFSA* 2, S. 165–255, hier S. 207.
40 Friedrich Schlegel: *Über das Studium der Griechischen Poesie* (s. Anm. 19), S. 325.
41 Friedrich von Hardenberg: »*Fragmente und Studien 1799–1800*«. In: *Novalis Schriften*. Bd. 3. Hg. von Richard Samuel. Darmstadt 1968, S. 527–693, hier S. 685.

Autonomieprogrammatik und der Vorwurf, die Frühromantik würde so einseitig und verzerrt charakterisiert, denn ihre Vertreter forderten doch vielmehr eine Entgrenzung anstelle von einer Selbstbeschränkung auf den Bereich des Ästhetischen.[42]

Gewiss, Schlegels Idee einer »progressive[n] Universalpoesie«[43] scheint diesen Totalitätsanspruch der Kunst geltend zu machen, will sie doch, wie Schlegel im berühmten *Athenäumsfragment 116* (1798) weiter ausführt, »das Leben und die Gesellschaft poetisch machen«.[44] Und auch das *Älteste Systemprogramm des deutschen Idealismus* (1797) mit der quasi-antiken Forderung einer neuen Mythologie, einer Art Sinntotalität für die Gesellschaft, wäre unter diesem Aspekt unter diese Entdifferenzierungsstrategien zu rechnen. Wolfgang Bunzel sieht hier eine Erklärung für die »Frontstellung der Romantik gegen die klassische Ästhetik«.[45]

Freilich denkt auch Friedrich Schiller die Autonomie der Kunst frei von heteronomen Leistungserwartungen, mit seinen Worten: in ihrer »absoluten Immunität von der Willkür der Menschen«.[46] Und er schreibt zudem 1795 an Herder: »Daher weiß ich für den poetischen Genius kein Heil, als daß er sich aus dem Gebiet der wirklichen Welt zurückzieht [...], auf die strengste Separation sein Bestreben richtet.«[47] Man könnte hier also eine strikte Abtrennung von den anderen sozialen Bereichen feststellen, ergo Selbstbegrenzung oder operative Schließung und damit eine erste konsequente Ausprägung des Autonomiekonzepts in der Weimarer Klassik. Aber auch Schiller prophezeit in den *Horen* eine entdifferenzierte Kommunikation:

---

42 Vgl. Wolfgang Bunzel, Peter Stein und Florian Vaßen: »›Romantik‹ und ›Vormärz‹ als rivalisierende Diskursformationen der ersten Hälfte des 19. Jahrhunderts«. In: Dies. (Hg.): *Romantik und Vormärz. Zur Archäologie literarischer Kommunikation in der ersten Hälfte des 19. Jahrhunderts*. Bielefeld 2003, S. 9–48.
43 Friedrich Schlegel: *Athenäums-Fragmente* (s. Anm. 39), S. 182.
44 Ebd.
45 Vgl. Wolfgang Bunzel, Peter Stein und Florian Vaßen: *Romantik und Vormärz* (s. Anm. 42), S. 7.
46 Friedrich Schiller: »Über die ästhetische Erziehung des Menschen in einer Reihe von Briefen«. In: Friedrich Schiller: *Werke und Briefe in zwölf Bänden*. Bd. 8. Hg. von Rolf-Peter Janz. Frankfurt a. M. 1992, S. 556–676, hier S. 583.
47 Friedrich Schiller: Brief an Johann Gottfried Herder, 4. September 1795. In: *Schillers Werke. Nationalausgabe*. Bd. 28. Hg. von Norbert Oellers. Weimar 1969, S. 97–99, hier S. 98.

> Man wird streben, die Schönheit zur Vermittlerin der Wahrheit zu machen und durch die Wahrheit der Schönheit ein daurendes Fundament und eine höhere Würde zu geben. Soweit es tunlich ist, wird man die Resultate der Wissenschaft von ihrer scholastischen Form zu befreien und in einer reizenden [...] Hülle dem Gemeinsinn verständlich zu machen suchen. [...] Auf diese Art glaubt man zur Aufhebung der Scheidewand beizutragen, welche die *schöne* Welt von der *gelehrten* zum Nachtheile beider trennt.[48]

Dass die Kunst für sich den Status einer Universalkompetenz in Anspruch nimmt, widerspricht Luhmanns Perspektive indessen nur vordergründig. Denn der vermeintliche Totalitätsanspruch der Kunst findet auf der Basis ihrer eigenen Operationsweisen, ihrer eigenen Codierung, eben unter dem Primat der Kunst (›poetisch werden‹) statt. Die Entdifferenzierungsstrategien, das *116. Athenäums-Fragment* und das *Älteste Systemprogramm des Deutschen Idealismus* beweisen letztlich als Produkte der Kunstautonomie (auch der Kunstfreiheit) die Kontingenzfunktion der Kunst als Utopie.

3   Die Autopoiesis der Kunst

Luhmanns Darstellung der Evolution der Kunst um 1800 gipfelt nun im letzten Dreischritt, in 3. der Autopoiesis der Kunst, in der sich das System selbst produziert und reproduziert. »Die Poesie ist eine republikanische Rede; eine Rede, die ihr eignes Gesetz und ihr eigner Zweck ist, wo alle Teile freie Bürger sind, und mitstimmen dürfen«,[49] so heißt es im *65. Lyceums-Fragment*. Luhmann überträgt diesen Gedanken als Selbstprogrammierung auf die Werke der Kunst, sodass jedes Kunstwerk sein eigenes Programm sei.[50] Er lehnt sich damit an Schlegel an, der in seiner Rezension *Über Goethes Meister* vom »Genius«[51] des Werkes spricht.

---

48 Friedrich Schiller: »Ankündigung. Die Horen, eine Monatsschrift, von einer Gesellschaft verfaßt und herausgegeben von Schiller«. In: Ders.: *Sämtliche Werke*. Bd. 5. Hg. von Gerhard Fricke und Herbert G. Göpfert. München 1962, S. 870–874, hier S. 870.
49 Friedrich Schlegel: »Lyceums-Fragmente«. In: *KFSA* 2, S. 147–163, hier S. 155.
50 Niklas Luhmann: *Kunst der Gesellschaft* (s. Anm. 9), S. 332–336.
51 Friedrich Schlegel: »Über Goethes Meister«. In: *KFSA* 2, S. 126–146, hier S. 134.

Durch seine ›Vorliebe‹ für die Frühromantik versäumt es Luhmann leider, die autopoietische Werkautonomie an einen Lehrer der Frühromantiker zurückzubinden, namentlich an Karl Philipp Moritz. Moritzens ästhetische Ausführungen bleiben bei Luhmann unterbelichtet, er erwähnt ihn in der *Kunst der Gesellschaft* nur in den Fußnoten.[52] Ich denke, Luhmann übersieht hier, inwieweit frühromantische Denkformen mit klassizistischen amalgamieren. Dabei ist es doch jener Stürmer und Dränger, Berliner Aufklärer, Wegbereiter der Weimarer Klassik und letztlich Professor der Theorie der schönen Künste, der als erster autopoietische Autonomie als Reflexion von Systemdifferenzierung semantisch nachvollzieht.[53] Er hätte damit für Luhmann fruchtbar in dessen Theorie eingebunden werden können. So ist Moritz' Abhandlung *Versuch einer Vereinigung aller schönen Künste und Wissenschaften unter dem Begriff des in sich selbst Vollendeten* (1785) historisch auf jener Epochenschwelle zwischen Altem und Neuem zu verorten. Moritz' produktionsästhetisches Ideal autonomer Künste basiert auf der kategorialen Differenzierung von Kunst und Technik. Diese Unterscheidung erneuert die alteuropäische von natura und ars, den Gegensatz von zufälliger Evolution und zielgerichteter techné, indem die Kunst die Natur als Antagonisten der Technik ablöst. Das technische Produkt ist mit einem Zweck verbunden, mithin dienlich, allein in der »Funktionserfüllung erfüllt sich Sein«.[54] Das Kunstwerk hingegen »als geschlossene[r], harmonisch-integrierte[r] Kosmos, der selig in sich ruht und nicht über sich hinausweist«,[55] steht in Kontrast zu dieser technischen Zweckhaftigkeit. Während Moritz sich, auch im Titel noch den artes liberales verhaftet, damit zum einen eines anachronistischen

---

52   Vgl. Niklas Luhmann: *Kunst der Gesellschaft* (s. Anm. 9), S. 42, 75, 150, 196, 199, 245, 331, 355, 449. Edgar Landgraf merkt ebenfalls an, dass Moritz ausschließlich in den Fußnoten in Luhmanns Überlegungen eingebunden wird, siehe Edgar Landgraf: »Comprehending Romantic Incomprehensibility. A Systems-Theoretical Perspective on Early German Romanticism«. In: *Modern Language Notes* 121.3 (2006), S. 592–616, hier S. 594, Fn. 4. Dennoch hält Landgraf fest: »In his writings on art and aesthetics, Luhmann references Moritz consistently. In fact, Luhmann's conceptualizations of modern art stay quite close to Moritz's.« (ebd., S. 594).
53   Vgl. Gerhard Plumpe: *Epochen moderner Literatur* (s. Anm. 13), S. 72 ff.
54   Ebd., S. 74.
55   Ebd., S. 75.

klassizistischen Ideals bedient: dem zwecklosen (intrinsischen) Selbstzweck des schönen[56] Kunstwerkes als geschlossenem Ganzem, als In-sich-selbst-Vollendetem,[57] garantiert er damit zum anderen die Autonomie des Kunstwerkes, das nicht länger heteronom ist, nicht länger äußere Zwecke erfüllt. Aller fremden Einflüsse und Gesetze (auch temporaler) entzogen oder entrückt, setzt sich das Kunstwerk nicht nur seinen »eigene[n] Schwerpunkt [...], wodurch es sich selbst wieder zu einem Ganzen bildet«,[58] sondern mit dem Begriff des In-sich-selbst-Vollendeten gibt es sich sein eigenes Programm.

Ausformuliert wird diese innovative Selbstprogrammierung oder ›Selbstgesetzgebung‹ der Kunst in *Über die bildende Nachahmung* (1788). Hier proklamiert Moritz einerseits das alte, allerdings verfremdete mimetische Prinzip, andererseits stellt er zugleich die Ausdifferenzierung der Kunst als Abkopplung von Weltprogrammen dar und ruft folgerichtig zur selbstreferentiellen Nachahmung eines ästhetisierten Weltprogrammes auf. Die nachgeahmte Welt ist sodann eine Konstruktion des Systems, das heißt »aus der Erfahrung der Kunst konstruiert«.[59] Im Kunstwerk

---

56 Moritz rekurriert immer wieder mit der Frage nach der Bestimmung und des Endzwecks des Kunstwerkes und der Antwort der Vollkommenheit des Kunstwerkes auf den Begriff des Schönen. Vgl. Karl Philipp Moritz: »Über die bildende Nachahmung des Schönen«. In: Karl Philipp Moritz: *Schriften zur Ästhetik und Poetik*. Hg. von Hans Joachim Schrimpf. Tübingen 1962, S. 63–93, hier S. 69 ff. Luhmann könnte hiermit seinen Codierungsvorschlag stützen: »[W]as neu sein muß, hat eben deshalb keine Zukunft. Es kann nicht neu bleiben. Es kann nur als Neu-Gewesenes verehrt werden. Das soziale System Kunst hat es von da ab mit dem Problem des ständigen Neuheitsschwundes zu tun. Dazu paßt die Vorstellung der Kunsttheorie, daß das Kunstwerk ein in sich geschlossenes harmonisches, ein in sich ruhendes Ganzes sein solle, das sich seine Zeitbeständigkeit durch souveräne Mißachtung der Zeit selbst garantiert.« Siehe Niklas Luhmann: »Das Kunstwerk und die Selbstreproduktion der Kunst«. In: Ders.: *Schriften zu Kunst und Literatur*. Hg. von Niels Werber. Frankfurt a. M. 2008, S. 139–188, hier S. 149.

57 »[Z]u dem Ende muß der Mangel der äußern Zweckmäßigkeit durch seine innere Zweckmäßigkeit ersetzt sein.« Siehe Karl Philipp Moritz: »Versuch einer Vereinigung aller schönen Künste und Wissenschaften unter dem Begriff des in sich selbst Vollendeten«. In: *Karl Philipp Moritz: Schriften zur Ästhetik und Poetik*. Hg. von Hans Joachim Schrimpf. Tübingen 1962, S. 3–9, hier S. 6.

58 Karl Philipp Moritz: »Zufälligkeit und Bildung. Vom Isoliren, in Rücksicht auf die schönen Künste überhaupt«. In: *Karl Philipp Moritz: Schriften zur Ästhetik und Poetik*. Hg. von Hans Joachim Schrimpf. Tübingen 1962, S. 116–117, hier S. 116.

59 Gerhard Plumpe: *Epochen moderner Literatur* (s. Anm. 13), S. 77.

wird eine ›Welt in der Welt‹ sichtbar. Die intuitive Vorstellung der ›Weltschönheit‹ ist »verkleinernd in das schöne Kunstwerk ein[gebildet]«.[60] Sie wird »en miniature«,[61] als »Modell«[62] der »profanen Wahrnehmung [...] zugänglich gemacht«.[63] Der ›modernus‹ Moritz versteht das schöne Werk somit nicht mehr als Abbild der Welt, sondern als deren Metapher:[64] Die ›Welt in der Welt‹ ist eine alternative Form. Moritz negiert damit eine vermeintliche Makro-Mikrokosmos-Relation. Vielmehr weiß er um die »Nichtrepräsentierbarkeit«[65] des unendlichen Ganzen. Das Kunstwerk ist nur ein momentaner Abdruck der Welttotalität. Moritz klassischer Werkbegriff weist damit auch auf die Poetik des frühromantischen Fragments voraus. Friedrich Schlegels älterer Bruder August Wilhelm lobt Moritz in seinen Berliner Vorlesungen 1802 ausdrücklich für dessen Einsichten in die literaturtheoretischen Konsequenzen der, nun wieder mit Luhmann gesprochen, autopoietischen Systemautonomie.[66] Luhmann hingegen bezieht sich in puncto Autopoiesis nur auf Kants »Rede vom ›Selbstzweck‹, von der Zweckmäßigkeit ohne Zweck«,[67] obwohl Luhmann ganz in der Nachfolge Moritzens ein Kunstwerk als ein ›gelungenes‹ (vollendetes)[68] bezeichnet, wenn es sein Programm realisieren konnte.[69] Auch für Luhmann verweist das Kunstwerk auf Totalität, mithin auf Perfektibilität: »[D]ie Intention des Kunstwerkes selbst [geht] [...]

---

60 Ebd., S. 76.
61 Ebd.
62 Ebd.
63 Ebd.
64 Vgl. ebd.
65 Ebd., S. 88.
66 »In diesem höchsten Sinne hat so viel ich weiß, nur ein einziger Schriftsteller den Grundsatz der Nachahmung für die Künste ausdrücklich aufgestellt. Es ist Moritz in seiner kleinen Schrift: über die bildende Nachahmung des Schönen«. (August Wilhelm Schlegel: »Ueber das Verhältniß der schönen Kunst zur Natur; über Täuschung und Wahrscheinlichkeit; über Stil und Manier. Aus Vorlesungen, gehalten in Berlin im Jahre 1802«. In: *August Wilhelm von Schlegel's sämmtliche Werke*. Bd. 9. Hg. von Eduard Böcking. Leipzig 1846, S. 295–319, hier S. 306).
67 Niklas Luhmann: *Kunst der Gesellschaft* (s. Anm. 9), S. 329.
68 Vollendung heißt systemtheoretisch, dass »die Außenseite der letzten Form an die Innenseite der ersten anschließt«. Siehe Markus Koller: *Die Grenzen der Kunst. Luhmanns gelehrte Poesie*. Wiesbaden 2007, S. 58.
69 Ebd., S. 43 f. Edgar Landgraf verknüpft Moritz' Ästhetik erstmals mit Luhmanns Konzept der Selbstprogrammierung in: »Improvisation: Form and Event – Spencer-

auf Geschlossenheit.«[70] Zielsetzung ist auch hier Moritz' Isolieren,[71] eine Schließung durch Grenzziehung, die Unterscheidung erlaubt. Die Selbstprogrammierung macht das Kunstwerk ohnegleichen, es begründet die »ästhetische Kategorie des Einzigartigen«.[72] Luhmanns Kunsttheorie akzentuiert demnach den »klassischen Werkcharakter«[73] und beweist sich hier mit Blick auf Moritz als werktheoretische.

Zieht man Luhmanns evolutionären Dreischritt nun konsequent für seine Epochenbildung der Frühromantik heran, so wäre es Karl Philipp Moritz, der 1788 den Hiatus im evolutionären Prozess markiert. Die Frage nach der Theoriefähigkeit der Frühromantik für das Heute mit Blick auf Luhmann wäre dann auch eine Frage der Epocheneinteilung und der Bereitschaft, die Weimarer Klassik nicht länger von der Frühromantik zu scheiden[74] (man denke auch an Schlegels Rezension von Goethes *Wilhelm Meister*). Luhmann beantwortet die Frage für sich selbst, indem er die Frühromantik zur Basis seiner Kunsttheorie macht und somit ihre ›Epoche‹ zum Startpunkt des ausdifferenzierten Kunstsystems erklärt. Die Frühromantik wird damit zum Katalysator moderner Literatur im Luhmannschen Sinne: Seither müssen sich Kunst und Literatur zu Autonomie und Autopoiesis, zu Fragen der Selbstreferentialität und des Weltbezugs auf ihre jeweilige Art und Weise positionieren. Luhmanns eigene

---

Brownian Calculations«. In: Bruce Clark und Mark Hansen (Hg.): *Emergence and Embodiment. New Essays in Second-Order Systems Theory*. Durham 2009, S. 179–204.

70 Niklas Luhmann: *Das Kunstwerk und die Selbstreproduktion der Kunst* (s. Anm. 56), S. 153.

71 Siehe Karl Philipp Moritz: *Zufälligkeit und Bildung. Vom Isolieren* (s. Anm. 58).

72 Sebastian W. D. Krauss: *Die Genese der autonomen Kunst. Eine historische Soziologie der Ausdifferenzierung des Kunstsystems*. Bielefeld 2012, S. 52.

73 Ebd. Es soll hier nicht unerwähnt bleiben, dass laut David A. Wellbery: »Durch die Einschränkung auf den Weltbezug der Kunst […] Luhmann die Chance [verspielt], seine eigene Diskussion an die Angebote zur differenzierten Beschreibung ästhetischer Erfahrung anzuschließen, die die moderne Tradition philosophischer Ästhetik bereitstellt, und […] damit auf das Theoriedesign der alten mimetischen Theorie zurück[fällt]«. Siehe David A. Wellbery: »Die Ausblendung der Genese. Grenzen der systemtheoretischen Reform der Kulturwissenschaften«. In: Albrecht Koschorke und Cornelia Vismann (Hg.): *Widerstände der Systemtheorie. Kulturtheoretische Analysen zum Werk von Niklas Luhmann*. Berlin 1999, S. 19–28, hier S. 21.

74 Beispielhaft hierfür anzuführen ist das romanische und angloamerikanische Verständnis der Literaturgeschichte.

Reflexionen sind ohne die frühromantischen Selbstbeschreibungen als evolutionärer Ausgangspunkt nicht zu denken – seine kunsttheoretische Systemtheorie ist in ihren Grundzügen: der Ausdifferenzierung, der Autonomie und der Autopoiesis, eine frühromantische[75] samt deren ›blind spots‹[76] oder vice versa: Die Frühromantik wird in Luhmanns Ausführungen, seiner Redeskription der Frühromantik, zu einer systemtheoretischen Kunsttheorie avant la lettre.[77]

---

75   Mit Winfried Menninghaus muss dies freilich relativiert werden, denn »die systemtheoretische Fassung von Selbstreferenz [erreicht weder] das philosophische Fundierungsniveau [noch] die poetologische Differenziertheit der frühromantischen«. Siehe Winfried Menninghaus: *Unendliche Verdopplung. Die frühromantische Grundlegung der Kunsttheorie im Begriff absoluter Selbstreflexion.* Frankfurt a. M. 1987, S. 214.

76   Siehe hierzu auch Edgar Landgraf: *Comprehending Romantic Incomprehensibility* (s. Anm. 52), S. 615: »Instead, Luhmann incorporates many of the foundational paradoxes we find in early German Romantic thought [...] and [...] makes them part of the basic design of contemporary systems theory«, und vgl. Winfried Menninghaus' Schlusskapitel: »Systemtheoretische und geschichtsphilosophische Fluchtpunkte der romantischen Theorie absoluter Selbstreflexion«. In: *Unendliche Verdopplung* (s. Anm. 75), S. 208–223: »Die Probleme sind analog, die Antworten sind analog«. Ebd., S. 213.

77   Hierzu im Weiteren und zum Versuch einer systemtheoretischen Redeskription romantischer Kunst meine im Entstehen begriffene Dissertation: *Mesokosmos Poesie: »Welt in der Welt«. Poetologische Diskurse um 1800 im Lichte Luhmannscher Kunsttheorie.*

Das ›Exemplarische‹ und die ›Originalität‹. Schellings Kunstphilosophie im begriffsgeschichtlichen Kontext

Tanehisa Otabe

Im § 58 der *Philosophie der Kunst* (1802–03, 1804–05) schreibt Schelling:

> *Dort* [sc. in der antiken Kunst] *ist das Exemplarische oder die Urbildlichkeit, hier* [sc. in der modernen Kunst] *die Originalität herrschend.* – Denn dort erscheint das Allgemeine als Besonderes, die Gattung als Individuum, hier dagegen soll das Individuum als Gattung, das Besondere als Allgemeines erscheinen. – Dort ist der Ausgangspunkt identisch (ὅμηρος), Einer, nämlich das Allgemeine selbst, hier aber ist der Ausgangspunkt immer und notwendig ein verschiedener, weil er im Besonderen liegt.[1]

Diese Stelle bezieht sich, worauf die erklärende Anmerkung der Akademieausgabe hinweist,[2] auf die folgende Stelle aus Kants *Kritik der Urteilskraft* (1790):

> Man sieht hieraus, dass *Genie* 1. ein Talent sei, dasjenige, wozu sich keine bestimmte Regel geben lässt, hervorzubringen: nicht Geschicklichkeitsanlage zu dem, was nach irgendeiner Regel gelernt werden kann; folglich, dass *Originalität* seine erste Eigenschaft sein müsse. 2. dass, da es auch originalen Unsinn geben kann, seine Produkte zugleich Muster, d. i. *exemplarisch* sein müssen.[3]

---

1 Friedrich Wilhelm Joseph Schelling: *Historisch-kritische Ausgabe, Nachlass.* Bd. 6.2. *Philosophie der Kunst.* Hg. von Christoph Binkelmann und Daniel Unger. Stuttgart 2018, S. 186.
2 Vgl. Friedrich Wilhelm Joseph Schelling: *Historisch-kritische Ausgabe, Nachlass.* Bd. 6.2. *Philosophe der Kunst.* Hg. von Christoph Binkelmann und Daniel Unger. Stuttgart 2018, S. 601.
3 Immanuel Kant: »Kritik der Urteilskraft«. In: Ders.: *Gesammelte Schriften.* Hg. von der Königlich Preußischen Akademie der Wissenschaften. Berlin/Leipzig 1902 ff. Bd. 5, S. 165–485, hier S. 307 f.

Während bei Kant die Originalität zusammen mit dem Exemplarischen – das heißt die exemplarische Originalität[4] – das Genie beziehungsweise sein Produkt charakterisiert, unterscheidet Schelling die Originalität vom Exemplarischen, um mit der Ersten die moderne und mit dem Letzteren die antike Kunst zu kennzeichnen. In der *Kritik der Urteilskraft* ist die Sichtweise, die Antike der Moderne entgegenzustellen, kaum merklich. Nur beiläufig schreibt Kant über die Antike zustimmend, dass »für diese [Genies] die Kunst irgendwo stillsteht, indem ihr eine Grenze gesetzt ist, über die sie nicht weitergehen kann, die vermutlich auch schon seit lange her erreicht ist und nicht mehr erweitert werden kann«.[5] In den 1790er Jahren wird jedoch die ›Querelle des Anciens et des Modernes‹ erneut von Schiller und den Gebrüdern Schlegel aufgenommen,[6] und um die ›Querelle‹-Thematik herum entwickelt sich der ästhetische Diskurs der Postkantianer. Im Aufsatz »Über das Studium der griechischen Poesie« (1795–96)[7] zum Beispiel kontrastiert Friedrich Schlegel das Nachahmungswürdige (das heißt das Exemplarische) bei den Antiken mit der Originalität beziehungsweise dem Originellen bei den Modernen wie folgt: »Nur hüte man sich zu denken, das Nachahmungswürdige in der Griechischen Poesie sei das Privilegium weniger auserwählter Genies, wie jede trefflichere Originalität bei den Modernen. [...] denn nur das *Allgemeine* ist Gesetz und Urbild für alle Zeiten und Völker. Die griechische Schönheit war ein Gemeingut des öffentlichen Geschmacks, *der Geist der*

---

4 Im § 49 wird das Genie als »die musterhafte Originalität der Naturgabe eines Subjekts *im freien Gebrauche seiner Erkenntnisvermögen*« definiert (ebd., S. 318).

5 Immanuel Kant: *Kritik der Urteilskraft* (s. Anm. 3), S. 309. Siehe hierzu ferner: »Die Muster der schönen Kunst sind daher die einzigen Leitungsmittel, diese auf die Nachkommenschaft zu bringen; welches durch bloße Beschreibung nicht geschehen könnte (vornehmlich nicht im Fache der redenden Künste), und auch in diesen können nur die in alten, toten und jetzt nur als gelehrte aufbehaltenen Sprachen *klassisch* werden« (ebd., S. 309 f. Kursivierung von T. O.).

6 Zur ›Querelle‹-Thematik in den 1790er Jahren siehe vor allem Burkhart Steinwachs: *Epochenbewusstsein und Kunsterfahrung. Studien zur geschichtsphilosophischen Ästhetik an der Wende vom 18. zum 19. Jahrhundert in Frankreich und Deutschland*. München 1986, hier S. 10.

7 Die Schrift *Die Griechen und Römer. Historische und kritische Versuche über das klassische Altertum* (1797), in welcher der Studium-Aufsatz erschien, schätzte Schelling der Nachschrift Pauls' zufolge sehr hoch. Siehe Friedrich Wilhelm Joseph Schelling: *Philosophie der Kunst* (s. Anm. 1), S. 549.

ganzen Masse«.[8] Bei Friedrich Schlegel liegt also den zwei Begriffen des Exemplarischen und der Originalität die ›Querelle‹-Thematik zugrunde,[9] die sich auch in Schellings oben zitiertem Satz im § 58 der *Philosophie der Kunst* widerspiegelt.

Hier sei kurz der Hintergrund dieser zwei Begriffe skizziert. Das Wort ›exemplarisch‹ stammt aus dem lateinischen Nomen ›exemplar‹, das wiederum, vermittelt durch die *Timaios*-Übersetzung des Calcidius (um 400),[10] auf das griechische Wort ›παράδειγμα‹ zurückgeht. Bei Platon bedeutete dieses Wort sowohl die Ideen als nachzuahmende Vorbilder als auch die einzelnen Beispiele als Erscheinungen, die die Ideen nachahmen.[11] Das ›παράδειγμα‹ steht also im Zentrum des dem Platonismus zugrunde liegenden Themas ›Einheit und Vielheit‹. In der Scholastik betrifft das Adjektiv ›exemplaris‹ das Verhältnis zwischen Gott und der Welt, wie es zum Beispiel in der *Summa Theologiae* von Thomas Aquin heißt: »Gott ist der erste exemplarische Grund (prima causa exemplaris) aller Dinge«.[12] Das Wort ›exemplarisch‹ setzt also eine philosophische Tradition seit der klassischen Antike voraus.[13] Andererseits geht das Wort

---

8   Friedrich Schlegel: »Über das Studium der griechischen Poesie«. In: *KFSA* 1, S. 217–367, hier S. 282.

9   Das Wort ›originell‹ wendet Schlegel im Studium-Aufsatz auch auf die Antiken an, denn das Originelle heißt eigentlich das Ursprüngliche, Eigentümliche und Angeborene: »Die griechische Bildung überhaupt war durchaus *originell* und national, ein in sich vollendetes Ganzes […]. Die Griechen bewahrten ihre Eigentümlichkeit rein und ihre Poesie war nicht nur im ersten Anfange, sondern auch im ganzen Fortgange beständig national« (ebd., S. 302. Kursivierung von T. O.). In der Auflage von 1823 schreibt Schlegel jedoch den ersten Satz wie folgt um, wohl um die Modernität der Idee der Originalität zu betonen und das Originelle ausschließlich den Modernen zuzuschreiben: »Die griechische Bildung überhaupt war durchaus *ursprünglich, naturgemäß* und volkstümlich; ein in sich vollendetes Ganzes […].« (ebd., S. 302. Kursivierung von T. O.).

10 [Calcidius] Timaeus: *A Calcidio translatus commentarioque instructus*. Hg. von J. H. Waszink. London 1962, S. 265.

11 Platon: »Timaeus«. In: *Platonis Opera*. Hg. von Ioannes Burnet. Bd. 4. Oxford 1902, 48E–49A, 24A.

12 Thomas von Aquin: »Summa Theologiae«. In: *S. Thomae Aquinatis Opera*. Bd. 2. *Summa Contra Gentiles – Autographi Deleta – Summa Theologiae*. Stuttgart-Bad Cannstatt 1980, Pars I, qu. 44, art. 3.

13 Zur Idee des Exemplarischen siehe vor allem Alexander Gelley: »Introduction«. In: Ders. (Hg.): *Unruly Examples. On the Rhetoric of Exemplarity*. Stanford 1995, hier S. 1–24.

›original‹ auf das aus dem Nomen ›origo‹ (Ursprung) abgeleitete Adjektiv ›originalis‹ zurück, das erst im 2. Jahrhundert nach Christus auftrat, und bedeutete demnach zuerst ›ursprünglich‹, wie es in einem Terminus technicus wie ›peccatum originale‹ erscheint. Der Begriff der Originalität im heutigen Sinne verbreitete sich erst Mitte des 18. Jahrhunderts, veranlasst durch Edward Youngs Schrift *Conjectures on Original Composition* von 1759.[14]

Die Termini ›das Exemplarische‹ und ›die Originalität‹ sind also jeweils von der klassischen Antike und von der Moderne geprägt, was auch rechtfertigt, dass Schelling ›das Exemplarische‹ und die ›Originalität‹ jeweils der antiken und der modernen Kunst zuschreibt. Ferner führt Schellings These, dass »der Ausgangspunkt«, der in der antiken Kunst »identisch (ὅμηρος), Einer, nämlich das Allgemeine selbst« gewesen sei, in der modernen Kunst »immer und notwendig ein verschiedener« sei,[15] darauf, dass die beiden Begriffe des Exemplarischen und der Originalität selbst dem Thema ›Einheit und Vielheit‹ entsprechen. Im Folgenden geht es darum, Schellings Theorie des Exemplarischen und der Originalität auf dem Hintergrund der kantischen im Hinblick auf die ihr zugrunde liegende Geschichtsauffassung zu rekonstruieren.

1   Die exemplarische Originalität bei Kant

Zur Idee der exemplarischen Originalität heißt es in der dritten *Kritik*:

> Da die Naturgabe der Kunst (als schönen Kunst) die Regel geben muss, welcherlei Art ist denn diese Regel? Sie kann in keiner Formel abgefasst

---

14   Edward Young: *Gedanken über die Original-Werke*. Aus dem Englischen von Hans Ernst von Teubern [1761]. Nachwort und Dokumentation zur Wirkungsgeschichte in Deutschland von Gerhard Sauder. Heidelberg 1977. Zur Begriffsgeschichte der Originalität siehe vor allem Logan Pearsall Smith: »Four Romantic Words«. In: *Words and Idioms. Studies in the English Language*. Oxford 1924, Elizabeth L. Mann: »The Problem of Originality in English Literary Criticism, 1750–1800«. In: *Philological Quarterly* 18 (1939), S. 97–118, Roland Mortier: *L'originalité. Une nouvelle catégorie esthétique au Siècle des Lumières*. Genève 1982, Thomas McFarland: *Originality and Imagination*. London 1985, George J. Buelow: »Originality, Genius, Plagiarism in English Criticism of the Eighteenth Century«. In: *International Review of the Aesthetics and Sociology of Music* 21 (1990), S. 117–128.

15   Friedrich Wilhelm Joseph Schelling: *Philosophie der Kunst* (s. Anm. 1), S. 186.

zur Vorschrift dienen; denn sonst würde das Urteil über das Schöne nach Begriffen bestimmbar sein: sondern die Regel muss von der Tat, d. i. vom Produkt, abstrahiert werden, an welchem andere ihr eigenes Talent prüfen mögen, um sich jenes zum Muster nicht der Nachmachung, sondern der Nachahmung dienen zu lassen. Wie dieses möglich sei, ist schwer zu erklären. Die Ideen des Künstlers erregen ähnliche Ideen seines Lehrlings, wenn ihn die Natur mit einer ähnlichen Proportion der Gemütskräfte versehen hat. Die Muster der schönen Kunst sind daher die einzigen Leitungsmittel, diese auf die Nachkommenschaft zu bringen: [...].[16]

Hier ist davon die Rede, wie sich die einzelnen Genies beziehungsweise genialen Künstler vermittels ihrer Kunstwerke zueinander verhalten. Die Kunst wird durch den genialen Künstler A zum anderen genialen Künstler B dadurch überliefert, dass das vom Künstler A geschaffene Kunstwerk α dem Künstler B zum Muster beziehungsweise Vorbild dient. Diese Überlieferung geschieht in folgender Weise:

Das Genie ist ein »Günstling[] der Natur«, und die Naturgabe dazu muss »von der Hand der Natur erteilt sein«. Diese Gabe ist nichts anderes als diejenige »Proportion der Gemütskräfte«, mit der »die Natur« den Künstler »versehen hat«,[17] nämlich ein »freie[r] Schwung[] der Gemütskräfte« als eine »Eingebung«.[18] Die genialen Künstler »schöpfen« also »aus denselben Quellen [der Natur]«.[19] Ohne eine solche Naturgabe kann man nicht zu einem genialen Künstler werden. Allerdings entfaltet sich diese Naturgabe nicht von selbst. Der geniale Künstler benötigt eine Art Einfluss durch einen anderen Künstler, um zu einem genialen Künstler zu werden. In der unmittelbar nach Veröffentlichung der dritten *Kritik* gehaltenen Vorlesung zur Anthropologie (WS 1791/92) nennt Kant als Beispiel das Verhältnis zwischen Homer und Vergil.[20]

---

16   Immanuel Kant: *Kritik der Urteilskraft* (s. Anm. 3), S. 309 f. Zu Kants Idee der exemplarischen Originalität siehe vor allem Martin Gammon: »›Exemplary Originality‹. Kant on Genius and Imitation«. In: *Journal of the History of Philosophy* 35.4 (1997), S. 563–592.
17   Ebd., S. 309.
18   Ebd., S. 312.
19   Ebd., S. 283.
20   »Virgil [sic] hat zwar den Homer nachgeahmt in der Manier, hat aber doch Originalität. Diese Originalität des Virgil wurde aber durch den Homer aufgeweckt, und ohne Homer wäre nicht Virgil gewesen« (*Die philosophischen Hauptvorlesungen Immanuel Kants*. Hg. von Arnold Kowalewski. München und Leipzig 1924, S. 166).

Dass ein Künstler A einen nachfolgenden Künstler B beeinflusst, bedeutet nicht, dass Letzterer von Ersterem eine bestimmte Regel empfängt. Denn eine solche Regel wäre für sich selbst, also abgesondert von den einzelnen Kunstwerken, in einer Formel zu formulieren, was jedoch der Regel widerspricht, die die hinreichende Bedingung für die schöne Kunst ausmacht. Die Regel als die für die schöne Kunst hinreichende Bedingung wird jeweils erneut von der Naturgabe gegeben und ist hiermit in den einzelnen Kunstwerken gleichsam verkörpert. Der Einfluss vom Künstler A auf den Künstler B erfolgt also nicht durch eine allgemeine Regel, sondern nur vermittels des vom Ersteren geschaffenen Kunstwerks α.

Durch das vom Künstler A geschaffene Kunstwerk α beeinflusst, wird der Künstler B »zum Gefühl seiner eigenen Originalität aufgeweckt«.[21] Das Kunstwerk α ist insofern exemplarisch, als es die Originalität der anderen Künstler hervorrufen kann. Die »Nachfolge« in der Kunst muss also derart verstanden werden, dass der Künstler B, der aus dem vom Künstler A geschaffenen originellen Kunstwerk α die »Zwangsfreiheit von Regeln« ersieht, sich dieser Freiheit bewusst wird und selbst die »Zwangsfreiheit von Regeln« ausübt, indem er ein originelles Kunstwerk β schafft, das den nachfolgenden Künstler C seiner eigenen Originalität bewusst werden lässt usw. Hier geht es darum, dass die Kunst dadurch »eine neue Regel bekommt, wodurch das Talent sich als musterhaft zeigt«.[22] Die Nachfolge der Kunst, die jeweils »eine neue Regel« hervorbringt, ist also durch Diskontinuität gekennzeichnet.

Beim Thema ›Einheit und Vielheit‹ stehen die Muster beziehungsweise Vorbilder für die Einheit. In Kants Genielehre ist jedoch jeder geniale Künstler durch die musterhafte beziehungsweise exemplarische Originalität gekennzeichnet, so dass sich das Exemplarische im Verhältnis zur Zahl der originellen Künstler vervielfältigt. Kants Kunsttheorie liegt also seine Einsicht zugrunde, dass die Kunstgeschichte durch die Vielheit der Muster selbst diskontinuierlich verläuft.

---

21 Immanuel Kant: *Kritik der Urteilskraft* (s. Anm. 3), S. 318.
22 Ebd., S. 318.

2 Das Exemplarische bei Schelling

In diesem Abschnitt möchte ich auf das Exemplarische bei Schelling eingehen.

Das Exemplarische ist der antiken Welt eigen, wo »das Allgemeine als Besonderes, die Gattung als Individuum« erscheint,[23] sich das Individuum also noch nicht von der Gattung trennt. Das hier gemeinte Individuum ist Homer. Exemplarisch ist Homer insofern, als er nicht nur ein Individuum, sondern auch eine Gattung ist. Das ist nichts anderes als die Struktur der Mythologie in Schellings Sinne.[24]

> *Die Mythologie kann weder das Werk des einzelnen Menschen, noch des Geschlechts oder der Gattung sein* (sofern diese nur eine Zusammensetzung der Individuen), *sondern allein des Geschlechts, sofern es selbst Individuum und einem einzelnen Menschen gleich ist.*[25]

In diesem Zusammenhang erwähnt Schelling die »Kunsttriebe der Tiere«, deren Begriff von Hermann Samuel Reimarus (1694–1768) stammt. Bei Reimarus heißt es zum Beispiel, dass einige Tiere »schon wirklich in viele besondere und vollkommene Tiere abgeteilt zu sein scheinen, die jedoch in solcher mechanischen Verbindung stehen, dass sie in so ferne zusammen nur ein einzig[es] Tier ausmachen«.[26]

Hier sei daran erinnert, dass Hegel etwa in der Zeit, als Schelling seine Vorlesungen über »Philosophie der Kunst« hielt, über das »Kunstwerk der Mythologie« Folgendes schreibt (in einem Fragment aus den Vorlesungsmanuskripten von 1803): »So ist das Kunstwerk das Werk aller; einer ist der es vollendet an den Tag bringt, indem er das letzte daran arbeitet, und er ist der Liebling der Mnemosyne.«[27] Hegel zufolge vertritt der Künstler

---

23 Friedrich Wilhelm Joseph Schelling: *Philosophie der Kunst* (s. Anm. 1), S. 186.
24 Zur neuesten Forschung über Mythologie bei Schelling siehe vor allem Christoph Binkelmann: »Die Idee der neuen Mythologie. Schellings *Älteste Systemprogramm* und seine Folgen«. In: *Schelling-Studien. Internationale Zeitschrift zur klassischen deutschen Philosophie* 7 (2019), S. 117–136.
25 Friedrich Wilhelm Joseph Schelling: *Philosophie der Kunst* (s. Anm. 1), S. 151.
26 Hermann Samuel Reimarus: *Allgemeine Betrachtungen über die Triebe der Tiere, hauptsächlich über ihre Kunsttriebe*. Hamburg 1762, S. 322.
27 Georg Wilhelm Friedrich Hegel: »Fragmente aus dem Vorlesungsmanuskripten (1803)«. In: Ders.: *Gesammelte Werke*. Bd. 5. *Schriften und Entwürfe (1799–1808)*. Hg. von Manfred Baum und Kurt Rainer Meist. Hamburg 1998, S. 363–377, hier S. 377.

den allgemeinen Volksgeist. Dem Künstler wird kein Privileg erteilt, denn er ist nur derjenige, der sich »zufällig« als »der letzte«[28] an der mehreren Generationen gemeinsamen Arbeit beteiligt und sie vollendet.

Schelling meint jedoch etwas völlig anderes als Hegel. Schelling nimmt Bezug auf die 1795 von Friedrich August Wolf (1759–1824) formulierte sogenannte homerische Frage.[29] In Schellings Worten lautet die »Wolfsche Hypothese«, dass Homer »nicht das Werk eines Einzigen, sondern mehrerer von dem gleichen Geist getriebener Menschen gewesen«.[30] Die homerische Frage betrifft also das Thema ›Einheit und Vielheit‹. Dabei legt Schelling Wolfs These wie folgt aus:

> Die Mythologie und Homer sind eins, und Homer lag in der ersten Dichtung der Mythologie schon fertig involviert, gleichsam *potentialiter* vorhanden. Da Homer, wenn ich so sagen darf, geistig – im Urbild – schon prädeterminiert, und das Gewebe seiner Dichtungen mit dem der Mythologie schon gewoben war, so ist begreiflich, wie Dichter, aus deren Gesängen Homer zusammengesetzt wäre, unabhängig voneinander jeder in das Ganze eingreifen konnten, ohne seine Harmonie aufzuheben, oder aus der ersten Identität herauszugehen. Es war wirklich ein schon – wenn gleich nicht empirisch – vorhandenes Gedicht, was sie rezitierten. Der Ursprung der Mythologie und der des Homer fallen also zusammen [...].[31]

---

28 Ebd., S. 376.
29 Siehe hierzu Jutta Osinski: »Homer-Bilder im 19. Jahrhundert«. In: Heinrich Detering (Hg.): *Autorschaft. Positionen und Revisionen. Germanistische Symposien Berichtsbände*. Stuttgart 2002, S. 201–219.
30 Friedrich Wilhelm Joseph Schelling: *Philosophie der Kunst* (s. Anm. 1), S. 152. In den *Prolegomena ad Homerum etc.* (1795) schreibt Wolf: »[...] adducar, ut Homerum non universorum quasi corporum suorum opificem esse, sed hanc artem et structuram posterioribus saeculis inditam putem. Neque enim id repente fortuito factum, verum coniuncta in hoc plurium aetatum hominumque studia reperimus« (*Prolegomena ad Homerum etc.* Halle 1795, S. 134). »[...] ich [...] behaupte, dass Homer nicht der Schöpfer der sämtlichen Bestandteile seiner Dichtung, sondern dass dieser kunstvolle Aufbau erst das Werk späterer Jahrhunderte sei. Denn nicht plötzlich und zufällig ist die Herstellung vor sich gegangen, sondern es haben sich zur Lösung dieser Aufgabe die Studien vieler Gelehrten und vieler Zeiten vereinigt« (*Prolegomena zu Homer*. Ins Deutsche übertragen von Hermann Muchau, Leipzig 1908, S. 154).
31 Friedrich Wilhelm Joseph Schelling: *Philosophie der Kunst* (s. Anm. 1), S. 152 f. Kursivierung von T. O.

Die Frage, ob die Epen Homers das Werk eines Dichters oder mehrerer Dichter seien, beantwortet Schelling nicht wie Wolf auf empirische Weise. Homer verhält sich zu den »Homeriden«[32] wie die Möglichkeit zur Wirklichkeit, und die Einheit als Möglichkeit entwickelt sich zur Vielheit als Wirklichkeit. Die Epen Homers sind nicht das, was ein wirklicher Homer schuf, sondern das, was mehrere Dichter aus der Dichtung Homers als Möglichkeit verwirklichten. Schelling behauptet zwar, dass »der Homeros« »nach dem wörtlichen Sinn der Einigende«[33] sei. Das bedeutet jedoch nicht, dass Homer die ihm vorliegenden vielfältigen Stoffe zu einem Gedicht zusammensetzte, sondern dass er das im Voraus potentialiter vereinigte, was sich später zur Vielheit entwickelt. »So lässt es sich auch [...] hinlänglich evident machen, dass der homerische Mythos, und insofern Homer selbst, in der griechischen Poesie absolut das Erste und der Anfang ist. [...] Die Synthesis ist das Erste.«[34] Homer ist nicht »der letzte«, wie bei Hegel, sondern der Erste, der am Anfang ist. Daher sei Homer für exemplarisch zu halten.

---

32   Ebd., S. 587 zu S. 152, Z. 38.
33   Hier spiegelt sich die damalige Diskussion über die Etymologie des Namens Homer wider. In Zedlers *Universal-Lexikon* heißt es: »Homerus (welches bei denen Cumanern einen Blinden bedeutet)« (Bd. 13, Sp. 735). Schelling nimmt jedoch wohl Bezug auf Karl David Ilgens (1763–1834) Vorrede zu *Hymni Homerici etc.* (1796), worauf die erklärende Anmerkung der Akademie-Ausgabe von Schelling hinweist (s. Anm. 1, S. 601 zu S. 186, Z. 17). »[...] *Homeri* nomen«, so Ilgen, »si recte video, derivandum est ex ὅμου [sic] et ἄρω«, und bezeichnet »certam poetarum classem« (Karl David Ilgen, *Hymni Homerici etc.* Halle 1796, S. X). Schon 1744 äußert sich Giambattista Vico in der *Scienza Nuova* (3. Aufl.) zwar nicht identisch, aber ähnlich: »siccome ὅμηρος vogliono pur'essersi detto da ὁμοῦ, *simul* et ἔιρειν, connectere, ...; la qual'origine è ... agiata, e propria, per significare l'*Omero nostro*, che fu *legatore*, ovvero *componitore di Favole*« (Gianbattista Vico: *La scienza nuova 1744*. A cura di Paolo Cristofolini e Manuela Sanna. Rom 2013, S. 270 [§ 852]). Zur homerischen Frage bei Schlegel siehe Denis Thouard: »Der unmögliche Abschluss. Schlegel, Wolf und die Kunst der Diaskeuasten«, und Thomas Schirren: »Homer ist zugleich Person, Kollektivum, Periode und Styl einer Schule«. Zur dichtungstheoretischen Bedeutung des frühgriechischen Epos in den Fragmenten zur *Geschichte der Poesie der Griechen und Römer*«. In: Christian Benne und Ulrich Breuer (Hg.): *Antike – Philologie – Romantik. Friedrich Schlegels altertumswissenschaftliche Manuskripte.* Paderborn 2011, S. 41–61 und 167–206.
34   Friedrich Wilhelm Joseph Schelling: *Philosophie der Kunst* (s. Anm. 1), S. 148.

Schellings Gedanken über das Verhältnis zwischen dem einen Homer und den vielen Homeriden liegt seine spinozistische Grundhaltung gegenüber dem Verhältnis zwischen der Möglichkeit und der Wirklichkeit zugrunde. Schelling formuliert: »alle Möglichkeiten sind Wirklichkeiten in Gott«, was »unmittelbar aus der Idee Gottes« folgt.[35] Dieses ist jedoch nicht der Fall in den einzelnen endlichen Dingen: »Vermöge der Beschränktheit des letzteren ist es [sc. ein Ding] nicht alles und in der Tat auf einmal, was es seinem Wesen oder seinem Allgemeinen nach sein könnte.« Während in Gott oder im Absoluten »alles, was es sein kann, auch wirklich und auf einmal ohne Dazwischentreten der Zeit« ist, sind in den endlichen Dingen die Möglichkeiten nicht »auf einmal«, sondern werden nur nacheinander verwirklicht.[36] Angewandt auf das Verhältnis zwischen dem einen Homer und den vielen Homeriden heißt das, dass, was in Homer potentialiter vereinigt ist, nur durch die nachfolgenden Homeriden in einem zeitlichen Prozess verwirklicht wird.

Hier ist zu beachten, dass Schellings Sicht von Homer eng mit seiner philosophischen Naturauffassung verbunden ist. In den *Vorlesungen über die Methode des akademischen Studiums* (1803) heißt es: »Die Erde ist ein Buch, das aus Bruchstücken und Rhapsodien sehr verschiedener Zeiten zusammengesetzt ist. [...] In der Geologie wird der Wolf noch erwartet, der die Erde ebenso wie den Homer zerlegt und ihre Zusammensetzung zeigt.«[37] Schelling zielt hier darauf ab, in den existierenden Naturwesen einen historischen Zusammenhang aufzuspüren. In denselben Vorlesungen wird die Aufgabe des Anatomen wie folgt beschrieben:

---

35 Ebd., S. 120. Siehe ferner: »keine Möglichkeit ist im Universum unerfüllt, alles Mögliche ist wirklich« (ebd., S. 155).

36 Ebd., S. 121. Hier lässt sich ein Einfluss von Herder vermuten. 1787, also in jenem Jahr, da er sich intensiv mit Spinoza auseinandersetzt, schreibt er: »Alles, was sein kann, ist: alles, was werden kann, wird« (Johann Gottfried Herder: Werke in zehn Bänden. Hg. von Günter Arnold u. a., Frankfurt a. M. 1985–2000, Bd. 6. *Ideen zur Philosophie der Geschichte der Menschheit*, S. 510). »Weil alles in der Welt daist, was sein kann: so muss auch das Entgegengesetzte dasein und ein Gesetz der höchsten Weisheit muss eben aus diesem Entgegengesetzten, aus dem Nord- und Südpol allenthalben ein System bilden« (Johann Gottfried Herder: »Gott. Einige Gespräche«. In: ebd., Bd. 4, S. 679–794, hier S. 783).

37 Friedrich Wilhelm Joseph Schelling: »Vorlesungen über die Methode des akademischen Studiums«. In: Ders.: *Sämtliche Werke*. Hg. von Karl Friedrich August Schelling. Stuttgart/Augsburg 1856–61, Bd. 5, S. 207–352, hier S. 247.

»Beständig sei in ihm [sc. dem Anatomen] die Idee von der Einheit und inneren Verwandtschaft aller Organisationen, der Abstammung von Einem Urbild, dessen Objektives [sc. die einzelnen Formen, die das Urbild ausdrücken] allein veränderlich, das Subjektive aber unveränderlich ist.« Der Anatom muss sich laut Schelling an dem »Urbild« beziehungsweise dem »Prototyp« der Organisationen orientieren, um die »Genesis der Formen« zu klären, das heißt, deren Mannigfaltigkeit herzuleiten und einzustellen.[38] In der *Philosophie der Kunst* wird die Methode des Anatomen auf die Dichtung Homers angewandt, wodurch Schellings Theorie über das Exemplarische charakterisiert ist.

3 Die Originalität bei Schelling

Das »Exemplarische« kennzeichnet, wie im letzten Abschnitt gezeigt wurde, die Kunst der antiken Welt, wo »das Allgemeine als Besonderes, die Gattung als Individuum« erscheint.[39] In der modernen Welt »reißt« sich jedoch »der Mensch von der Natur los[]«, das heißt, das Individuum unterscheidet sich von der Gattung und die Endlichkeit von der Unendlichkeit, so dass »alles Endliche in ihr [sc. der modernen Welt] vergänglich ist, und das Absolute in unendlicher Ferne liegt«.[40] Das »herrschende Gesetz« der modernen Welt ist also »Wechsel und Wandel«,[41] und »ihr [der Geschichte] Nacheinander«[42] betrifft die moderne Welt. Daraus folgt, dass »der Ausgangspunkt«, der in der antiken Kunst »identisch (ὅμηρος), Einer, nämlich das Allgemeine selbst«, war, in der modernen Kunst »immer und notwendig ein verschiedener« ist, »weil er im Besonderen liegt«. Hier ist anzumerken, dass das von der Gattung zu trennende Individuum beziehungsweise die vergängliche Endlichkeit zwar eine notwendige, jedoch keine hinreichende Bedingung für Originalität konstituiert: »Der Unterschied der Originalität von der Besonderheit besteht darin, dass jene vom Besonderen sich zum Allgemeinen,

---

38 Ebd., S. 343.
39 Friedrich Wilhelm Joseph Schelling: *Philosophie der Kunst* (s. Anm. 1), S. 186.
40 Ebd., S. 173.
41 Ebd., S. 177.
42 Ebd., S. 181.

Universellen bildet«.⁴³ Schellings Behauptung, dass der Originalität eine Art Allgemeinheit zukommt, stimmt, formell gesehen, mit Kants Versuch überein, die Originalität mit der Musterhaftigkeit in Verbindung zu bringen und hiermit »originalen Unsinn« aus der schönen Kunst auszuschließen.⁴⁴ Jedoch lässt sich Schellings These, die Originalität bilde sich vom Besonderen zum Allgemeinen, nicht auf Kants These zurückführen. Schellings Argumentation gliedert sich in zwei Dimensionen.

Die erste betrifft die einzelnen Künstler:

> [...] jeder große Dichter [in der modernen Welt ist] berufen, von dieser noch im Werden begriffenen [...] Welt, von der ihm seine Zeit nur einen Teil offenbaren kann, von dieser Welt [...] diesen ihm offenbaren Teil zu einem Ganzen zu bilden und aus dem Stoff derselben sich seine Mythologie zu schaffen.⁴⁵

Aus den endlichen und vergänglichen Erscheinungen ein selbständiges, ewiges und geschlossenes Ganzes (das heißt ein Mythologisches) zu bilden, ist die Aufgabe des modernen Künstlers. Über Dantes *Göttliche Komödie*, die Schelling als »vorbildlich ... für die ganze moderne Poesie« betrachtet,⁴⁶ heißt es: »Die historischen Personen, welche Dante aufgenommen hat, werden in aller Zeit für mythologische gelten, wie Ugolino«.⁴⁷ Auch wenn »das Andenken der hierarchischen Verfassung«, woraus Dante seinen Stoff schöpfte, »je zugrunde geh[t]«, kann man es »aus dem Bild, das

---

43   Ebd., S. 186. Zu Schellings Idee der Originalität als Erkennungszeichen der Moderne siehe vor allem Arne Zerbst: *Schelling und die bildende Kunst*. München 2011, hier S. 119–120.
44   Wie der Herausgeber der *Sämtlichen Werke* anmerkt, schreibt auch Hegel in derselben Zeit im Aufsatz »Über das Wesen der philosophischen Kritik überhaupt usw.« (1802), dass »das Originelle des Genies« »von der *Besonderheit*, die sich für *Originalität* hält und ausgibt«, verschieden ist (Georg Wilhelm Friedrich Hegel: »Über das Wesen der philosophischen Kritik überhaupt usw.« In: Ders.: *Gesammelte Werke*. Bd. 4. *Jenaer kritischen Schriften*. Hg. von Hartmut Buchner und Otto Pöggeler. Hamburg 1968, S. 117–128, hier S. 121).
45   Friedrich Wilhelm Joseph Schelling: *Philosophie der Kunst* (s. Anm. 1), S. 177 f.
46   Friedrich Wilhelm Joseph Schelling: »Über Dante in philosophischer Beziehung«. In: Ders.: *Sämtliche Werke*. Hg. von Karl Friedrich August Schelling. Stuttgart/Augsburg 1856–1861, Bd. 5, S. 152–163, hier S. 163.
47   Friedrich Wilhelm Joseph Schelling: *Philosophie der Kunst* (s. Anm. 1), S. 178.

sein [sc. Dantes] Gedicht davon entwirft, wiederherstellen« wegen seines mythologischen Charakters. Laut Schelling verkörpern in der modernen Welt noch Shakespeares »Falstaff[,] Lear[] und Macbeth« und »*Goethes Faust* aus dem Fragment« von 1790[48] eine solche Originalität.

Zweitens gilt Schellings Behauptung nach der Mikroebene auch auf der Makroebene. Die moderne Welt ist, wie schon gezeigt wurde, durch »Wechsel und Wandel«[49] oder »ihr [der Geschichte] Nacheinander«[50] charakterisiert. Wenn aber in der antiken Welt die Einheit, welche die Vielheit potentialiter enthält, nacheinander sich verwirklicht, strebt die moderne Welt umgekehrt – so lässt sich schließen – nach dem »Punkt der Geschichte, wo sich ihr Nacheinander in ein Zumal verwandeln wird«.[51] Nicht nur die einzelnen Künstler, sondern auch die moderne Welt selbst zielen also darauf ab, aus den endlichen und vergänglichen Erscheinungen ein selbständiges, ewiges und geschlossenes Ganzes zu bilden.

> [D]ie moderne Welt muss mit einem *Homeros* endigen, wie die alte mit ihm anfängt. Das wahre Epos wird den Schluss der modernen Welt machen, ein ungeheures Gedicht, auf welches der Weltgeist sinnt.[52]

Das Nacheinander der Geschichte, also die in der Geschichte entfaltete Vielheit, wird durch den letzten Homer, der »das große Gedicht«[53] vollendet, zur Einheit vereinigt, wie es heißt: »Das Letzte der reine Homeros«.[54] Auf Makroebene konstituiert hiermit Schellings Theorie der Originalität das Thema vom Ende der Geschichte.[55]

48　Ebd., S. 178.
49　Ebd., S. 177.
50　Ebd., S. 181.
51　Ebd., S. 181.
52　Ebd., S. 600 zu S. 181, Z. 13.
53　Ebd., S. 177.
54　Ebd., S. 181.
55　Zum Problem eines epischen Abschlusses in Schellings Philosophie siehe vor allem Daniel Unger: »Schellings Philosophie der Kunst in ihrer Entwicklung«. In: *Schelling-Studien. Internationale Zeitschrift zur klassischen deutschen Philosophie* 7 (2019), S. 136–153, hier S. 151 f.

Wie aber sind Mikro- und Makroebene miteinander verknüpft? Auf diese Frage antwortet Schelling nicht explizit, was wohl damit zusammenhängt, dass er den Punkt des Endes der Geschichte in »unbestimmbar weit entfernt[er]«[56] Zukunft ansetzt, so dass sich hiermit die zwei Ebenen nicht überschneiden. Im Folgenden möchte ich mich in Anlehnung an Schelling, aber zugleich über das hinaus, was Schelling explizit äußert, mit dieser Frage auseinandersetzen.

Original ist ein Kunstwerk nicht für sich selbst. Nur im Verhältnis zu den vorangehenden Kunstwerken und zum von ihnen verwobenen historischen Kontext kann ein Kunstwerk als original beurteilt werden. Ein originales Kunstwerk lässt sich einerseits nicht gänzlich aus dem bestehenden Kontext herleiten; die Nachfolge der Kunst ist, worauf Kant hinweist, diskontinuierlich. Andererseits verändert ein originales Werk den bestehenden Kontext drastisch und bringt hiermit einen neuen Kontext hervor. Der historische Kontext ist also nicht fixiert, sondern wird jedes Mal, wenn ein neues, originales Werk auftritt, erneut umgestaltet.[57]

Ein einzelnes Kunstwerk ist also nicht für sich selbst als eine endliche und vergängliche Erscheinung, sondern als das, was mit anderen Kunstwerken zusammen einen historischen Kontext herstellt, zu betrachten. Hier handelt es sich jedoch meines Erachtens darum, »[ein] Nacheinander in ein Zumal [zu] verwandeln«.[58] Und so gesehen, trifft die »Verwandlung des Nacheinander ... in ein Zumal«[59] nicht nur in weit entfernter Zukunft als ein Ende der Geschichte ein, wie Schelling meint, sondern jedes Mal, wenn ein historischer Kontext durch einen genialen Künstler neu umgestaltet wird. Die Mikro- und die Makroebene überschneiden sich nämlich jedes Mal mit dem Auftritt eines neuen, originalen Kunstwerkes, und Homer tritt nicht als Letzter am Ende der Geschichte, sondern durch die Umgestaltung eines historischen Kontexts jedes Mal erneut hervor. Von der Überschneidung der zwei Ebenen ist in Schellings *Philosophie der Kunst* zwar nicht direkt die Rede, der 6. Hauptabschnitt

---

56 Friedrich Wilhelm Joseph Schelling: *Philosophie der Kunst* (s. Anm. 1), S. 181.
57 Siehe hierzu Tanehisa Otabe: »Die Originalität und ihr Ursprung. Begriffsgeschichtliche Untersuchung zur modernen Ästhetik«. In: Lothar Knatz und ders. (Hg.): *Ästhetische Subjektivität. Romantik und Moderne*. Würzburg 2005, S. 32–52.
58 Friedrich Wilhelm Joseph Schelling: *Philosophie der Kunst* (s. Anm. 1), S. 181.
59 Ebd., S. 186.

»Philosophie der Kunst« im *System des transzendentalen Idealismus* aus dem Jahr 1800 deutet jedoch darauf hin, dass sich diese zwei Ebenen überschneiden können: »[...] so gibt es eigentlich auch nur Ein absolutes Kunstwerk, welches zwar in ganz verschiedenen Exemplaren existieren kann, aber doch nur Eines ist, wenn es gleich in der ursprünglichen Gestalt noch nicht existieren sollte«.[60]

---

60 Friedrich Wilhelm Joseph Schelling: *Historisch-kritische Ausgabe, Werke.* Bd. 9. *System des transzendentalen Idealismus.* Hg. von Harald Korten und Paul Ziche. Stuttgart-Bad Cannstatt 2005, S. 327.

»Anfang aller Erkenntniß«. Theorie und Praxis der Polemik im Kreis der Frühromantiker

Alexander Knopf

Im ersten Heft der Zeitschrift *Europa* schreibt Friedrich Schlegel von dem großen Erfolg, mit dem die Polemik in der deutschen Literatur bearbeitet worden sei. Für Schlegel gehören die Fortschritte auf dem Gebiet der Polemik mit zu den vom Idealismus ausgelösten »Veränderungen und Revolutionen«, die sich jetzt, abgesehen von der Philosophie, »auch in allen andern Theilen des menschlichen Denkens und Bildens« zeigen würden.[1] Er unterscheidet eine ›poetische‹ von einer ›dialektischen‹ Polemik – zur ersteren zählt er Tiecks *Zerbino*,[2] August Wilhelms *Ehrenpforte*[3] und Fichtes *Das Leben Nicolai's*,[4] zur letzteren Schleiermachers *Briefe über die Lucinde*[5] –, bemerkt schließlich aber, dass es an einer »philosophischen Theorie« der Polemik noch fehle. Allenfalls Ansätze zu einer solchen fänden sich, etwa in »Fichte's *Sonnenklaren Bericht*, einer vortrefflichen polemischen Schrift«.[6]

---

* Dieser Aufsatz ist Teil eines Projekts, das im Rahmen des Horizon 2020-Programms für Forschung und Innovation unter der Marie Sklodowska-Curie-Fördervereinbarung Nr. H2020-MSCA-IF-2017-787798 von der Europäischen Union gefördert wurde.
1 Friedrich Schlegel: »Literatur«. In: *KFSA* 3, S. 3–16, hier S. 5 f.
2 Ludwig Tieck: »Prinz Zerbino, oder die Reise nach dem guten Geschmack, gewissermassen eine Fortsetzung des gestiefelten Katers. Ein Spiel in sechs Aufzügen«. In: Ders.: *Romantische Dichtungen. Erster Theil.* Jena 1799.
3 [August Wilhelm Schlegel]: *Ehrenpforte und Triumphbogen für den Theater-Präsidenten von Kotzebue bey seiner gehofften Rückkehr ins Vaterland.* [Berlin: 1800].
4 Johann Gottlieb Fichte: *Friedrich Nicolai's Leben und sonderbare Meinungen. Ein Beitrag zur LitterarGeschichte des vergangenen und zur Pädagogik des angehenden Jahrhunderts.* Hg. von August Wilhelm Schlegel. Tübingen 1801.
5 [Friedrich D. E. Schleiermacher]: *Vertraute Briefe über Friedrich Schlegels Lucinde.* Lübeck/Leipzig 1800.
6 Friedrich Schlegel: *Literatur* (s. Anm. 1), S. 11. Johann Gottlieb Fichte: *Sonnenklarer Bericht an das größere Publikum über das eigentliche Wesen der neuesten Philosophie. Ein Versuch, die Leser zum Verstehen zu zwingen.* Berlin 1801.

Diesen nüchternen, distanzierten Bemerkungen, 1802/03 in Paris verfasst, lässt sich kaum entnehmen, dass die dem Kreis der Frühromantiker angehörenden oder ihm nahestehenden Autoren – neben Schlegel selbst und den Namen, die er nennt, wären mindestens noch Bernhardi und Schelling anzuführen – sich beinahe seit ihrem ersten Auftreten in der literarischen Öffentlichkeit im permanenten Kriegszustand befanden. Innerhalb kürzester Zeit sahen sich die Frühromantiker in eine Vielzahl von teils ihnen aufgedrungenen, teils durch eigenes Verschulden herbeigeführte Fehden verwickelt. Die Forschung hat diese Streitigkeiten minutiös dokumentiert,[7] sie hat die medialen, soziologischen und ökonomischen Bedingungen nachgezeichnet, unter denen sich die literarische Streitkultur um 1800 herausbildete.[8] Weitaus seltener hat sie dem theoretischen Kern der frühromantischen Praxis der Polemik Aufmerksamkeit geschenkt.[9]

---

7 Vgl. u. a. Walter Jaeschke (Hg.): *Der Streit um die Grundlagen der Ästhetik (1795–1805)*. Hamburg 1999, ders. (Hg.): *Der Streit um die Gestalt einer Ersten Philosophie (1799–1807)*. Hamburg 1999, ders. (Hg.): *Der Streit um die Göttlichen Dinge (1799–1812)*. Hamburg 1999, Rainer Schmitz (Hg.): *Die ästhetische Prügeley. Streitschriften der antiromantischen Bewegung*. Göttingen 1992, Hans-Dietrich Dahnke und Bernd Leistner (Hg.): *Debatten und Kontroversen. Literarische Auseinandersetzungen in Deutschland am Ende des 18. Jahrhunderts*. Berlin/Weimar 1989.
8 Vgl. u. a. Kai Bremer und Carlos Spoerhase (Hg.): *»Theologisch-polemisch-poetische Sachen«. Gelehrte Polemik im 18. Jahrhundert*. Frankfurt a. M. 2015, Thomas Habel: *Gelehrte Journale und Zeitungen der Aufklärung. Zur Entstehung, Entwicklung und Erschließung deutschsprachiger Rezensionszeitschriften des 18. Jahrhunderts*. Bremen 2007, Stefan Matuschek (Hg.): *Organisation der Kritik. Die Allgemeine Literatur-Zeitung in Jena 1785–1803*. Heidelberg 2004, Astrid Urban: *Kunst der Kritik. Die Gattungsgeschichte der Rezension von der Spätaufklärung bis zur Romantik*. Heidelberg 2004, Sylvia Kall: *»Wir leben jetzt recht in Zeiten der Fehde«. Zeitschriften am Ende des 18. Jahrhunderts als Medien und Kristallisationspunkte literarischer Auseinandersetzung*. Frankfurt a. M. 2004, Hans-Wolf Jäger (Hg.): *»Öffentlichkeit« im 18. Jahrhundert*. Göttingen 1997, Günter Oesterle: »Das ›Unmanierliche‹ der Streitschrift. Zum Verhältnis von Polemik und Kritik in Aufklärung und Romantik«. In: Albrecht Schöne (Hg.): *Formen und Formgeschichte des Streitens. Der Literaturstreit*. Tübingen 1986, S. 107–120, Christa Bürger, Peter Bürger und Jochen Schulte-Sasse (Hg.): *Aufklärung und literarische Öffentlichkeit*. Frankfurt a. M. 1980.
9 Vgl. María Verónica Galfione: »Die Philosophie der Polemik«. In: *Serapion* 1 (2020), S. 67–88, Dirk Rose: »›Polemische Totalität‹. Philosophische und ästhetische Begründungen der Polemik bei Friedrich Schlegel«. In: Ulrich Breuer und Ana-Stanca Tabarasi-Hoffmann (Hg.): *Der Begriff der Kritik in der Romantik*. Paderborn 2015,

Dass die Polemik ein Moment der Lust am Streit aufweist, wurde von Günter Oesterle bemerkt.[10] Ein solcher Affekt dürfte bei Fichte und Friedrich Schlegel, aber auch bei August Wilhelm Schlegel und Schelling der entscheidende Impetus für ihre literarischen und philosophischen Kriegszüge gewesen sein. Dennoch genügt, wie Carlos Spoerhase im Hinblick auf Fichte bemerkte, der Rekurs auf die »charakterliche Disposition« zum Streit nicht, um sich einem angemessenen Verständnis seiner Konzeption von Polemik zu nähern.[11] Das gilt mutatis mutandis auch für die andern Frühromantiker. Die Psychologisierung der Polemik läuft Gefahr, deren theoretische Reflexion als Vorwand zu begreifen oder sie ganz auszublenden.[12]

Auf gleiche Weise dürfte der Versuch, die Polemik als Teil einer frühromantischen ›Werkpolitik‹ zu erklären, die Problematik vereinseitigen. Nicht zu bestreiten ist, dass die frühromantische Publikationspraxis literaturstrategischen Erwägungen folgt. Berühmt und berüchtigt sind die Äußerungen Friedrich Schlegels, mit dem *Athenaeum* »allen andern *schlechten* aber geltenden krit[ischen] Journalen offen Krieg« anzukündigen und sich, auf mittlere Frist, als »kritische Dictatoren Deutschl[ands]« einen Namen zu machen.[13] Schwieriger wird es schon, Schlegels zahlreiche und nie zur Veröffentlichung gedachte Notizen zur Theorie der Polemik ›werkpolitisch‹ zu deuten. Vom werkpolitischen Standpunkt aus erscheint die Theorie der Polemik als nachträgliche

---

S. 129–150, Carlos Spoerhase: »Prosodien des Wissens. Über den gelehrten ›Ton‹, 1794–1797 (Kant, Sulzer, Fichte)«. In: Lutz Danneberg, Carlos Spoerhase und Dirk Werle (Hg.): *Begriffe, Metaphern und Imaginationen in Philosophie und Wissenschaftsgeschichte*. Wiesbaden 2009, S. 39–80, ders.: »›Harte Kriege‹. Johann Gottlieb Fichtes ›Theorie‹ der Polemik«. In: *Dialektik* 2 (2005), S. 71–92.

10   Vgl. Günter Oesterle: *Das ›Unmanierliche‹ der Streitschrift* (s. Anm. 8), S. 108.
11   Carlos Spoerhase: ›Harte Kriege‹ (s. Anm. 9), S. 72.
12   Schlegel etwa grenzt sich von Jacobi gerade dadurch ab, dass er – anders als dieser – sein polemisches Naturell einer intentionalen Kontrolle unterworfen zu haben meint: »Er ist ein lehrreich warnendes Beispiel wohin Mangel an κ [Kritik] und unvollkommne Synthese führt. Eine polemische Beurtheilung thut ihm kein Unrecht, weil er selbst ABSOLUT polemisch ist. Seine Polem[ik] ist Natur, *meine* Kunst und Freyheit« (»Philosophische Fragmente. Erste Epoche. II«. In: *KFSA* 18, S. 17–119, hier S. 55).
13   Friedrich Schlegel: Brief an August Wilhelm Schlegel, 31. Oktober 1797 in: *KFSA* 24, S. 29–35, hier S. 32.

Nobilitierung einer als fragwürdig angesehenen Praxis. Daher bemisst sich ihr Wert auch nur nach den Distinktionsgewinnen bei der Positionierung in der Öffentlichkeit. In welche Schieflage man jedoch geraten kann, wenn die Theorie dem »literarische[n] Feld« als »Ort strategischen Agierens« restlos eingeordnet wird, zeigt folgendes Urteil: Die Romantik zeichne sich aus

> durch die Etablierung von Negativität und die entsprechenden Verhaltensformen (»impertinente Anmaßung«), durch die Individualisierung, Intimisierung und damit auch Enigmatisierung der literarischen Produktion und Rezeption (»hochtrabender Unsinn«) und durch die Autonomisierung sowie die entsprechende Reflexionsförmigkeit einer sich selbst anregenden, in sich verkapselten Kommunikation (»gänzliche Nutzlosigkeit«).[14]

Über die theoretischen Voraussetzungen dieser Kommunikation, deren Diskussion gänzlich ausgespart bleibt, ist hier bereits im Voraus entschieden: »quecksilbrige«, »die Bedingungen im Literaturbetrieb« widerspiegelnde »Theorieagilität«.[15]

Bedenkt man die »historisch gewachsene Vielschichtigkeit, ja Schwammigkeit« des Begriffs,[16] ist Schlegels Forderung nach einer Theorie der Polemik alles andere als selbstverständlich. Dass etwa im Falle Fichtes von einer ›Theorie‹ nur mit Vorbehalt zu sprechen ist, deuten die einfachen Anführungszeichen an, in die Spoerhase den seinem Aufsatz den Titel gebenden Begriff setzt.[17] Die Beantwortung der Frage, ob und inwieweit die Polemik überhaupt theoriefähig ist, hängt

---

14 Steffen Martus: *Werkpolitik. Zur Literaturgeschichte kritischer Kommunikation vom 17. bis ins 20. Jahrhundert*. Berlin u. a. 2007, S. 377 f. Die Zitate innerhalb des Zitats stammen aus Kotzebues antiromantischer Streitschrift *Der hyperboreeische Esel*. Nach Meinung des Autors trifft Kotzebue in seiner Aufzählung der Charakteristika der Romantik »die Lage – ungewollt – sehr genau« (ebd., S. 378). Aber gerade im Vergleich mit dem theoriefernen, lediglich rhetorischen Polemikverständnis Kotzebues treten die Unterschiede zur frühromantischen Konzeption der Polemik als Einheit von Theorie und Praxis besonders deutlich hervor. Auf diesen Punkt hat mich ein anonymer Gutachter aufmerksam gemacht, dem hiermit gedankt sei.
15 Ebd., S. 385.
16 Hermann Stauffer: »Polemik«. In: Gert Ueding (Hg.): *Historisches Wörterbuch der Rhetorik*. Bd. 6. Berlin u. a. 2003, Sp. 1403–1415, hier Sp. 1403.
17 Vgl. Carlos Spoerhase: ›Harte Kriege‹ (s. Anm. 9).

maßgeblich davon ab, was man unter ›Polemik‹ und ›Theorie‹ versteht. In Schlegels Aufzeichnungen finden sich die verschiedensten Theorien erwähnt – eine Theorie der Weiblichkeit, eine Theorie des Betens, eine Theorie der ewigen Unterschiede, eine Theorie der Praxis –, ohne dass immer klar würde, was der Autor sich darunter vorstellt. Oft gehen diese Überlegungen über deren bloße Nennung nicht hinaus; sie scheinen dann eher das Produkt einer Art Theoriefuror zu sein. Auf der anderen Seite zeugt Schlegels Werk von einer kontinuierlichen gedanklichen Auseinandersetzung mit dem Problem der Polemik, die kaum einen Zweifel an seiner Überzeugung von ihrer theoretischen Erfassbarkeit lässt. Wenn Schlegel mit der Notwendigkeit einer Theorie der Polemik zugleich ihre Möglichkeit behauptet, dann sind die Voraussetzungen einer solchen Theoriebildung zu klären. Es ergeben sich also folgende Fragen: (1) Was heißt ›Theorie‹ um 1800? (2) Wie lässt sich die frühromantische Theorie der Polemik beschreiben?[18] (3) Wie ist das Verhältnis von Theorie und Praxis der Polemik in der Frühromantik zu bestimmen? Dies sind die Probleme, mit denen sich der folgende Text beschäftigen wird.[19]

1 Zum Begriff der ›Theorie‹

In welchem Maße sich Theorien der Polemik konzeptionell voneinander unterscheiden können, zeigt der Vergleich zweier Theorieansätze, die von Karl Jaspers und Jürgen Stenzel formuliert wurden. Jaspers sieht im »polemischen Charakter« des Denkens ein Strukturgesetz der Erkenntnis.[20] Der Gang des Denkens stelle den Denkenden unablässig vor Alternativen und damit in eine Situation, die immer wieder eine

---

18 Die nur von Friedrich Schlegel ausgearbeitete Theorie der Polemik wird hier *pars pro toto* als ›frühromantisch‹ verstanden, da sie – wie der dritte Teil zeigt – allen Frühromantikern ein mehr oder weniger verbindliches Modell für ihre literarischen Streitsachen liefert.

19 Ein Großteil der gedruckten Quellen, auf denen die Untersuchung beruht, wurde von mir in der Wren Library des Trinity Colleges, Cambridge, eingesehen. Ich danke Roger Paulin für die Einladung nach Cambridge. Nicht weniger dankbar bin ich Nicolas Bell und Sandy Paul für die freundliche Aufnahme in der Wren Library.

20 Karl Jaspers: *Von der Wahrheit*. München 1947, S. 319.

»Entscheidung gegen etwas erfordert, um das Wahre positiv zu ergreifen«.[21] Stenzel dagegen versteht unter Polemik primär »Rede«, weshalb sie »in den Kompetenz- und Analysebereich der Rhetorik« falle. Polemik sei, so Stenzel, »jene Rede, in welcher unsachlicher Stil dominiert«, in der sich aber ein »argumentierende[r] Grundgestus« erhalte.[22] Für sie sei eine spezifische Situation – eben die polemische – charakteristisch und sie bediene sich bestimmter Mittel zur Erreichung ihres Zwecks.

Für eine Theorie der Polemik kann demnach diese selbst theoretisch oder praktisch gefasst werden. Jaspers behandelt ›das Polemische‹ als epistemologisches Prinzip. Seine Theorie der Polemik besagt, dass es einen strukturellen Zusammenhang gibt, der in sich antagonistisch organisiert ist. Damit stellt sich Jaspers in eine weit zurückreichende philosophische Tradition, die nach der Bedeutung des griechischen Wortes *pólemos* (Krieg, Kampf) das Attribut ›polemisch‹ auf antagonistische Konstellationen aller Art übertrug. Polemischen Charakter hat dann nicht nur eine mit Waffen oder Worten geführte Auseinandersetzung, sondern ganz allgemein jeder »Widerstreit der Kräfte, der sowohl in der geistigen als in der Körperwelt stattfinden kann«.[23] Diese Auffassung geht noch über Jaspers hinaus. In ihr bleibt das Polemische nicht nur für den Bereich des Denkens reserviert, sondern wird zum kosmischen Prinzip erhoben. Auf dem »Gesetz der *Wirkung* und *Gegenwirkung* (*lex antagonismi*)« beruhe »das ganze Weltsystem«.[24] Dagegen zielt Stenzels Theorie auf die pragmatische Dimension der Polemik. Sie ist ein besonderer Modus der Rede im Streitgespräch. Dieser Streit wird als gegeben vorausgesetzt. Die

---

21 Ebd., S. 315.
22 Jürgen Stenzel: »Rhetorischer Manichäismus. Vorschläge zu einer Theorie der Polemik«. In: Albrecht Schöne (Hg.): *Formen und Formgeschichte des Streitens* (s. Anm. 8), S. 3–11, hier S. 4 f.
23 Wilhelm Traugott Krug: *Handwörterbuch der philosophischen Wissenschaften, nebst ihrer Literatur und Geschichte*. Bd. 1. Leipzig 1827, S. 142.
24 Ebd., S. 142 f. Diese Tradition reicht mindestens bis zum Vorsokratiker Heraklit zurück. Vgl. Hermann Diels und Walther Kranz: *Die Fragmente der Vorsokratiker*. O. O. 1974, S. 162, Fr. 53: »Πόλεμος πάντων μὲν πατήρ ἐστι, πάντων δὲ βασιλεύς [...]. – Krieg ist aller Dinge Vater, aller Dinge König«. Dazu Wolfgang Schadewaldt: *Die Anfänge der Philosophie bei den Griechen. Die Vorsokratiker und ihre Voraussetzungen. Tübinger Vorlesungen*. Bd. 1. Frankfurt a. M. 1978, S. 389, Wolfgang H. Pleger: *Der Logos der Dinge. Eine Studie zu Heraklit*. Frankfurt a. M. u. a. 1987, S. 43.

Polemik ist bereits Vollzug des Streits. Die Theorie erfasst hier vor allem die anzuwendenden Mittel, die in der polemischen Situation zum Erfolg der Redeabsicht führen.

Jaspers und Stenzel weichen sowohl in dem, was sie unter ›Polemik‹, als auch in dem, was sie unter ›Theorie‹ verstehen, voneinander ab. Zwischen beiden Begriffen besteht offensichtlich eine wechselseitige Abhängigkeit, die dazu führt, dass die Weise des theoretischen Zugriffs über das Phänomen entscheidet, das theoretisch erfasst werden soll, und umgekehrt. Es kommt auf die Richtung des Denkens an, ob die Theorie mit einer Begriffsverengung einhergeht, oder ob die Abstraktion von einzelnen Aspekten des Begriffs diesen überhaupt erst theoriefähig macht. Das gilt generell von jeder Theorie, nur kommt es – in Erinnerung an Kafka – darauf an, die Grube zu erkennen, mit der man siegreich die Welt eingedrückt hat, um nicht in sie hineinzufallen.

Bei Jaspers führt die Theorie zu einem so hohen Abstraktionsgrad, dass sein Begriff des ›Polemischen‹ auf die literarische Gattung kaum noch anwendbar ist. Er ist auch nicht mehr an streitende Subjekte gebunden. Das polemisch strukturierte Denken kann prinzipiell monologisch, also ohne die Notwendigkeit der Artikulation ablaufen. Zwar bedenkt Jaspers auch die polemische Kommunikation, aber diese wird jeweils schon dadurch in Gang gesetzt, dass eine Behauptung mit Entschiedenheit vorgetragen wird.[25] Stenzel wiederum zieht dem Begriff möglichst enge Grenzen, um ihn von anderen Modi der Streitrede (z. B. Pasquill, Diatribe, Invektive oder Satire) unterscheiden zu können. Das Wort ›Theorie‹ täuscht allerdings, wie Stenzel selbst eingesteht, eine Verlässlichkeit vor, die durch den empirischen Befund nicht eingehalten wird.[26] Die scharfe Trennung der einzelnen Streitformen nach rhetorischen Gesichtspunkten erweist sich als unmöglich.

In Anbetracht dieser wechselseitigen Abhängigkeit stellt sich die Frage, ob in der Frühromantik eine bestimmte Vorstellung davon ausgebildet wurde, was eine Theorie zu leisten habe. Mit anderen Worten: Welche Kriterien muss nach Ansicht der Frühromantiker die Theorie erfüllen,

---

25 Karl Jaspers: *Von der Wahrheit* (s. Anm. 20), S. 315.
26 Zu dieser Einschätzung kommt auch Sylvia Heudecker: *Modelle literaturkritischen Schreibens. Dialog, Apologie, Satire vom späten 17. bis zur Mitte des 18. Jahrhunderts.* Tübingen 2005, S. 362, Anm. 350.

um als solche gelten zu können? Dem neuzeitlichen Paradigma zufolge wird eine Theorie als Inbegriff von Sätzen über ein bestimmtes Sachgebiet aufgefasst. Die Sätze sollen systematisch, das heißt durchgängig und widerspruchsfrei miteinander verknüpft sein. Im Hinblick auf die demselben Sachgebiet angehörenden empirischen Tatsachen formuliert die Theorie Hypothesen. Ihre Gültigkeit behauptet sie, solange ihre Sätze den Tatsachen nicht widersprechen.[27] Sind alle ihre Sätze verifiziert, hört sie auf, Theorie zu sein.

Bereits Kants Bestimmung dessen, was Theorie ist, weicht von diesem Paradigma ab. Zunächst gibt er in seinem Aufsatz *Über den Gemeinspruch: Das mag in der Theorie richtig sein, taugt aber nicht für die Praxis* (1793) eine Definition der Theorie, die der neuzeitlichen Vorstellung recht nahe zu kommen scheint:

> Man nennt einen Inbegriff selbst von praktischen Regeln alsdann Theorie, wenn diese Regeln als Principien in einer gewissen Allgemeinheit gedacht werden, und dabei von einer Menge Bedingungen abstrahirt wird, die doch auf ihre Ausübung nothwendig Einfluß haben. Umgekehrt heißt nicht jede Hantirung, sondern nur diejenige Bewirkung eines Zwecks Praxis, welche als Befolgung gewisser im Allgemeinen vorgestellten Principien des Verfahrens gedacht wird.[28]

Theorie und Praxis sind hier von vornherein aufeinander bezogen. Theoretisch ist der Zusammenhang praktischer Regeln, weil in ihm von den Bedingungen der tatsächlichen Ausübung abstrahiert wird. Zugleich wird nur dasjenige Handeln als Praxis bezeichnet, was sich an den theoretisch aufgestellten Prinzipien orientiert.

Dieses Verhältnis erfährt jedoch eine entscheidende Einschränkung dadurch, dass Kant eine theoretische von einer praktischen Philosophie unterscheidet. Die Trennung ergibt sich, wie Kant in der Einleitung zur *Kritik der Urteilskraft* (1790) ausführt, aus dem Vorhandensein zweier

---

27 Max Horkheimer: »Traditionelle und Kritische Theorie«. In: Alfred Schmidt (Hg.): *Kritische Theorie. Eine Dokumentation.* Bd. 2. Frankfurt a. M. 1968, S. 137 f.
28 Immanuel Kant: »Über den Gemeinspruch: Das mag in der Theorie richtig sein, taugt aber nicht für die Praxis«. In: Ders.: *Gesammelte Schriften.* Bde. 1–22. Hg. v. d. Preussischen Akademie der Wissenschaften. Bd. 23. Deutsche Akademie der Wissenschaften zu Berlin. Ab Bd. 24. Akademie der Wissenschaften zu Göttingen. Berlin 1900 ff., Bd. 8, S. 273–313, S. 275. Im Folgenden zitiert als *Akademie-Ausgabe.*

Erkenntnisvermögen, die nicht nach denselben Gesetzen verfahren. Der Verstand richte sich, so Kant, ausschließlich auf die Natur als den »Inbegriff[] aller Gegenstände der Sinne«. Er habe es daher lediglich mit Erscheinungen, nie mit Dingen an sich (*noumena*) zu tun. Zwar sei die Verstandeserkenntnis *von* der Natur »gesetzlich erzeugt« – sofern sie nämlich den Prinzipien a priori des Verstandes gehorcht –, *in* der Natur aber seien diese »nicht gesetzgebend«.[29] Sie habe, wie Kant sich ausdrückt, dort nur ihren ›Aufenthalt‹, nicht ihr ›Gebiet‹. Oder in den Worten von Nicholas Lobkowicz: »[T]he object of theoretical knowledge is not the really real«.[30] Das bedeutet auch: Der ›theoretische‹ Charakter, der die Naturbegriffe des Verstandes auszeichnet, ist unaufhebbar. Von der Natur kann es kein anderes als ein theoretisches Wissen geben.

Zu dem Erfahrungszusammenhang, den Kant mit dem Namen ›Natur‹ belegt, gehört auch jener Teil der Praxis, in dem der Wille des Menschen durch seine Natur bestimmt wird. Diesen Ursachen seines Handelns kann der Mensch sich nach Kant ebenfalls nicht anders als durch seinen Verstand nähern. Folglich vollzieht sich die Erkenntnis seines dergestalt bewirkten Handelns in Naturbegriffen – Kant nennt sie ›technisch-praktische‹ Regeln –, die als ›Corollarien‹ zur theoretischen Philosophie gerechnet werden müssen.[31] Der Mensch wird also, nicht nur sofern er der Natur gegenübersteht, sondern auch sofern er Natur ist, vom erkenntnis-theoretischen Dualismus angefressen. Im Hinblick auf seine Natur ist er sich selbst Erscheinung. Seine Heteronomie ist die Konsequenz der Tatsache, dass ihm seine Natur uneinholbar entzogen bleibt.

Die Vernunft, das zweite der beiden Erkenntnisvermögen, durchbricht diese Schranke der Erkenntnis nicht,[32] aber indem der Mensch durch sein Handeln dem Freiheitsbegriff praktische Realität verschafft, überschreitet er sich hin zum Noumenalen. Der Mensch ist nur da ganz Mensch, wo er sich selbst bestimmt. Diese Art der Praxis nennt Kant ›moralisch‹. Der Theoretisierung der Natur korrespondiert eine Moralisierung der Praxis.

---

29   Immanuel Kant: *Kritik der Urteilskraft*. In: *Akademie-Ausgabe* (s. Anm. 28), Bd. 5, S. 165–485, hier S. 174.
30   Nicholas Lobkowicz: *Theory and Practice. History of a Concept from Aristotle to Marx*. Notre Dame, Ind. u. a. 1967, S. 124.
31   Vgl. Immanuel Kant: *Kritik der Urteilskraft* (s. Anm. 29), S. 172 f.
32   Vgl. ebd., S. 175.

Die Teilhabe am Reich des Übersinnlichen bleibt indes allein der Praxis vorbehalten: »In fact, it would hardly be an exaggeration to say that Kant limited the rights of theoretical knowledge in order to be able to ascribe to practical knowledge infinitely more rights than ever had been ascribed to it«.[33] Wer die erkenntnistheoretische Wende der kritischen Philosophie anerkannte, für den hatten die Ausdrücke ›Theorie‹ und ›Praxis‹ fortan eine neue Bedeutung.[34]

Fichte folgt zunächst Kants Trennung in einen theoretischen und einen praktischen Teil der Philosophie, aber er geht schon in der *Grundlage der gesammten Wissenschaftslehre* (1794) über Kant hinaus, indem er die Theorie in ein Abhängigkeitsverhältnis zur Praxis setzt.[35] Es heißt dort: »Hieraus erfolgt denn auch auf das einleuchtendste die Subordination der Theorie unter das Praktische; es folgt, daß alle *theoretische* Gesetze auf *praktische*, und da es wohl nur Ein praktisches Gesez geben dürfte, auf ein, und eben dasselbe Gesez sich gründen«.[36] Dieses praktische Gesetz ist der Vorstellungstrieb, den das Ich fühlt. Der Vorstellungstrieb soll das Ich veranlassen, aus sich herauszutreten, was notwendig dazu führt, dass es außerhalb seiner selbst etwas anderes findet. Ohne Trieb und Gefühl würde keine Vorstellung und folglich kein Denken sein.[37] Mit der Handlung der Reflexion, die es aus absoluter Spontaneität vollzieht, wendet sich das Ich auf sich selbst zurück. Erst durch diese Handlung erlangt das Ich Bewusstsein und Selbstbewusstsein. Es erhebt sich, wie Fichte sagt, zur Intelligenz.[38]

---

33 Nicholas Lobkowicz: *Theory and Practice* (s. Anm. 30), S. 124.
34 Vgl. Friedrich Immanuel Niethammer: »Einige Bemerkungen über den Gebrauch der Ausdrücke Theoretisch und Praktisch und Theorie und Praxis«. In: *Philosophisches Journal einer Gesellschaft Teutscher Gelehrten* 3.4 (1795), S. 321–351.
35 Vgl. Ludwig Siep: *Praktische Philosophie im Deutschen Idealismus*. Frankfurt a. M. 1992, S. 8 f. Peter Rohs: *Johann Gottlieb Fichte*. München 2007, S. 55.
36 Johann Gottlieb Fichte: »Grundlage der gesammten Wissenschaftslehre«. In: Ders.: *Gesamtausgabe der Bayerischen Akademie der Wissenschaften*. 42 Bde. Hg. v. Reinhard Lauth u. a. Stuttgart-Bad Cannstatt 1962–2012, Bd. 1.2, S. 249–451, hier S. 427. Im Folgenden zitiert als *Gesamtausgabe*.
37 Johann Gottlieb Fichte: »Über den Begriff der Wissenschaftslehre«. In: Ders.: *Gesamtausgabe* (s. Anm. 36), Bd. 1.2, S. 107–172, hier S. 109, Anm.
38 Vgl. Johann Gottlieb Fichte: *Grundlage der gesammten Wissenschaftslehre* (s. Anm. 36), S. 427. Vgl. dazu auch Jürgen Stolzenberg: »Fichtes Begriff des

Es findet aber bei Fichte zugleich eine Einebnung der Differenz von Theorie und Praxis in der Theorie statt. Das Denken ist für Fichte nicht allein deshalb Handlung, weil das Ich darin tätig ist, nämlich als denkendes.[39] Vielmehr ist die Handlung des Setzens eine ideelle Tätigkeit, die ihren Gegenstand allererst hervorbringt. Sie hat, wie Fichte sich ausdrückt, Kausalität. Das Ich setzt ein Objekt, indem es sich dieses entgegensetzt. Insofern ist das Setzen, frei nach Spinoza, ein Bestimmen. Das Objekt hat, als Nicht-Ich, sein Dasein für das Ich lediglich in dieser Bestimmung, das heißt in seinem Begriff.[40] Mit der ideellen Erzeugung des Objekts ist also ein Wissen verbunden, wenn dieses Wissen auch nur in der Negation dessen besteht, was das Ich von sich selber weiß. Da das Ich nur wissen kann, was bereits in ihm liegt, ist das ideell Gesetzte zugleich das einzige reale Wissen vom Objekt, über welches das Ich verfügt. Mit anderen Worten: Alle Realität, sofern sie ein Wissen bezeichnet, ist ein Produkt des Ich. Die Realität außerhalb seiner kann das Ich nicht wissen, aber es kann sie glauben, da es sie fühlt. Obwohl er später die Konsequenzen seiner Theorie abzuschwächen suchte,[41] ist Fichte beispielsweise von Friedrich Schlegel genau auf diese Weise verstanden worden. Der Idealismus habe die Tendenz, so Schlegel, alle Theorie praktisch und alle Praxis theoretisch zu machen.[42]

Trotz der privilegierten Stellung, die Fichte der Praxis einräumt, versteht er die Wissenschaftslehre als bloße Theorie. Zu den wirklichen Vorgängen im Bewusstsein steht sie in einem Verhältnis der Posteriorität: »Kein einziger ihrer [d. i. der Wissenschaftslehre] Gedanken, Sätze, Aussprüche, ist einer des wirklichen Lebens, noch passend in das wirkliche Leben. Es sind eigentlich nur Gedanken von Gedanken [...]«. Fichte unterscheidet also einen ursprünglichen Vollzug des Denkens im Ich von

---

        praktischen Selbstbewußtseins«. In: Wolfram Hogrebe (Hg.): *Fichtes Wissenschaftslehre 1794. Philosophische Resonanzen*. Frankfurt a. M. 1995, S. 71–95.

39   Vgl. Johann Gottlieb Fichte: *Grundlage der gesammten Wissenschaftslehre* (s. Anm. 36), S. 298.

40   Vgl. ebd., S. 412 f.

41   Johann Gottlieb Fichte: »Sonnenklarer Bericht an das größere Publikum über das eigentliche Wesen der neuesten Philosophie. Ein Versuch, die Leser zum Verstehen zu zwingen«. In: Ders.: *Gesamtausgabe* (s. Anm. 36), Bd. 1.7, S. 165–274, hier S. 248.

42   Friedrich Schlegel: »Philosophische Fragmente. Zweyte Epoche. II«. In: *KFSA* 18, S. 323–422, hier S. 397.

der nachträglichen ›Konstruktion‹ dieses Denkens in der Theorie. Die Theorie ist eine »Abbildung des Lebens, keineswegs [...] das wirkliche Leben selbst«.[43] In einem Brief vom 16. August 1800 schreibt Fichte an Friedrich Schlegel:

> Ich freue mich über Ihren Entschluß in der Wissenschaft auch mit der Form ernst zu machen, wie Sie sich ausdrüken, und in dieser Absicht Vorlesungen zu halten. In Ihren Ideen, die ich bei dieser Gelegenheit wieder durchgedacht, glaube ich noch immer Spuren von der Verwechselung der *philosophischen Denkart*, die allerdings in das Leben übergehen muß, und *der Philosophie*, im objectiven Sinne, der Philosophie, als einer Wissenschaft, zu entdeken. Der wissenschaftlich idealistische Standpunkt kann nie in das Leben einfließen; er ist durchaus unnatürlich.[44]

Dieser Meinung war Schlegel nicht. Bereits Rüdiger Bubner wies darauf hin, dass es die »romantische Hauptintention« war, zumal diejenige Friedrich Schlegels, »*das Denken in das Leben* übergehen zu lassen«.[45] Die Philosophie habe, heißt es in der Nachschrift von Schlegels Jenaer Vorlesung zur *Transcendentalphilosophie* (1800/01), nach einer Phase der Selbstkonstitution aus sich heraus- und ins Leben einzutreten. In einer letzten Phase kehre die Philosophie dann zu sich selbst zurück.[46] Nachdem die Philosophie erkannt habe, dass die Welt unvollendet sei, stelle sich ihr die Aufgabe, deren Vollendung anzustreben.[47] Damit geht das Wissen nicht nur in ein Tun über; es geht in diesem auf. Indem Schlegel das Denken absolut setzt, wird die Unterscheidung von Theorie und Praxis aufgehoben. Aus diesem Grund kann Schlegel behaupten, dass das Denken in den Epochen, die das Bewusstsein auf seinem Weg zur Vollendung im Idealismus durchläuft, immer praktischer wird.[48]

---

43   Johann Gottlieb Fichte: *Sonnenklarer Bericht an das größere Publikum über das eigentliche Wesen der neuesten Philosophie* (s. Anm. 41), S. 247.
44   Johann Gottlieb Fichte: Brief an Friedrich Schlegel, 16. August 1800. In: Ders.: *Gesamtausgabe* (s. Anm. 36), Bd. 3.4, S. 282–285, hier S. 283.
45   Rüdiger Bubner: »Von Fichte zu Schlegel«. In: Hogrebe (Hg.): *Fichtes Wissenschaftslehre 1794* (s. Anm. 38), S. 35–49, hier S. 47.
46   Friedrich Schlegel: »Transcendentalphilosophie«. In: *KFSA* 12, S. 1–105, hier S. 78 f., 91.
47   Vgl. ebd., S. 42.
48   Vgl. ebd., S. 14.

Der Idealismus Schlegels zielt auf das Ganze. Von diesem hat das Ich ein Wissen, das Schlegel ›Idee‹ nennt. Für das Bewusstsein ist Realität allein in den Ideen.[49] Außerhalb des Denkens gibt es keine Realität. Diese Realität ist aber selbst Setzung.[50] Sie wird gesetzt als Idee. Folglich setzt sich das Denken als real. Anders gesagt: Die Realität des Denkens besteht im Setzen.[51] Schlegels Methode des »combinatorische[n] Experimentirens« versucht,[52] diese Theorie zu realisieren. Die Theorie ist insofern nichts anderes als der Vollzug ihrer selbst. Sie weist voraus auf die Vollendung des Idealismus, die mit der Universalisierung der Theorie einhergeht: »Das Resultat des Id[ealismus] dürfte wohl seyn, daß es keine Erfahrung giebt, sondern daß sie nur unreife Theorie ist«.[53] Auf den Begriff der Erfahrung kann der Idealist verzichten, weil diese lediglich Erfahrung der Theorie ist. Wo die Erfahrung zur Theorie in Widerspruch tritt, handelt es sich um einen Kategorienfehler.[54] Zu dieser Auffassung der Theorie gehört, dass sie unmittelbar ins Leben eingreifen soll:

> Es kann und es darf laut gesagt werden, daß es der Zweck der neuen Philosophie sei, die herrschende Denkart des Zeitalters ganz zu vernichten, und eine ganz neue Literatur und ein ganz neues Gebäude höherer Kunst und

---

49 Vgl. ebd., S. 9.
50 Vgl. ebd., S. 23.
51 Diese Sätze vertragen sich nicht mit den Ausführungen, mit denen etwa Michael Elsässer in die Schlegelsche *Transcendentalphilosophie* einleitet. Elsässer: »Einleitung«. In: Friedrich Schlegel: *Transcendentalphilosophie*. Hg. von dems. Hamburg 1991, S. IX–XLV, hier S. XXVI f., schreibt: »*Schlegels Denken* gipfelt in der Annahme eines unbewußten ›*Gottes*‹, genauer einer unbewußten ›Gottheit‹, d. i. des ›Universums‹ [...] Bewußtlose Universalität und bewußte Individualität sind die zwei Formen göttlicher Existenz, die nur in gegenseitiger Implikation wirklich sind. Das bedeutet, daß bei Schlegel von einer absoluten Spontaneität des Individuums im Vollzug seiner Individuation [...] nicht gesprochen werden kann«. Bei Schlegel heißt es: »*Das Unendliche hat Realität für das Bewußtseyn. Das Unendliche kann man nur schlechthin setzen. Das einzige Objekt des Bewußtseyns ist das Unendliche, und das einzige Prädikat des Unendlichen ist Bewußtseyn*« (Friedrich Schlegel: *Transcendentalphilosophie* [s. Anm. 46], S. 6). In welchem Verhältnis diese Thesen Schlegels zu den Aussagen Elsässers stehen, die ihnen in fast jedem einzelnen Punkt zu widersprechen scheinen, wäre in einer eigenen Untersuchung zu klären.
52 Friedrich Schlegel: *Transcendentalphilosophie* (s. Anm. 46), S. 21.
53 Friedrich Schlegel: *Philosophische Fragmente. Zweyte Epoche. II* (s. Anm. 42), S. 396.
54 Friedrich Schlegel: *Transcendentalphilosophie* (s. Anm. 46), S. 12.

Wissenschaft zu gründen und aufzuführen. Es kann und es darf gesagt werden, daß es ihr bestimmter Zweck sei, die christliche Religion wieder herzustellen, und sich endlich einmal laut zu der Wahrheit zu bekennen, die so lange ist mit Füßen getreten worden. Es kann und es darf gesagt werden, daß es der ausdrückliche Zweck der neuen Philosophie sei, die altdeutsche Verfassung, d. h. das Reich der Ehre, der Freiheit, und treuen Sitte wieder hervorzurufen, indem man die Gesinnung bilde, worauf die wahre freie Monarchie beruht, und die notwendig den gebesserten Menschen zurückführen muß zu dieser ursprünglichen und allein sittlichen und geheiligten Form des nationalen Lebens.[55]

Schlegels Rede von der Theorie der Polemik ist demnach auch, im Sinne des Genitivus subiectivus, als Forderung nach einer polemischen Theorie zu verstehen. Es fragt sich dann aber, ob diese Forderung ihrerseits theoretisch fundiert ist. Unabhängig davon handelt sich Schlegel, indem er die Theorie zur Praxis erhebt, das Problem ein, dass er die Praxis als solche sistiert. So heißt es im *Athenaeums*-Fragment 216: Derjenige, dem »keine Revolution wichtig scheinen kann, die nicht laut und materiell ist, der hat sich noch nicht auf den hohen weiten Standpunkt der Geschichte der Menschheit erhoben«.[56] Sollte nicht der Konservatismus des älteren Schlegel auch damit zusammenhängen, dass er der Revolution einzig im Geiste einen Platz zugesteht?

Insgesamt zeigt sich, dass der Theoriebegriff, wie man ihn in der Philosophie um 1800 gebrauchte, mit dem der modernen Wissenschaft wenig gemein hat. Die Konzeption dessen, was ›Theorie‹ genannt wird, beruht auf ganz verschiedenen erkenntnistheoretischen Annahmen. Während in der modernen Wissenschaft das Verhältnis der Theorie zur Wirklichkeit problematisch ist, weil sie sich an dieser erst noch zu bewahrheiten hat, kommt ihr sowohl bei Kant als auch bei Fichte und Schlegel eine eigene, unabänderliche Wirklichkeit zu. Bei Kant ergibt sich die Dichotomie von Theorie und Praxis aus der Trennung von Vernunft und Verstand. Der Modus des Wissens, den Kant als Theorie bezeichnet, ist

---

55 Friedrich Schlegel: »Lessings Gedanken und Meinungen«. In: *KFSA* 3, S. 46–102, hier S. 101.
56 Friedrich Schlegel: »Athenäum-Fragmente«. In: *KFSA* 2, S. 165–255, hier S. 198. Vgl. auch Schlegel: *Transcendentalphilosophie* (s. Anm. 46), S. 11: »*Der Schein des Endlichen soll vernichtet werden*; und um das zu thun, *muß alles Wissen in einen revoluzionären Zustand gesetzt werden*«.

Ausdruck der Tatsache, dass dem Subjekt der erkennende Zugang zu den Dingen an sich verwehrt bleibt. Bei Fichte sind Theorie und Praxis jeweils dem Erkenntnis- und dem Begehrungsvermögen zugeordnet. ›Praktisch‹ ist nicht nur jeder willentlich vollzogene Akt, sondern auch jede auf einen Trieb zurückgehende Tätigkeit. Insofern Fichte auch das Bestimmen (Setzen) und die Reflexion zu den ›Handlungen‹ zählt, verschwimmt die Grenze zwischen Theorie und Praxis. Die Theorie erscheint als nachträgliche Systematisierung dessen, was die Praxis statuiert. Schlegels Philosophie schließt sich an diejenige Fichtes an, um sie noch zu radikalisieren. Das idealistische Denken, wie Schlegel es anstrebt, soll absolut praktisch sein. Die Theorie arbeitet an ihrem Verschwinden, indem sie sich restlos ins Leben übersetzt. Wenn Schlegel ›Theorie‹ sagt, bezeichnet dies nur den vorläufigen Zustand des Denkens, dessen Vollendung mit derjenigen des Idealismus zusammenfällt.

2 Frühromantische Theorie der Polemik

Im dritten Teil der *Transcendentalphilosophie*, der »Rückkehr der Philosophie in sich selbst«, schreibt Schlegel: »Die drey Sätze: alle Wahrheit ist relativ; alles Wissen symbolisch; die Philosophie ist unendlich – führen unmittelbar zu einer Dedukzion der *polemischen Methode*, die der Philosophie eigen ist«.[57] Mit ›Philosophie‹ meint Schlegel den Idealismus, dessen theoretische Essenz die drei Sätze ausdrücken. Ihre Methode sei, wie sich aus den Axiomen mit notwendiger Konsequenz ergeben soll, die Polemik. Damit scheint die Polemik theoretische Dignität zu erlangen. Wenn die Methode das planmäßige und systematische Verfahren des philosophischen Denkens bezeichnet, gäbe die Polemik dessen Regeln an die Hand. Zu klären wäre dann, worin die Angemessenheit dieser Methode besteht. Oder anders gefragt: Welchen Begriff von Polemik setzt Schlegel voraus, um von den drei Axiomen des Idealismus zur ›unmittelbaren Deduktion‹ der polemischen Methode zu kommen?

---

57 Friedrich Schlegel: *Transcendentalphilosophie* (s. Anm. 46), S. 93.

Tatsächlich hat die polemische Methode eine lange Tradition in der Philosophie und Theologie.[58] Zedler bezeichnet als solche – *methodus polemica* oder *elenctica* – »den Vortrag einer Wahrheit, da dieselbe wider ihre Feinde gerettet wird«.[59] Die Polemik hat hier vor allem eine defensive Funktion. Sie verteidigt die ›Wahrheit‹, indem der sie attackierende Gegner widerlegt wird. Sie wirkt ausschließlich negativ. Das Argument, um dessen Wahrheit gestritten wird, bleibt in sich unverändert, aber durch die Ausschließung der Position des Gegners geht es gestärkt aus dem Disput hervor. Eine spezifische Variante dieses Verfahrens verzeichnet Zedler unter dem Lemma ›polemische Demonstration‹ (*polemica demonstratio*). Sie definiert er als eine von drei Arten, einen verneinenden Satz zu beweisen, indem man die »gegenseitigen Gründe aus den *Locis Topicis* suchet und solche mit guter Manier widerleget«.[60]

Mit dem Verweis auf die *Topik* wird die Polemik in eine Verbindung mit der Dialektik gebracht, deren Grundsätze Aristoteles entwickelt hat.[61] Die aristotelische Dialektik war eine Methode zur Überwindung von widerstreitenden Meinungen.[62] Ihre Anwendung wurde erforderlich, wenn diese Meinungen sich nach streng objektiven Prinzipien nicht

---

58 Vgl. den instruktiven Artikel von Alois Winter: »Methode, polemische«. In: Joachim Ritter (Hg.): Historisches Wörterbuch der Philosophie. Bd. 5. Basel 1980, Sp. 1365–1369. Es scheint angemessen, hier kurz auf die Begriffsgeschichte der Polemik einzugehen. Wie sich Schlegels Notizen entnehmen lässt, war er mit dieser Tradition vertraut. Auch gewinnt seine Theorie der Polemik erst vor diesem Hintergrund scharfe Konturen.

59 Johann Heinrich Zedler: *Grosses vollständiges Universallexicon aller Wissenschaften und Künste*. Bd. 20. Halle/Leipzig 1732, Sp. 1337, s. v. Methode (Widerlegungs-).

60 Johann Heinrich Zedler: *Grosses vollständiges Universallexicon aller Wissenschaften und Künste*. Bd. 28. Halle/Leipzig 1741, Sp. 1079, s. v. Polemische Demonstration.

61 Es wurde bereits darauf hingewiesen, dass Schlegel zwischen einer ›poetischen‹ und einer ›dialektischen‹ Polemik unterscheidet. Aber auch andernorts bringt Schlegel die Polemik in eine Verbindung zur Dialektik. Vgl. *Philosophische Fragmente. Zweyte Epoche. II* (s. Anm. 42), hier S. 372 f.

62 Aristoteles kennt den Ausdruck ›polemisch‹ in dieser Bedeutung nicht. Allerdings ließe sich sein Gebrauch mit denselben Gründen rechtfertigen, die Zedler: *Grosses vollständiges Universallexicon aller Wissenschaften und Künste*. Bd. 28 (s. Anm. 60), Sp. 1079–1100, hier Sp. 1080, s. v. Polemische Theologie, anlässlich seines Artikels zur ›Polemischen Theologie‹ anführt: »Sie heißt *Theologia polemica*, von dem Griechischen Worte πόλεμος, so in solcher Absicht in heiliger Schrifft zwar nicht vorkommt; weil aber nicht nur die Sache selbst darinnen gegründet, sondern auch andere gleichgültige Wörter gebraucht werden, so kan man es gar wohl behalten, zumal da wir allerdings in der streitenden Kirche leben«.

beurteilen ließen.⁶³ Die Entscheidung über die strittige Fragestellung erfolgte dann auf der Grundlage von allgemein anerkannten Wahrheiten.⁶⁴ Zur Auffindung dieser Wahrheiten dienten die *tópoi*. Als solche bezeichnete Aristoteles abstrakte Gesichtspunkte wie Akzidens, Genus, Proprium und Definition, nach denen sich eine vorgetragene Meinung kritisch prüfen ließ.⁶⁵ Die dialektische Methode diente also nicht allein der Widerlegung der ›falschen‹, sondern auch der Begründung der ›richtigen‹ Position. Ziel des Streits war Erkenntnisgewinn. Nicht der Sieg über den Gegner stand im Vordergrund, sondern die gemeinsame Suche nach der rechten Meinung.⁶⁶

Die polemische Methode, derer sich die Kontroverstheologie bediente, hat ihre Wurzeln in der Scholastik. Insofern diese sich an der aristotelischen Dialektik orientierte, verfuhr auch die polemische Methode nach den Regeln der Logik.⁶⁷ Noch zu Beginn des 18. Jahrhunderts schreibt Johann Georg Walch in seiner *Historischen und Theologischen Einleitung in die vornehmsten Religionsstreitigkeiten*, dass die polemische Theologie in ihren Disputen die Mittel der »Instrumental-Philosophie« – Logik, Hermeneutik, Didaktik, Metaphysik – appliziere.⁶⁸ Obwohl damit die objektive Kontrollierbarkeit der polemischen Methode

---

63   Aristoteles, Top. 170 a, 20–39. Von der Dialektik unterscheidet Aristoteles die Analytik, die aus ersten und wahren Sätzen Syllogismen über immer Gleichbleibendes deduziert (vgl. Armin Müller: »Dialektik II. Die Dialektik in der Antike bis Quintilian«. In: Joachim Ritter [Hg.]: *Historisches Wörterbuch der Philosophie*. Bd. 2. Basel 1972, Sp. 168–176, hier Sp. 170 f.).

64   Aristoteles, Top. 100 a, 30 f.

65   Vgl. Andreas Beriger: *Die aristotelische Dialektik. Ihre Darstellung in der Topik und in den Sophistischen Widerlegungen und ihre Anwendung in der Metaphysik M 1–3*. Heidelberg 1989, S. 55. Außerdem Michael Schramm: *Die Prinzipien der Aristotelischen Topik*. München/Leipzig 2004.

66   Aristoteles, Top. 161 a 38-b 1. Noch bei Zedler: *Grosses vollständiges Universallexicon aller Wissenschaften und Künste* (s. Anm. 59), Sp. 1337, heißt es, wer sich der polemischen Methode bediene, habe darauf zu achten, dass nicht der »Zanck-Geist« herrsche und die Sachen nicht mit den Personen verwechselt würden.

67   Vgl. Alois Winter: *Methode, polemische* (s. Anm. 58), Sp. 1366, wo es heißt, die scholastische Methode habe versucht, »zwischen den Gegensätzen der *quaestio*, der *propositio* oder der *thesis* einerseits und der *sententia contraria*, der *objectio* oder [...] der *antithesis* andererseits durch Auffinden einer den berechtigten Ansprüchen beider Seiten genügenden dritten Position zu vermitteln«.

68   Johann Georg Walch: *Historische und Theologische Einleitung In die vornehmsten Religionsstreitigkeiten*. Jena 1724, S. 5 f.

abgesichert werden sollte, vererbt sich ihr aus der Dialektik doch die Eigenschaft, dass die kontroversen Aussagen, die sie zu schlichten hat, keine strenge Beweisführung erlauben.[69] Mit diesem epistemischen Makel ist die Polemik nicht nur behaftet; er ist die Bedingung ihrer Existenz.

Descartes' Kritik an der Dialektik,[70] die er als Kunst des Geschwätzes von der Wissenschaft ausschloss, traf die polemische Methode insgesamt. Zwar modifizierte Descartes im Grunde nur die von Aristoteles selber getroffene Unterscheidung zwischen Analytik und Dialektik, aber der Schaden, den die Polemik davontrug, war irreparabel. Lediglich in der Theologie fand das Verfahren weiterhin uneingeschränkte Anwendung, ja erlebte mit der Reformation eine beispiellose Konjunktur.[71] Die Verteidigung der Glaubensartikel, um die es im Rahmen der konfessionellen Streitigkeiten zu tun war, geschah in der Gewissheit eines von Gott gewirkten ›übernatürlichen Habitus‹.[72] Durch diesen Verweis auf den Offenbarungscharakter ihrer Wahrheit blieb die Theologie von dem Problem der Beweisbarkeit unangefochten. Allerdings war damit schon im Voraus über die Richtigkeit der orthodoxen Position entschieden. Die polemische Methode hatte nur mehr noch den Zweck, dieser zur Durchsetzung zu verhelfen.

Mit den neuen Erkenntnissen in den verschiedenen naturwissenschaftlichen Disziplinen, der historischen Bibelkritik und nicht zuletzt der Kirchengeschichte geriet auch die Theologie zunehmend unter Legitimationsdruck.[73] Aber nicht nur die einzelnen Glaubenssätze ver-

---

69 Vgl. Michael Schramm: *Die Prinzipien der Aristotelischen Topik* (s. Anm. 65), S. 117–120. Bei Aristoteles hat der dialektische Schluss ›endoxischen‹ Charakter, d. h. er bezieht seine Legitimation aus der Zustimmung der Mehrheit.
70 Vgl. Michael Gerten: *Wahrheit und Methode bei Descartes*. Hamburg 2001, S. 188–194.
71 Zur Kontroverstheologie vgl. Martin Gierl: *Pietismus und Aufklärung. Theologische Polemik und die Kommunikationsreform der Wissenschaft am Ende des 17. Jahrhundert*. Göttingen 1997, S. 60–92.
72 Johann Georg Walch: *Historische und Theologische Einleitung In die vornehmsten Religionsstreitigkeiten* (s. Anm. 68), S. 2 f.
73 Paul Tschackert: »Polemik«. In: Albert Hauck (Hg.): *Realencyklopädie für protestantische Theologie und Kirche*. Bd. 15. Leipzig 1904, S. 508–513, hier S. 511: »Die theologische Aufklärung hatte der dogmatischen Polemik den Boden unter den Füßen hinweggezogen; die konfessionellen Gegensätze stumpfen sich ab und an die Stelle des polemischen Interesses tritt das – dogmengeschichtliche«.

fielen der Kritik, sondern auch die polemische Methode, mit der sie verteidigt wurden. Ihre Rechtfertigung hatte die polemische Theologie stets aus der Voraussetzung bezogen, dass diese Glaubenssätze unwandelbar seien. Wie weit diese Annahme an der Wirklichkeit vorbeiging, war jedoch nach Gottfried Arnolds berühmter *Unpartheyischer Kirchen- und Ketzer-Historie* (1699) nicht länger zu verhehlen. In der langen Aneinanderreihung von Glaubenskonflikten, als welche Arnold die Kirchengeschichte darstellt, offenbarte sich die Abhängigkeit des jeweils geltenden Dogmas vom herrschenden Parteigeist. In der Folge ereilte die Polemik in der Theologie dasselbe Schicksal, wie sie es nach Descartes in der Philosophie erlitten hatte: Sie verlor das Prädikat der Wissenschaftlichkeit.[74]

Damit gewinnt schließlich die rhetorische Dimension die Oberhand über die erkenntnistheoretische.[75] Die Bedeutung »*wissenschaftliches wortgefecht und die kunst desselben*«, die das *Deutsche Wörterbuch* dem Wort ›Polémik‹ gibt,[76] hatte es wohl schon in der Zeit seines ersten Auftretens im deutschen Sprachraum, zu Beginn des 18. Jahrhunderts, verloren. Das Unsachliche, das nach Jürgen Stenzel die polemische Rede generell kennzeichnet, dürfte in dem Moment zur Dominanz gelangt sein, in dem sich das Sachliche nicht mehr allein aus sich selbst vertreten ließ. Die Polemik behielt ihren argumentativen Grundgestus, wie Stenzel sagt, aber die Mittel zur Durchsetzung des Arguments änderten sich. Dieser Funktionswandel der Polemik ging mit einem Wandel der Öffentlichkeit einher. Die von Heinrich Bosse beschriebene Verdrängung des Lateinischen durch das Deutsche, die damit verbundene Öffnung der Universitäten, die verstärkt auf den Buch- und Zeitungsmarkt

---

74 Friedrich Gottlieb Klopstock: »Die deutsche Gelehrtenrepublik. Erster Theil«. In: Ders.: *Werke und Briefe. Historisch-Kritische Ausgabe.* Bd. 7.1. Hg. von Rose-Maria Hurlebusch. Berlin/New York 1975, S. 1–234, hier S. 167, lässt die Theologen ängstlich ausrufen: »Man möchte [...] doch die Ehre der Polemik retten! sie doch als Wissenschaft beyzubehalten suchen!« Vgl. auch Mark Napierala: »Unparteilichkeit und Polemik. Kritik am Rezensionswesen und die Ordnung der Gelehrtenrepublik«. In: Stefan Matuschek (Hg.): *Organisation der Kritik* (s. Anm. 8), S. 77–112, hier S. 81.

75 Zur Geschichte der Polemik in der Rhetorik vgl. Hermann Stauffer: Polemik (s. Anm. 16), Sp. 1403–1415.

76 Jacob und Wilhelm Grimm: Deutsches Wörterbuch. Bd. 13. Leipzig 1889, Sp. 1977, s. v. Polémik.

drängenden *illiterati*, die den Gelehrten das Publikationsprivileg streitig machten, schließlich die explosionsartige Zunahme der ›Schönen Wissenschaften‹ –,[77] all das veränderte die publizistischen Konventionen nachhaltig. Schon von den Zeitgenossen wurde die einstige Gelehrtenrepublik als »Republik der elenden Scribenten« wahrgenommen.[78] Der Masse an Streitschriften hielt jedoch eine mindestens ebenso große Skepsis gegenüber der Polemik die Waage. Unter den Gelehrten war die Polemik geächtet.[79] Wer sich ihrer bediente, verstieß gegen die Gebote der ›Höflichkeit‹ und der ›Unparteilichkeit‹.[80]

Vor diesem Hintergrund ist das Auftreten Lessings in der deutschen Literatur stets als Wendepunkt im Umgang mit der Polemik angesehen worden. Aber nicht, dass Lessing Polemiken – mitunter in scharfem Tone – verfasste, ist außergewöhnlich. Von seinen Zeitgenossen unterschied er sich vielmehr dadurch, dass er die Polemik als Mittel der Auseinandersetzung anerkannte und ihren Gebrauch explizit empfahl.[81]

---

77 Heinrich Bosse: »Die gelehrte Republik«. In: Hans-Wolf Jäger (Hg.): *»Öffentlichkeit« im 18. Jahrhundert* (s. Anm. 8), S. 51–76, hier S. 56–73.

78 Vgl. *Bibliothek der elenden Scribenten*, 1. Stück. Frankfurt a. M., Leipzig 1768. Vorbericht, o. Pag. So auch Fichte: »Annalen des philosophischen Tons« [1797]. In: Ders.: *Gesamtausgabe* (s. Anm. 36), Bd. 1.4, S. 293–321, hier S. 305: »Ich sehe mich betroffen um. Wohin habe ich mich verirrt? Ich glaube in die Republik der Gelehrten zu treten. Bin ich denn in ein Tollhaus geraten?« Zum Begriff der Gelehrtenrepublik vgl. auch Marian Füssel: »Der Begriff und das Konzept Gelehrtenrepublik«. In: *Aufklärung* 26 (2014), S. 5–16.

79 Vgl. Günter Oesterle: *Das ›Unmanierliche‹ der Streitschrift* (s. Anm. 8), S. 108–115, Hans-Dietrich Dahnke und Bernd Leistner: *Debatten und Kontroversen* (s. Anm. 7), S. 13–16.

80 Vgl. Martin Gierl: *Pietismus und Aufklärung. Theologische Polemik und die Kommunikationsreform der Wissenschaft am Ende des 17. Jahrhundert* (s. Anm. 71), S. 543–574, Mark Napierala: *Unparteilichkeit und Polemik* (s. Anm. 74), S. 88–97. Wie Napierala zeigt, versuchte Gottfried Arnold, sich eben vom Parteigeist abzusetzen, wenn er seine Geschichte ausdrücklich als ›unparteiisch‹ apostrophiert. Zu Normen und Verhaltensweisen in der Gelehrtenrepublik im Allgemeinen vgl. Anne Goldgar: *Impolite Learning. Conduct and Community in the Republic of Letters (1680–1750)*. New Haven/London 1995.

81 Vgl. Günter Oesterle: *Das ›Unmanierliche‹ der Streitschrift* (s. Anm. 8), S. 112 f., Hans-Dietrich Dahnke und Bernd Leistner: *Debatten und Kontroversen* (s. Anm. 7), S. 17. Schon Fichte und Friedrich Schlegel hatten Lessings polemisches Talent hervorgehoben. Stefan Matuschek: *Organisation der Kritik* (s. Anm. 8), S. 12 f., macht darauf aufmerksam, dass sich die Gründer der *Allgemeinen Literatur-Zeitung* bei

Lessing setzte sich über die Normen des gelehrten Diskurses nicht nur hinweg; er stellte sie prinzipiell infrage.[82] Der Angriff auf die Person des Gegners war für Lessing dann legitim, wenn dessen Schatten die Streitsache von vornherein so verdunkelte, dass neutrale Wahrnehmung gar nicht mehr möglich war. Für Lessing gab es einen Modus der Argumentation, der nicht anders als polemisch beantwortet werden konnte. Die Polemik diente auch hier der Verteidigung. Die Sache sollte in erster Linie vor der Weise geschützt werden, in welcher der Gegner sich ihrer zu bemächtigen suchte.[83] Die Personalisierung des Streits entstand daraus, dass dem Gegner die Kompetenz des Urteilens abgesprochen wurde.[84] Für Lessings Zeitgenossen war das unannehmbar. Darum ist die polemische Seite seiner Schriften selbst von seinen Bewunderern immer wieder verschwiegen oder unterdrückt worden.[85]

Während Lessing die Praxis der Polemik auf ein neues Niveau hob, unternahm Kant den Versuch, ihr einen genauen Ort in seinem System der reinen Vernunft zuzuweisen. Bedenkt man, dass Kant in diesem System nur duldet, was den strengen Anforderungen der Wissenschaftlichkeit

---

der Festlegung der Rezensionsnormen ausdrücklich an den stilistischen Hinweisen orientierten, die Lessing im letzten der *Briefe, antiquarischen Inhalts* gab. Vgl. dazu auch Astrid Urban: *Kunst der Kritik* (s. Anm. 8), S. 31–54. Kai Bremer und Carlos Spoerhase: *Theologisch-polemisch-poetische Sachen* (s. Anm. 8), S. 3, weisen allerdings zu Recht darauf hin, dass Lessing in einer »zeitgenössischen Polemiktheorie und -praxis« verankert war, die von der Forschung allzu oft ausgeblendet würde. Der von beiden Autoren herausgegebene Band zielt darauf ab, diesen Kontext zu rekonstruieren.

82 So etwa die ›Höflichkeit‹ im »Vorbericht« und im letzten der *Briefe, antiquarischen Inhalts* von 1768 (in: Gotthold Ephraim Lessing: *Sämtliche Schriften*. Bd. 10. Hg. von Karl Lachmann, bearb. von Franz Muncker. Stuttgart 1894, S. 229–438, hier S. 231 f., 437).

83 Exemplarisch: Walter Benjamins Rezension *Hebel gegen einen neuen Bewunderer verteidigt*.

84 So auch Johann Gottlieb Fichte: »Untersuchung, ob in der, im Bl. d. A.L.Z. üblichen, Form, in den Streitigkeiten der Schriftsteller etwas ausgemacht werden könnte: nebst einem Vorschlage an das Publicum, wie in diesem unserm Notizenblatte den Inconvenienzien jener Form abgeholfen werden sollte«. In: Ders.: *Gesamtausgabe* (s. Anm. 36), Bd. 1.4, S. 343–355, hier S. 343.

85 Belege bei Astrid Urban: *Kunst der Kritik* (s. Anm. 8), S. 65, Sylvia Heudecker: *Modelle literaturkritischen Schreibens* (s. Anm. 26), S. 360–365. Es ist diese selektive Rezeption, gegen die Friedrich Schlegel sich in seinem Lessing-Aufsatz wendet ([Über Lessing]. In: *KFSA* 2, S. 100–125, 397–419, S. 106 f., 398).

genügt, stellt sich die Frage, welche Funktion die Polemik darin noch erfüllen kann, wenn über ihre erkenntnistheoretische Unzulänglichkeit längst entschieden ist. In der Forschung vertrat man die Ansicht, dass Kant die Polemik für überflüssig erklärt habe, weil »eine Gegenposition zur reinen Vernunft gar nicht eingenommen werden kann«. In der Folge sei die Polemik »von der Gegenstands- auf die Darstellungsebene verwiesen« worden, so dass sie »als ein Modus zur Wahrheitsfindung« nicht länger habe gelten können.[86]

Diese Deutung ist einseitig aus zwei Gründen. Zum einen vernachlässigt sie die viel umfassendere Rolle der Polemik in Kants Werk.[87] Zum andern bleibt in der Deutung unberücksichtigt, dass der polemische Gebrauch der Vernunft den erkenntnistheoretischen Prämissen der Transzendentalphilosophie zu gehorchen hat. Kant behandelt die Polemik im zweiten Hauptteil der *Kritik der reinen Vernunft*, der transzendentalen Methodenlehre. Sie kann dort aber nur Berücksichtigung finden, insofern sie der »Erkenntniß aus reiner Vernunft« adäquat ist.[88] Diese Bedingung erfüllt sie ausschließlich dann, wenn sie die Sätze der reinen Vernunft »gegen die dogmatische[n] Verneinungen derselben« verteidigt.[89] Die Richtigkeit der eigenen Position zu behaupten, ist sie keineswegs imstande; sie behauptet lediglich, dass keine der konkurrierenden Positionen je mit apodiktischer Gewissheit wird auftreten können. Worauf sie zielt, ist die Unrechtmäßigkeit des Wahrheitstitels, in dessen Besitz sich der Gegner wähnt.[90] Die Polemik der reinen Vernunft dient allein zu negativem Gebrauche.

---

86   Dirk Rose: ›*Polemische Totalität*‹ (s. Anm. 9), S. 131, 134.
87   Zur Funktion der Polemik in Kants Geschichtsphilosophie vgl. Hans-Dietrich Dahnke und Bernd Leistner: *Debatten und Kontroversen* (s. Anm. 7), S. 21 f. Zur Polemik in Kants Werk vgl. Hans Saner: *Widerstreit und Einheit. Wege zu Kants politischem Denken*. München 1967.
88   Immanuel Kant: *Critik der reinen Vernunft*. Riga 1781 (= A), Riga 1787 (= B), A 712/B 740.
89   Ebd., A 739/B 767.
90   Darum ist die Aussage unzutreffend, dass nach Kant die Polemik diejenigen Positionen zu bekämpfen habe, die »das Primat der reinen Vernunft als einzig ›vernünftige‹ Form des Philosophierens« (Dirk Rose: ›*Polemische Totalität*‹ [s. Anm. 9], S. 132) nicht anzuerkennen bereit seien. Die Polemik fordert vom Gegner lediglich, die Grenzen der Vernunft zu achten, die diese für sich selbst bestimmt hat. ›Vernünftig‹ heißt hier vor allem: Urteilsenthaltung.

Diese Form der Polemik hat die Kritik zu ihrer Voraussetzung. Nur wo die Vernunft sich kritisch über die Antinomien, die sich aus ihrer Natur ergeben, Klarheit verschafft hat, kann sie sich polemisch gegen ihre Widersacher wenden.[91] Ein positiver Gebrauch der Polemik ist in der Transzendentalphilosophie wiederum unmöglich, weil sich über allgemeine und notwendige Wahrheiten nicht streiten lässt. Wer dies bestreiten wollte, müsste das Nichtvorhandensein allgemeiner und notwendiger Wahrheiten beweisen. Über die Spekulationen der reinen Vernunft kann freilich ebenso wenig gestritten werden, denn diese sind unentscheidbar. Nie wird, wie Kant einräumt, eine spekulative Idee sich durch Erfahrung bestätigen oder widerlegen lassen.[92] Einen Streit zu führen, ist aber nur sinnvoll, wenn dieser die Antizipation seiner Schlichtung erlaubt.[93] Daraus folgert Kant nicht, dass die Polemik überflüssig sei. Er selbst nennt die Theologie und Psychologie als deren ›Kampfplätze‹.[94] Polemik ist hier statthaft, gerade weil eine Erkenntnis nach transzendentalphilosophischen Kriterien nicht zu haben ist. Indessen können der reinen Vernunft derartige Kämpfe, die allein mit den Waffen der Empirie oder der Spekulation ausgefochten werden, völlig gleichgültig sein.

Kant bleibt in der Verwendung des Polemikbegriffs durchaus konventionell. Er fügt sich der Aristotelischen Linie ein, der zufolge Aussagen strittig sind, wenn es an absoluten Wahrheitskriterien mangelt. So heißt es in der *Kritik der Urteilskraft*, der ›Disput‹ unterscheide sich vom ›Streit‹ dadurch, dass in ihm »*objective Begriffe*« zur Begründung des Urteils angeführt werden könnten.[95] Im Streit dagegen stünden derartige Begriffe nicht zur Verfügung. Soll nun das Urteil nicht nur Privatgültigkeit haben, müsse es sich auf etwas berufen können, das mit dem Anspruch auf allgemeine Zustimmung einhergehe. Dieser Anspruch wird bei Kant allenfalls noch von den Ideen eingelöst. Anders als die Begriffe tragen die Ideen aber nichts zur Erkenntnis eines Gegenstandes bei. Sie

---

91 Die »Dissoziation von Kritik und Polemik«, von der Günter Oesterle: *Das ›Unmanierliche‹ der Streitschrift* (s. Anm. 8), S. 110, und Dirk Rose: ›*Polemische Totalität*‹ (s. Anm. 9), S. 131 f., sprechen, gilt allein innerhalb der Transzendentalphilosophie.
92 Immanuel Kant: *Critik der reinen Vernunft* (s. Anm. 88), A 750/B 778.
93 Immanuel Kant: *Kritik der Urteilskraft* (s. Anm. 29), S. 338.
94 Vgl. Immanuel Kant: *Critik der reinen Vernunft* (s. Anm. 88), A 743/B 771.
95 Immanuel Kant: *Kritik der Urteilskraft* (s. Anm. 29), S. 338.

sind entweder inexponibel, als Vorstellungen der Einbildungskraft, oder indemonstrabel, als transzendente Vernunftbegriffe.[96] Mit der kritischen Philosophie glaubte Kant, die Gesetze des Denkens und Urteilens auf eine Weise beschrieben zu haben, die schlichtweg keinen Widerspruch duldete:

> Die Critik dagegen, welche alle Entscheidungen aus den Grundregeln ihrer eigenen Einsetzung hernimt, *deren Ansehen keiner bezweifeln kan*, verschaft uns die Ruhe eines gesezlichen Zustandes, in welchem wir unsere Streitigkeit nicht anders führen sollen, als durch *Prozeß*.[97]

Das System, das Kant entwarf, sollte die Vernunft selbst sein. Er hypostasierte die Vernunft zu einer autonomen Instanz, die eigenen Gesetzen folgt und sie dem Denken auferlegt. Damit begab sich, wer dieses System in Frage stellte, zwangsläufig in die Position der Unvernunft.[98] In diesem Sinne war die Kantische Kritik nicht einfach ein weiterer Baustein am Gebäude des Wissens; sie erklärte vielmehr alle frühere Philosophie für blind.[99] Der Vergleich mit der kopernikanischen Revolution verdeutlicht den Bruch mit der Tradition, als welchen Kant seine Philosophie verstanden wissen wollte.[100] Darin lag das ungeheure Ärgernis, das sie in den Augen seiner Zeitgenossen darstellte. Es waren die gleichen Mittel, mit denen Kant einen »ewigen Frieden« in der Philosophie herbeizuführen gedachte,[101] die »das aufklärerische Agreement« erschütterten und schließlich zerstörten.[102]

---

96 Vgl. ebd., S. 338–343. Dazu auch Hans Saner: *Widerstreit und Einheit* (s. Anm. 87), S. 106–114.
97 Kant: *Critik der reinen Vernunft* (s. Anm. 88), A 751/B 779 (Kursivierung von A. K.).
98 Vgl. Dirk Rose: ›*Polemische Totalität*‹ (s. Anm. 9), S. 132.
99 In der Vorrede zu *Die Welt als Wille und Vorstellung* vergleicht Schopenhauer die Wirkung der Kantischen Philosophie mit der Staroperation am Blinden (*Die Welt als Wille und Vorstellung. Vier Bücher nebst einem Anhange, der die Kritik der Kantischen Philosophie enthält*. Leipzig 1819, S. XI).
100 Vgl. Immanuel Kant: *Critik der reinen Vernunft* (s. Anm. 88), B XVI.
101 Ebd., A 752/B 780.
102 Hans-Dietrich Dahnke und Bernd Leistner: *Debatten und Kontroversen* (s. Anm. 7), S. 23. Der Streit, den Kant auslöste, sucht in der Geschichte des philosophischen Denkens seinesgleichen. Vgl. Hans Saner: *Widerstreit und Einheit* (s. Anm. 87), S. 131: »In Kants letzten zwanzig Lebensjahren wurden alles in allem von etwa 700

Was sich mit Kant veränderte, war nicht der ›Modus‹ der Polemik, sondern der Begriff von Wissenschaft, als welche die Philosophie zu begründen sei.[103] Für Kant ist die Philosophie da, wo sie sich zur Wissenschaft erhebt, der Polemik überhoben. Zur Wissenschaft wird die Erkenntnis durch die »systematische Einheit« derselben. Diese Einheit verleiht eine zentrale Idee, welche die »mannigfaltigen Erkentnisse« unter sich begreift.[104] Damit verschiebt sich das Problem der Erkenntnis auf »die Ebene der ersten Prinzipien«,[105] mit denen das System steht und fällt. Diese Prinzipien sind, wie Kant selbst ausführt, als unbedingt anzusehen.[106] Ihnen liegt keine weitere Bedingung voraus, aus der sie abgeleitet werden könnten. Das wirft jedoch die entscheidende Frage auf – Friedrich Heinrich Jacobi hat in seinem Buch *Über die Lehre des Spinoza in Briefen an den Herrn Moses Mendelssohn* (1785) mit dem größten Nachdruck auf sie hingewiesen –, wie sich ein Wissen von einem Prinzipium begründen lässt, wenn dieses »nicht allein keiner Gründe bedarf, sondern schlechterdings alle Gründe ausschließt«.[107] Entscheidend ist diese Frage, weil die frühromantische Theorie der Polemik sich als abhängig von ihrer Beantwortung erweist.

Kant war nicht nur von der Beweisbarkeit transzendentaler synthetischer Sätze überzeugt – bekanntlich ist die *Kritik der reinen Vernunft* auf der Frage errichtet, wie synthetische Urteile a priori möglich seien –, er

---

     Autoren über 2000 Aufsätze und Bücher für und wider die kritische Philosophie gedruckt«.
103 Vgl. Immanuel Kant: *Critik der reinen Vernunft* (s. Anm. 88), A 843/B 871. Dazu Claus-Artur Scheier: »Synthesis a priori – Zur ersten Philosophie zwischen 1781 und 1817«. In: Walter Jaeschke (Hg.): *Der Streit um die Gestalt einer Ersten Philosophie (1799–1807)* (s. Anm. 7), S. 1–12.
104 Immanuel Kant: *Critik der reinen Vernunft* (s. Anm. 88), A 832/B 860. Zum Systemgedanken bei Kant vgl. Ina Goy: *Architektonik oder Die Kunst der Systeme. Eine Untersuchung zur Systemphilosophie der ›Kritik der reinen Vernunft‹*. Paderborn 2007.
105 Carlos Spoerhase: ›*Harte Kriege*‹ (s. Anm. 9), S. 86.
106 Vgl. Immanuel Kant: *Critik der reinen Vernunft* (s. Anm. 88), A 336/B 394.
107 Friedrich Heinrich Jacobi: *Über die Lehre des Spinoza in Briefen an den Herrn Moses Mendelssohn*. Hg. von Klaus Hammacher und Irmgard-Maria Piske, bearb. von Marion Lauschke. Hamburg 2000, S. 113. Vgl. dazu Manfred Frank: »*Unendliche Annäherung*«. *Die Anfänge der philosophischen Frühromantik*. Frankfurt a. M. 1997, S. 168–174.

meinte auch, diese Beweise erbracht zu haben. Nur ist aus Kants Urteilen in der Regel nicht zu erkennen, wie der Beweis geführt wurde.[108] Er lieferte, wie ihm immer wieder vorgehalten wurde, die Resultate ohne die Gründe.[109] Für Kant ist ein transzendentaler Satz bereits dann erwiesen, wenn gezeigt wurde, dass ohne die transzendentale Bedingung die Erfahrung eines Objekts unmöglich sei.[110] Eine solche Bedingung nennt Kant »schlechthin notwendig«, so etwa die synthetische Einheit der Apperzeption, von der es in der ersten Auflage der *Critik der reinen Vernunft* (1781) sogar heißt, an der »Wirklichkeit« der sich aus ihr ergebenden Vorstellung ›Ich‹ liege nichts, denn schon »die Möglichkeit der logischen Form alles Erkenntnisses beruhet nothwendig auf dem Verhältniß zu dieser Apperception *als einem Vermögen*«.[111] Wie aber kommt Kant von der notwendigen Bedingung der Erkenntnis – die ursprüngliche Einheit der Vorstellungen im Ich – auf die Annahme eines ›Vermögens‹ der transzendentalen Apperzeption? Ist damit nicht jener Sprung in der Beweisführung getan, vor dem Kant ausdrücklich warnt?[112] Das System stand, wie Kants Zeitgenossen schnell herausfanden, auf tönernen Füßen.[113]

Wie Carlos Spoerhase in seinem Aufsatz *Fichtes ›Theorie‹ der Polemik* auf überzeugende Weise dargelegt hat, war Fichtes polemische Praxis genau diesem insuffizienten epistemischen Status des Systems geschuldet. Der Idealismus sei zwar, wie Fichte im *Versuch einer neuen Darstellung der Wissenschaftslehre* (1797) schreibt, in sich konsistent, aber das erste Prinzip, auf dem es ruhe, erlaube keine weitere Ableitung. Darum könne es das konkurrierende System des Dogmatismus, von dem genau dasselbe gelte, weder widerlegen noch von diesem widerlegt werden. Die interessante Konsequenz aus dieser nach Vernunftgründen nicht

---

108 Vgl. Daniel Breazale: »Die synthetische[n] Methode[n] des Philosophierens. Kantische Fragen, Fichtesche Antworten«. In: Jürgen Stolzenberg (Hg.): *Kant und der Frühidealismus*. Hamburg 2007, S. 81–102, hier S. 81–86.
109 So von Fichte in einem Brief an Heinrich Stephani vom Dezember 1793. In: Fichte: *Gesamtausgabe* (s. Anm. 36), Bd. 3.2, S. 27–29, hier S. 28.
110 Vgl. Immanuel Kant: *Critik der reinen Vernunft* (s. Anm. 88), A 783/B 811.
111 Ebd., A 117, Anm.
112 Vgl. ebd., A 783/B 811.
113 Zu den grundsätzlichen Einwänden gegen Kants System vgl. Manfred Frank: »*Unendliche Annäherung*« (s. Anm. 106), S. 62–64.

aufzulösenden Situation war für Fichte, dass die Wahl des Systems vom jeweiligen Charakter des Philosophen abhänge: »Der Streit zwischen dem Idealisten und Dogmatiker ist eigentlich der, ob der Selbstständigkeit des Ich die Selbstständigkeit des Dinges, oder umgekehrt, der Selbstständigkeit des Dinges, die des Ich aufgeopfert werden solle«. Ein freier Mensch wähle den Idealismus, da nur dieser Freiheit gewähre, während ein »von Natur schlaffer oder durch GeistesKnechtschaft, gelehrten Luxus, und Eitelkeit erschlaffter, und gekrümmter Charakter« den Dogmatismus als die ihm angemessene Denkart anzuerkennen habe.[114] Damit scheint der Anspruch auf eine wissenschaftliche Begründung der Wissenschaftslehre in der Tat aufgehoben und die Polemik, als die Form des Streits, die sich aus der Unmöglichkeit eines Beweises ergibt, von Fichte selbst an die Stelle der Begründung gesetzt zu werden. Das Argument ad rem wiche, wie Peter Suber meint, dem Argument ad hominem.[115]

So richtig die Deutung Spoerhases ist, bleibt sie doch unvollständig. Zunächst muss auffallen, dass Fichte eine Theorie der Polemik nirgendwo formuliert oder auch nur thematisiert hat. Dies wäre durchaus zu erwarten gewesen von einem Philosophen, der die Möglichkeit einer konsensbildenden Auseinandersetzung verwirft. Stattdessen trennt Fichte in den Schriften, in denen er sich zum gelehrten Diskurs seiner Zeit äußerte, die Polemik ausdrücklich von der Wissenschaft. Wie Fichte schreibt, verdecke der in diesem Diskurs angeschlagene Ton, sei er dreist oder höflich, vor allem den Mangel an Folgerichtigkeit des Denkens:

> Die gangbarste Denkart in der Philosophie ist die: man müsse die Sache nicht so genau nehmen, nicht eine so große Strenge der Beweise verlangen; es können aus denselben zwei Prämissen gar verschiedne Schlußsätze folgen; je nachdem man eben des einen oder des andern bedürfe.[116]

---

114 Johann Gottlieb Fichte: »Versuch einer neuen Darstellung der Wissenschaftslehre«. In: Ders.: *Gesamtausgabe* (s. Anm. 36), Bd. 1.4, S. 183–208, hier S. 193, 195. Vgl. Carlos Spoerhase: ›Harte Kriege‹ (s. Anm. 9), S. 85–89, Peter Rohs: *Johann Gottlieb Fichte* (s. Anm. 35), S. 61 f.
115 Peter Suber: »A Case Study in Ad Hominem Arguments. Fichte's Science of Knowledge«. In: *Philosophy and Rhetoric* 23 (1990), S. 12–42, hier S. 18.
116 Johann Gottlieb Fichte: *Annalen des philosophischen Tons* (s. Anm. 78), S. 294.

Was Fichte dagegen fordert, ist das vollständige Absehen von allem, was nichts mit der Sache zu tun hat. Der Gelehrte kenne »gar nichts respectables, als – Gründe [...]. Wir sehen keine Person an, und fragen nur, *was* gesagt sey, und nicht, *wer* es gesagt habe«.[117] Fichtes eigene polemische Praxis richtete sich daher in erster Linie gegen jene, die durch ihre unsachgemäße Argumentation den Diskurs eintrübten.[118] Der Anspruch auf Wissenschaftlichkeit wird aber von dieser Praxis gar nicht berührt. Vielmehr bedient sich Fichte des rhetorischen Mittels der Polemik, um die in den Verfall geratenen wissenschaftlichen Standards zu restituieren. Spoerhase, der Fichtes Überlegungen zum Ton in der literarischen Kommunikation genau kennt,[119] hält beide Positionen – die Wahl seiner Philosophie zur Charakterfrage zu erklären und zugleich auf der strengen Beweisführung im Diskurs zu beharren – für unvereinbar.[120] Sie sind dies gleichwohl nur, wenn man Fichtes Bemerkungen zur Unbeweisbarkeit des Systems absolut setzt. Lässt sich aber die Ansicht, Fichte habe aus einer epistemischen Isolation heraus das »aufklärerische[] Wissens- und Kommunikationsmodell« verabschiedet,[121] aufrechterhalten?

Keineswegs. Bereits in der »Vorerinnerung« zum *Versuch einer neuen Darstellung der Wissenschaftslehre* besteht Fichte darauf, dass es ihm allein auf Gründe ankomme. Nicht ob ein System gefalle oder nicht gefalle, sei die Frage, sondern »ob es bewiesen sey«.[122] Auch in den *Annalen des philosophischen Tons* verlangt Fichte, dass man seinen Gründen und Deduktionen wiederum mit Gründen begegne, sofern man deren Unrichtigkeit nachzuweisen beabsichtige.[123] Anlässlich einer Auseinandersetzung mit dem Verleger Johann Friedrich Bohn wird Fichte im zweiten

---

117 Ebd., S. 296.
118 Ich schließe mich hier der Deutung von Mark Napierala: *Unparteilichkeit und Polemik* (s. Anm. 74), S. 87, an. Vgl. außerdem Astrid Urban: *Kunst der Kritik* (s. Anm. 8), S. 71–84.
119 Carlos Spoerhase: ›Harte Kriege‹ (s. Anm. 9), S. 78–84, ders.: *Prosodien des Wissens* (s. Anm. 9), S. 51–63.
120 Carlos Spoerhase: ›Harte Kriege‹ (s. Anm. 9), S. 91.
121 Ebd., S. 78.
122 Johann Gottlieb Fichte: *Versuch einer neuen Darstellung der Wissenschaftslehre* (s. Anm. 114), S. 185.
123 Vgl. Johann Gottlieb Fichte: *Annalen des philosophischen Tons* (s. Anm. 78), S. 305.

des dem *Philosophischen Journal* beigegebenen »NotizenBlattes« grundsätzlich. Dieser ebenfalls aus dem Jahr 1797 stammende Text scheint der Forschung zur Polemik bei Fichte bislang entgangen zu sein. Ich zitiere daher ausführlich:

> Alle streitige Fragen unter den Menschen lassen sich auf diese beiden zurückbringen: die erste: *Was ist geschehen*; die zweite: *mit welchem Rechte ist es geschehen*. In der erstern kann die Rede seyn entweder von einer bloß theoretischen Meinung; oder von einer Handlung, und dann ist im ersten Falle die Frage: was ist eigentlich behauptet worden; im zweiten, was ist gethan worden. In der zweiten Frage wird, je nachdem von einer bloßen Meinung, oder von einer Handlung die Rede ist, gefragt, entweder nach dem Grunde der theoretischen Behauptung, oder nach dem Rechte zur Handlung. Ist die Rede bloß von einer theoretischen Meinung, es sey nun die Frage davon, ob sie wirklich geäußert worden, oder ob sie gegründet sey, so ist der Streit ein eigentlich gelehrter Streit. Ist die Rede von einer Handlung, entweder, ob sie wirklich geschehen, oder mit welchem Rechte sie geschehen, so ist die Streitigkeit eine persönliche. Sehr viele an sich bloß gelehrte Streitigkeiten haben oder erhalten eine persönliche Beziehung dadurch, daß ihre Entscheidung Einfluß hat auf die Meinung von den Talenten und Kenntnissen derer, die darin verwickelt sind, mithin von ihrem persönlichen Werthe oder Unwerthe für die Bestimmung, die sie nun einmal ergriffen haben. [...] Die Streitigkeiten von dieser Art müssen *zu Ende gebracht* werden, sagte ich, d. i. es muß eine klare, jedem, dem etwas von ihr bekannt worden, einleuchtende Entscheidung, gegen welche nichts weiter vorzubringen sey, darüber im Publicum niedergelegt werden. – (Mit denen, die über diese Proposition schon deßhalb lächeln, weil von Entscheidung gesprochen wird, indem sie selbst über alle mögliche nur hin und her streiten, und nichts – ergründen wollen, kann ich hier mich unmöglich einlassen. Ist nur überhaupt Eine Vernunft, so ist über jeden Streit Entscheidung möglich, die für alle Vernunft gilt [...]).[124]

Abgesehen von der kurzen Typologie des Streits, die Fichte entwirft, äußert sich hier derselbe Vernunftmonismus, den auch Kant vertritt. Ein gelehrter Streit ist nach Gründen auflösbar. Für Polemik bleibt unter diesen Prämissen allenfalls Raum, um den Gegner in die Schranken zu weisen. Die Sache selbst bedarf ihrer nicht. Soll dies aber auch von den ersten Prinzipien gelten, die Fichte für nicht weiter ableitbar

---

124 Johann Gottlieb Fichte: *Untersuchung* (s. Anm. 84), S. 343 f. Friedrich Schlegel hebt in einem Brief an Novalis vom 24. Mai 1797 diesen Text als einzigen aus dem dritten Heft des *Philosophischen Journals* ausdrücklich hervor (vgl. *KFSA* 23, hier S. 367).

erklärt? Zumindest trat Fichte ausdrücklich mit dem Anspruch auf, der Kantischen Philosophie ein gesichertes Fundament zu verschaffen. Offenbar glaubte er, bereits mit dem *Grundriß des Eigenthümlichen der Wissenschaftslehre in Rüksicht auf das theoretische Vermögen* dieses Ziel erreicht zu haben. Sie schließt mit den Sätzen:

> *Kant* geht in der Kritik d. r. Vft. von dem Reflexionspunkte aus, auf welchem Zeit, Raum, und ein Mannigfaltiges der Anschauung gegeben, in dem Ich, und für das Ich schon vorhanden sind. Wir haben dieselben jezt a priori deducirt, und nun sind sie im Ich vorhanden. Das Eigenthümliche der Wissenschaftslehre in Rüksicht der Theorie ist daher aufgestellt, und wir setzen unsern Leser vor jetzo gerade bei demjenigen Punkte nieder, wo *Kant* ihn aufnimmt.[125]

Tatsächlich bleibt auch die von Fichte eröffnete Alternative zwischen Idealismus und Dogmatismus nur vorläufiger Art, denn der »Dogmatismus ist gänzlich unfähig, zu erklären, was er zu erklären hat, und dies entscheidet über seine Untauglichkeit«. Er muss nämlich die Vorstellung im Ich aus der kausalen Einwirkung eines Dinges an sich erklären. Eine solche Annahme hält Fichte jedoch für widersinnig. Allein der Idealismus könne nicht nur den Grund eines Seins, sondern auch den eines vom Sein ganz verschiedenen Vorstellens aufzeigen.[126]

Wie Daniel Breazale in einem äußerst erhellenden Aufsatz zeigte, hat Fichte

---

125 Johann Gottlieb Fichte: »Grundriß des Eigenthümlichen der Wissenschaftslehre in Rüksicht auf das theoretische Vermögen«. In: Ders.: *Gesamtausgabe* (s. Anm. 36), Bd. 1.3, S. 144–208, hier S. 208. Mit dieser Einschätzung des Verhältnisses der Wissenschaftslehre zur Kantischen Erkenntnistheorie stand Fichte allerdings, wie er selbst einräumt, weitgehend allein da (vgl. u. a. »Zweite Einleitung in die WissenschaftsLehre«. In: *Gesamtausgabe* [s. Anm. 36], S. 209–244, hier S. 221–224). Kant griff in die anhaltende Diskussion schließlich ein, indem er im *Intelligenzblatt der Allgemeinen Literatur-Zeitung*, Nr. 109 vom 28. August 1799 öffentlich erklärte, dass er die Wissenschaftslehre »für ein gänzlich unhaltbares System« (in: *Akademie-Ausgabe* [s. Anm. 28], Bd. 12, S. 370 f., hier S. 370) ansehe.

126 Johann Gottlieb Fichte: *Versuch einer neuen Darstellung der Wissenschaftslehre* (s. Anm. 114), S. 195, 197 f. Vgl. dazu Walter Jaeschke und Andreas Arndt: *Die Klassische Deutsche Philosophie nach Kant. Systeme der reinen Vernunft und ihre Kritik 1785–1845*. München 2012, S. 90–95, Peter Rohs: *Johann Gottlieb Fichte* (s. Anm. 35), S. 62.

alle Anstrengungen unternommen, um eine rigorose und einsichtige Methode in der Deduktion seiner eigenen philosophischen Schlüsse zu beachten. Es sollte seinen Lesern völlig evident sein, daß jeder einzelne Anspruch der Wissenschaftslehre vollständig determiniert ist durch die ihm vorausgehenden Ansprüche.[127]

Breazale unterscheidet in Fichtes Philosophie eine phänomenologisch-synthetische – zu ihr gehört die intellektuelle Anschauung – von einer dialektisch-synthetischen Methode. Das große Selbstmissverständnis Fichtes bestand darin, dass er von der Unwiderlegbarkeit seines Verfahrens absolut überzeugt war, während keine dieser Methoden einer kritischen Überprüfung standhält. Die dialektisch-synthetischen Schlüsse gehen mit dem Problem einher, dass sie einen Gegensatz zwar auf einer höheren Ebene aufheben, den beiden gegensätzlichen Elementen insofern tatsächlich einen ›Grund‹ verschaffen, aber diese Lösung keineswegs den Anspruch erheben kann, die einzig mögliche zu sein.[128] Das Vermögen der intellektuellen Anschauung wiederum lässt sich, wie Fichte selbst schreibt, »nicht durch Begriffe demonstriren, noch, was es sey, aus Begriffen entwickeln. Jeder muß es unmittelbar in sich selbst finden, oder er wird es nie kennen lernen«.[129] Beide, das Vermögen und die innere Anschauung, hat man oder man hat sie nicht. Wer sie nicht hat, disqualifiziert sich nach Fichte selbst, denn ihm fehlt die Basis, auf der man sich philosophisch verständigen könnte.[130] An dieser Stelle erfolgt ein klarer Bruch mit dem herkömmlichen Wissenschaftsverständnis, demzufolge eine Erkenntnis allgemein mitteilbar zu sein habe, weil sie auf objektiven Begriffen beruht.[131]

---

127 Daniel Breazale: *Die synthetische[n] Methode[n] des Philosophierens* (s. Anm. 108), S. 87.
128 Vgl. ebd., S. 97 f.
129 Johann Gottlieb Fichte: *Zweite Einleitung in die WissenschaftsLehre* (s. Anm. 124), S. 217.
130 Vgl. ebd., S. 260 f.
131 Vgl. Immanuel Kant: *Kritik der Urteilskraft* (s. Anm. 29), S. 213 f. Schlegel hat Fichte aufgrund dieses unüberwindlich subjektiven Moments seiner Philosophie einen erkenntnistheoretischen Mystizismus attestiert, der »nicht nur d[en] Buchstaben« hasse, »sondern auch d[en] *Begriff*« (»Philosophische Fragmente. Erste Epoche. I«. In: *KFSA* 18, S. 1–16, hier S. 5).

Fichte hat, darin Kant ganz ähnlich, der Polemik keine erkenntnistheoretische Relevanz zugestanden, weil er jederzeit an der strikten Beweisbarkeit seines Systems festhielt. Zugleich sah er sich in der Situation, dass seine Gegner die Evidenz seiner Beweise nicht anerkannten.[132] Das Paradoxe in Fichtes Verhalten, dasjenige, worin Spoerhase eine Unvereinbarkeit sieht, ist genau diesem Widerspruch geschuldet. Die Wissenschaftlichkeit, die Fichte behauptet, unterliegt nicht mehr den Kriterien der Wissenschaft. Aufgrund dieses Objektivitätsdefizits kann sie nicht anders als polemisch behauptet und verteidigt werden. Fichte hat sich dies nie eingestanden. Der Streit um die Grundlagen der Philosophie war nicht zuletzt ein Streit um das Problem der Evidenz. In Frage stand der Begriff des Wissens selbst:

> Die ganze Tiefe eures Wesens [die Philosophen von Profession, die bisher Gegner der WL gewesen] reicht [...] nur bis zum historischen Glauben, und Euer Geschäft ist, die Überlieferungen dieses Glaubens räsonnirend weiter zu zerlegen. Ihr habt in eurem Leben nicht *gewußt*, und wißt daher gar nicht, wie einem zu Muthe ist, der da weiß. Ihr erinnert euch, wie ihr gelacht habt, wenn man der *intellectuellen Anschauung* erwähnte. Hättet ihr je gewußt, und vom Wissen gewußt; ihr hättet diese Anschauung warlich nicht lächerlich gefunden.[133]

Erst Friedrich Schlegel gibt den Anspruch auf objektive Beweisbarkeit des Idealismus auf und hält trotzdem an ihm fest. Die drei Axiome der Transzendentalphilosophie – »alle Wahrheit ist relativ; alles Wissen symbolisch; die Philosophie ist unendlich« – sollen genau dies ausdrücken.

Schlegels Idealismus sucht die Erkenntnis des Unendlichen. Aber das Unendliche ist eine schlechthin gesetzte Idee, die Realität nur für das Bewusstsein hat. Die Philosophie nähert sich dem Unendlichen durch unendliche Tätigkeit. Wo sie eine Beharrlichkeit des Daseins annimmt, unterliegt sie dem Irrtum.[134] Da die Philosophie ihr Wissen allein aus ihrem Tun gewinnt, kann es nach Schlegel auch nur ein unendliches und

---

132 Carlos Spoerhase: ›Harte Kriege‹ (s. Anm. 9), S. 73.
133 Johann Gottlieb Fichte: *Sonnenklarer Bericht an das größere Publikum über das eigentliche Wesen der neuesten Philosophie* (s. Anm. 41), S. 260.
134 Vgl. Friedrich Schlegel: *Transcendentalphilosophie* (s. Anm. 46), S. 13.

unteilbares Wissen geben.[135] Dieses Wissen nennt Schlegel symbolisch, weil es ein Produkt der schöpferischen Tätigkeit des Geistes ist, der sich darin der schaffenden Kraft des Universums angleicht. In dem vorläufigen Charakter dieses Wissens, das im Augenblick seiner Entstehung zugleich seine Überwindung einfordert, besteht die Relativität der Wahrheit.[136] Das Wissen ist wahr bis zu seinem Untergang und nur als eines, das unterzugehen hat. Den bewussten Vollzug dieser zerstörenden und schaffenden Erkenntnistätigkeit, für die Stillstand den Tod bedeutet, nennt Schlegel Idealismus.

Es wird nun verständlich, weshalb Schlegel die polemische Methode aus diesen drei Sätzen deduzieren will. Sofern die Philosophie auf die »Vernichtung des Endlichen« abzielt,[137] verfährt sie ›polemisch‹. Sie richtet sich dabei auch gegen ihre eigenen Positionen:

> Polemische Totalität [...] kann wohl die Gegner vollkommen vernichten, ohne jedoch die Philosophie ihres Eigentümers hinreichend zu legitimieren, so lange sie bloß nach Außen gerichtet ist. Nur wenn sie auch auf das Innere angewandt wäre, wenn eine Philosophie ihren Geist selbst kritisierte, und ihren Buchstaben auf dem Schleifstein und mit der Feile der Polemik selbst bildete, könnte sie zu logischer Korrektheit führen.[138]

Dass Schlegel in Fichtes *Sonnenklarem Bericht* Ansätze zu einer Theorie der Polemik zu finden meint, wie er in der *Europa* behauptet, könnte mit dieser Eigenschaft des Textes zu tun haben. Expressis verbis ist von Polemik bei Fichte nirgendwo die Rede. In dem Text fingiert Fichte ein Gespräch zwischen Autor und Leser, in dem jener diesem die Wissenschaftslehre in sechs Lehrstunden erläutert. Der Leser soll, wie es im Untertitel der Schrift heißt, zum Verstehen gezwungen werden. Fichte will dies erreichen, indem er den Leser Einwände erheben lässt, die der Autor im Anschluss daran so demontiert, dass der Leser seine Zustimmung nicht länger versagen kann. Im Zuge dessen wendet sich der Text nicht

---

135 Vgl. ebd., S. 10.
136 Wie Schlegel diese Forderung in der Kunst umgesetzt wissen will, lässt sich dem Lessing-Aufsatz entnehmen. Vgl. *Über Lessing* (s. Anm. 85), S. 411, 414.
137 Friedrich Schlegel: *Transcendentalphilosophie* (s. Anm. 46), S. 97.
138 Friedrich Schlegel: *Athenäum-Fragmente* (s. Anm. 56), S. 240. In dieser Bestimmung nähert sich Schlegels Begriff der Polemik demjenigen der Kritik an. Vgl. dazu Dirk Rose: ›*Polemische Totalität*‹ (s. Anm. 9), S. 138–140.

nur polemisch nach außen, gegen die Gegner der Wissenschaftslehre, sondern auch gegen sich selbst.[139] Er bestätigt sich, indem er sich in Frage stellt. Vermutlich liegt für Schlegel darin die exemplarische Qualität des Textes: dass die noch zu entwerfende Theorie der Polemik sich in ihm auf ideale Weise veranschaulicht. Dem Text lässt sich die Methode entnehmen, die theoretisch noch zu begründen ist.

Die Polemik wird von Schlegel, ähnlich wie von Jaspers, *in* der Philosophie verankert. Sie bezeichnet dort den Gang des Denkens, der angesichts der Unendlichkeit des Wissens nie zu einem Ende kommen kann: »Die wahre Polemik ist unendlich, nach allen Seiten hin unaufhaltsam progressiv«.[140] Nur begreift Schlegel sie nicht als Strukturgesetz der Erkenntnis, sondern als kategorischen Imperativ. Die Philosophie »constituirt« sich aus der »Aufgabe, den Irrthum auszurotten«.[141] In diesem Sinne ist die Polemik tatsächlich Methode, das heißt zweckmäßig angewandtes Verfahren, der eine Erkenntnisfunktion zukommt. Zugleich aber berührt sie damit den Bereich der Moral.

Die polemische Methode strebt dem Ideal der Philosophie, dem Absoluten zu. Mit dessen Unerreichbarkeit begründet Schlegel die Unendlichkeit der Polemik.[142] Anders steht es mit der Begründung der polemischen Methode selbst. Sie ergibt sich, wie Schlegel sagt, aus den drei Axiomen des Idealismus. Diese Axiome sind aber ihrerseits Konstituenten eines Systems, das sich nicht weiter begründen lässt. Die Verwendung des Begriffs ›Axiom‹ deutet darauf hin: Es handelt sich um Grundsätze, die keines weiteren Beweises bedürfen oder keinen solchen zulassen.[143] Man könnte sagen: Der Idealismus Schlegels ist die Konsequenz aus der Unmöglichkeit einer Letztbegründung von Wissen.

---

139 Vgl. Johann Gottlieb Fichte: *Sonnenklarer Bericht an das größere Publikum über das eigentliche Wesen der neuesten Philosophie* (s. Anm. 41), S. 218, 241.
140 Friedrich Schlegel: *Lessings Gedanken und Meinungen* (s. Anm. 55), S. 87.
141 Friedrich Schlegel: *Transcendentalphilosophie* (s. Anm. 46), S. 97.
142 Vgl. ebd., S. 10 f.
143 Vgl. Johann Georg Walch: *Philosophisches Lexicon. Darinnen Die in allen Theilen der Philosophie, als Logic, Metaphysic, Physic, Pnevmatic, Ethic, natürlichen Theologie und Rechts-Gelehrsamkeit, wie auch Politic fürkommenden Materien und Kunst-Wörter erkläret und aus der Historie erläutert; die Streitigkeiten der ältern und neuern Philosophen erzehlet, die dahin gehörigen Bücher und Schrifften angeführet, und alles nach Alphabetischer Ordnung vorgestellet werden.* Leipzig 1726, Sp. 169 f.

Er ist dies, insofern er Wissen nur als symbolisches duldet. Er negiert das Wissen zugunsten einer Tätigkeit des Subjekts, die selbst in diesen Negationen besteht. Zugleich ist der Idealismus diese Konsequenz, weil er auf einer Setzung beruht. Die Negation des Wissens, die sein Wesen ausmacht, reicht zurück bis in seinen Ursprung. Erst daraus ergibt sich aber die Möglichkeit einer Theorie der Polemik, wie Schlegel sie in der *Europa* gefordert hatte.

In der Vorlesung zur Transzendentalphilosophie scheint Schlegel sich über diesen Zusammenhang noch nicht klar gewesen zu sein. Er versucht, dieser Konsequenz zu entgehen, indem er die »absolute Thesis«, das Setzen des Unendlichen, als ein Wissen begreift: »Aber deswegen ist das *erste* und *letzte* der Philosophie nicht ein *Glaube*, wie man gewöhnlich annimmt, sondern schlechthin *ein Wissen*, aber freilich *ein Wissen von ganz eigener Art, ein unendliches Wissen*«.[144] Das ähnelt noch der Position Fichtes, der die Wissenschaftlichkeit der Wissenschaftslehre mit der Berufung auf ein eigenes Wissen zu verteidigen suchte.[145] Aber schon im Lessing-Aufsatz ist dieser Anspruch aufgegeben: »*Rechtfertigen* kann ich diesen Glauben *hier* nicht und diese Polemik; aber ich denke, meine Philosophie und mein Leben werden es. Hier kann ich vor der Hand nur die absolute *Subjektivität* alles dessen, was sich darauf bezieht, anerkennen«.[146]

Schlegels Rede von einer Theorie der Polemik weist, wie bereits bemerkt, eine doppelte Bezüglichkeit auf. Sie kann gelesen werden als Genitivus subiectivus in dem Sinne, dass die wahre Theorie notwendig polemisch zu verfahren habe. Diese Lesart impliziert jedoch eine Theorie der Polemik im Sinne des Genitivus obiectivus. ›Notwendig‹ ist die Polemik nämlich nur,[147] weil in Schlegels Erkenntnistheorie jedes endliche Wissen als Irrtum verworfen wird. Anders gesagt: Die Polemik wird theoriefähig erst mit dem Verzicht auf ein Wissen, das nicht zugleich das Ganze ist. Die Absolutheit jedoch, mit der dieses Wissen verworfen wird,

---

144 Friedrich Schlegel: *Transcendentalphilosophie* (s. Anm. 46), S. 24.
145 Allerdings notierte Schlegel schon 1797, dass man zur »Verteidigung eines Systems« (in: »Fragmente zur Litteratur und Poesie«. In: *KFSA* 16, S. 83–190, hier S. 126) immerfort streiten müsse und nie aufhören dürfe zu polemisieren. Diese Notwendigkeit folgt aus der Unbeweisbarkeit des Systems.
146 Friedrich Schlegel: *Über Lessing* (s. Anm. 85), S. 411 f.
147 Vgl. Friedrich Schlegel: *Transcendentalphilosophie* (s. Anm. 46), S. 93.

resultiert aus einem Glauben. Es ist Schlegel selbst, der schließlich erkennt, dass eine Philosophie, die auf »Objektive[r] Willkühr« beruht,[148] in Religion umschlägt. Bereits in seiner Verteidigungsschrift des mit dem Atheismusvorwurf belegten Fichte – *Für Fichte* (1799) – schreibt Schlegel, dass der Idealismus durch innere Notwendigkeit mit der christlichen Religion vollkommen übereinstimme:

> Auch nach dieser Philosophie ist in der Welt ein ewiger Streit des Guten und des Bösen. Es giebt zwei ursprünglich verschiedene Tendenzen im Menschen, die aufs Endliche und die aufs Unendliche; also nicht bloß eine Verschiedenheit des Grades, Nüancen von Tugend und Laster, sondern absolute Entgegengesetztheit der Wege, die es jedem Menschen freisteht zu wandeln.[149]

Frei ist der Mensch demnach, wo ihn kein Gesetz zwingen kann. Daher erklärt Schlegel es zu einer Frage der Moral, welchen Weg er wählt: »Sollte es nicht der Anfang aller Erkenntnis sein, das Gute und das Böse zu unterscheiden?«[150] An diesem Punkt schlägt der Idealismus in Dogmatismus um.[151] Die polemische Totalität, welche der ›ewigen Skepsis‹ entspringt,[152] mündet in einen Nihilismus der materiellen, empirischen Erkenntnis im Erwartungshorizont des Unendlichen. In der Kompilation von *Lessings Gedanken und Meinungen* (1804) fasst Schlegel diese Ansicht in dem Gleichnis von Geist und Buchstabe:

> Solange nur irgend etwas bloß Negatives und Endliches vorhanden, solange noch nicht jede Hülle verklärt und von Geist durchdrungen und das Wort Gottes allgegenwärtig geworden, solange nur noch die Möglichkeit eines toten und dürren Buchstabens vorhanden ist, solange existiert auch

---

148 Ebd., S. 23.
149 Friedrich Schlegel: »Für Fichte. An die Deutschen«. In: *KFSA* 18, S. 522–525, hier S. 524.
150 Friedrich Schlegel: *Über Lessing* (s. Anm. 85), S. 411. Eva, so deutet es Schlegel, aß vom Baum der Erkenntnis, weil sie diese Unterscheidung nicht getroffen hatte. Mit dem Übertreten des Verbots ging der Mensch der Göttlichkeit verlustig und die Endlichkeit brach ins Paradies.
151 Hier im konventionellen Sinn als Festhalten an einem Dogma, als epistemologische Erstarrung. Nicht zu verwechseln mit dem systematischen Dogmatismus, den Fichte kritisierte.
152 Vgl. Friedrich Schlegel: *Transcendentalphilosophie* (s. Anm. 46), S. 10.

noch das böse Prinzip, gegen welches ohne Unterlaß und ohne Schonung zu kämpfen der hohe Beruf der Polemik ist; ist dieses besiegt, dann mag es ihr letztes Geschäft sein, sich selbst zu vernichten.[153]

Bei Schlegel erlangt die Polemik eine Funktion, die sie seit den Tagen der Kontroverstheologie nicht mehr besaß: Sie wird Glaubenskampf.[154] Auch wenn Schlegel die Wissenschaftlichkeit der polemischen Methode dadurch abzusichern glaubt, dass er sie eben als Konsequenz aus der Unmöglichkeit von Wissen begründet, bleibt dessen Verabschiedung der Preis dieser Verabsolutierung. Darin unterscheidet sich Schlegel von Kant und Fichte. Was bei diesen noch ›wahr‹ oder ›falsch‹ hieß, fasst Schlegel als ›gut‹ oder ›böse‹. An die Stelle der Erkenntnis setzt sich das Bekenntnis.[155]

3   Frühromantische Praxis der Polemik

Über die Notwendigkeit des Streits herrschte im Kreis der Frühromantiker weitgehend Einigkeit.[156] Tieck schrieb von einer »Periode des Kampfes«,

---

153   Friedrich Schlegel: *Lessings Gedanken und Meinungen* (s. Anm. 55), S. 88.
154   In der Theologie hatte man schon unmittelbar nach dem Erscheinen der *Kritik der reinen Vernunft* die Selbstbescheidung der Vernunft in übersinnlichen Angelegenheiten als Stärkung der eigenen Position erkannt. Mit der Einsicht in die Unmöglichkeit einer Letztbegründung des Wissens erfuhr auch die theologische Polemik eine erneute Aufwertung.
155   Auf diese Tendenz der Polemik zur Religion hat Schlegel verschiedentlich hingewiesen, z. B. in »Philosophische Fragmente. Zweyte Epoche. I.«. In: *KFSA* 18, S. 195–321, S. 227, S. 293, S. 310, oder *Philosophische Fragmente. Zweyte Epoche. II* (s. Anm. 42), S. 373, S. 383. Vgl. dazu Günter Oesterle: »Friedrich Schlegel in Paris oder die romantische Gegenrevolution«. In: Gonthier-Louis Fink (Hg.): *Les Romantiques allemands et la Révolution française/Die deutsche Romantik und die französische Revolution.* Strasbourg 1989, S. 163–179, Henri Chélin: *Friedrich Schlegels Europa.* Frankfurt a. M. 1981, S. 103, Hans Gerhard Ziegler: *Friedrich Schlegel als Zeitschriften-Herausgeber.* Berlin 1968, S. 233.
156   Eine bedeutende Ausnahme stellt Novalis dar. In dem Briefwechsel mit Friedrich Schlegel stammen alle Äußerungen zur Polemik von diesem. Vgl. Brief vom 2. Januar 1797. In: Novalis: *Schriften*, 6 Bde. Hg. von Paul Kluckhohn und Richard Samuel. 2. Aufl. Stuttgart u. a. 1960–2006, Bd. 4, S. 467–468, hier S. 467, Brief von [Ende Februar 1797]. In: Ebd., S. 477–478, hier S. 478, Brief vom 24. Mai 1797. In: Ebd., S. 484–485, hier S. 485, Brief vom 8. Juni 1797. In: Ebd., S. 487–488, hier S. 487,

in der sich die Literatur befinde.¹⁵⁷ Friedrich Schlegel meinte, den Anbruch einer ›polemischen Epoche‹ zu erkennen.¹⁵⁸ Fichte antwortete auf einen Brief Reinholds, in dem dieser sich beklagte, die Wissenschaft sei zum »bellum omnium« verkommen, dass nur »im Streite [...] die Wahrheit gedeihen« könne.¹⁵⁹ Und in seiner *Zeitschrift für spekulative Physik* konstatierte Schelling: »*Jeder Streit, der im Dienste der Wahrheit geführt wird* [...], *ist etwas Gutes und Verdienstliches und ein Glück für die Wissenschaft selbst*«.¹⁶⁰ Man hat sich dieser Notwendigkeit nicht entzogen. Lässt sich aber zwischen der frühromantischen Praxis der Polemik und ihrer Theorie, wie sie aus Fichtes und Schlegels Aufzeichnungen hier rekonstruiert wurde, ein Zusammenhang aufdecken? Und, wenn diese Frage bejaht werden kann, handelt es sich dann bei dieser Praxis nicht nur um ein methodisches, sondern – auf der Basis geteilter theoretischer Annahmen – kollektives Vorgehen? Gibt es, kurz gesagt, eine ›frühromantische‹ Polemik?

Jener »Kreis[] von jungen Dichtern und Litteratoren«,¹⁶¹ der später den Namen ›Frühromantik‹ erhielt, konstituierte sich als Autorenkollektiv in erster Linie dadurch, dass er sich dezidiert und programmatisch von anderen Gruppen abgrenzte. Anders als die Surrealisten haben

---

Brief vom 28. Mai 1798. In: Ebd., S. 493–496, hier S. 495. Schlegel schreibt sogar, dass er in Weißenfels, also wohl im Gespräch mit Novalis, einen »Abscheu« (ebd., S. 478) vor der Polemik bekommen habe. Offenbar hielt Novalis Schlegels Idee der polemischen Totalität das ebenfalls theologische Konzept der Irenik entgegen, also die Suche nach einer gemeinsamen Basis, um auf dieser die Meinungsverschiedenheiten offen auszutragen. Auch in Novalis' Aufzeichnungen spielt die Polemik kaum eine Rolle.

157 Ludwig Tieck: »Einleitung«. In: Ders. (Hg.): *Poetisches Journal*. Jena 1800, S. 1–10, hier S. 7.
158 Vgl. Friedrich Schlegel: »Zur Poesie I. Paris. 1802 Jul.«. In: *KFSA* 16, S. 361–410, hier S. 404.
159 Undatierter Brief Reinholds und Antwort Fichtes vom 28. September 1799 in: Johann Gottlieb Fichte: *Gesamtausgabe* (s. Anm. 36), Bd. 3.4, S. 82–84, hier S. 83, und S. 90–94, hier S. 93.
160 Friedrich W. J. Schelling: »Anhang zu dem voranstehenden Aufsatz, betreffend zwei naturphilosophische Recensionen und die Jenaische Allgemeine Literaturzeitung«. In: *Zeitschrift für spekulative Physik* 1.1 (1800), S. 49–99, hier S. 70.
161 August Wilhelm Schlegel: »Vorrede zu den kritischen Schriften« [1828]. In: *August Wilhelm von Schlegel's Sämmtliche Werke*. 12 Bde. Hg. von Eduard Böcking. Leipzig 1846 f., Bd. 7, S. XXIII–XXXIV, hier S. XXV.

die Frühromantiker ihrem Selbstverständnis in keinem Manifest emphatischen Ausdruck verliehen. Dennoch deuten zahlreiche Formulierungen in ihren Schriften auf das Vorhandensein eines solchen Selbstverständnisses hin. Die Verpflichtung auf eine gemeinsame Idee, die sich darin bekundet, schloss die Differenz im Detail nicht aus. Explizit heißt es in der »Vorerinnerung« zum ersten Stück des *Athenaeums*: »Wir theilen viele Meinungen mit einander; aber wir gehn nicht darauf aus, jeder die Meinungen des andern zu den seinigen zu machen«. Wichtiger als »flache Einstimmigkeit« bleibe die »Unabhängigkeit des Geistes«.[162]

Es bereitet nicht geringe Schwierigkeiten, den programmatischen Kern des frühromantischen Selbstverständnisses genauer zu bestimmen. Nahe kommt man ihm vielleicht, wenn man auf den allenthalben geäußerten Anspruch verweist, mit seinem individuellen Tun lediglich den Sinn und Zweck einer durch den Idealismus begründeten transpersonalen Totalität zu vollstrecken, ob diese nun das Sein, das Unendliche oder die Vernunft genannt wurde. So heißt es bei Friedrich Schlegel: »Ihr werdet nirgends eine natürliche Grenze finden, nirgends einen objektiven Grund zum Stillstande, ehe Ihr nicht an den Mittelpunkt gekommen seid. Dieser Mittelpunkt ist der Organismus aller Künste und Wissenschaften, das Gesetz und die Geschichte dieses Organismus«.[163] Dies deckt sich mit der Ankündigung August Wilhelms, der in seinem *Entwurf zu einem kritischen Institute* (1800) schreibt, dass von der Kritik nur dasjenige berücksichtigt würde, »was wirklich einen gemeinschaftlichen Mittelpunkt hat«. Was dagegen »ohne ein System oder Herleitung aus Prinzipien« bloß zusammengetragen sei, bleibe von der Kritik ausgeschlossen.[164] Auch Bernhardi spricht in seiner Zeitschrift *Kynosarges* (1802) davon, dass es nur eine einzige Wissenschaft gebe, deren Zweck es sei, »das einfache unverwüstliche Ganze des Daseins aufzudecken«. Die Einzelwissenschaften würden denselben Zweck verfolgen, wenn auch in den jeweiligen »Reihen des Daseins«, deren Erforschung sie sich

---

162 August Wilhelm Schlegel: »Vorerinnerung zum Athenäum« [1798]. In: *August Wilhelm von Schlegel's Sämmtliche Werke* (s. Anm. 161), Bd. 7, S. XIX f., hier S. XX.

163 Friedrich Schlegel: *Über Lessing* (s. Anm. 85), S. 411. In der *Europa* bezeichnet Schlegel den Idealismus als den Mittelpunkt von Literatur, Physik, Poesie und Gelehrsamkeit (Friedrich Schlegel: *Literatur* [s. Anm. 1], S. 5).

164 August Wilhelm Schlegel: »Entwurf zu einem kritischen Institute«. In: *August Wilhelm von Schlegel's Sämmtliche Werke* (s. Anm. 161), Bd. 8, S. 50–57, hier S. 52.

verschrieben haben.[165] Nichts anderes liest man in dem Aufsatz, mit dem Schelling und Hegel ihr *Kritisches Journal der Philosophie* (1802) eröffnen: »Dadurch daß die Wahrheit der Vernunft, so wie die Schönheit nur Eine ist, ist Kritik als objective Beurtheilung überhaupt möglich«.[166]

Was die Frühromantiker einte, war die Überzeugung, nach strengen, unwiderleglichen Grundsätzen zu verfahren.[167] Diese Überzeugung übernahmen sie von Kant, den sie als Gründungsvater ihrer »neue[n] Schule der Philosophie« anerkannten,[168] wenn sich später auch hier und da der Wille zum Vatermord verriet. Was sie schließlich trennte, war die Frage, welche Grundsätze dies sein sollten. Im Hinblick darauf gingen ihre Positionen mehr und mehr auseinander; die Methode jedoch wurde mit absolutem Geltungsanspruch vertreten.[169] Man kann dies aus heutiger Sicht gutheißen als Versuch, ein neues Wissenschaftsethos zu etablieren, das vollständige Beweisbarkeit in allen Bereichen des Wissens forderte, sei es in der Ästhetik, der Philosophie, der Physik oder der Moral. Man kann andererseits auch nicht umhin, einen verschärften Dogmatismus festzustellen, der keine Position neben sich duldete, die nicht mit der eigenen zu vereinen war.[170]

---

165 August Ferdinand Bernhardi: »Wissenschaft und Kunst«. In: Ders. (Hg.): *Kynosarges. Eine Quartal-Schrift*. Berlin 1802, S. 42–99, hier S. 78.

166 Friedrich W. J. Schelling und Georg W. F. Hegel: »Über das Wesen der philosophischen Kritik überhaupt, und ihr Verhältniß zum gegenwärtigen Zustand der Philosophie insbesondere«. In: Dies. (Hg.): *Kritisches Journal der Philosophie*. Tübingen 1802, S. III–XXIV, hier S. V.

167 Das Verfahren nimmt parodistische Züge an, wenn Fichte in seiner wohl aggressivsten Polemik gegen Friedrich Nicolai darauf beharrt, ein »Grundprincip dieses Charakters« nachweisen zu müssen, damit seine Charakteristik systematisch ausfalle. Johann Gottlieb Fichte: *Friedrich Nicolai's Leben und sonderbare Meinungen* (s. Anm. 4), S. 6.

168 Friedrich Schlegel: *Lessings Gedanken und Meinungen* (s. Anm. 55), S. 96. Vgl. auch Johann Gottlieb Fichte: *Sonnenklarer Bericht an das größere Publikum über das eigentliche Wesen der neuesten Philosophie* (s. Anm. 41), S. 186: »[...] ich nehme hier das Kantische und das neueste [System] für Eins, weil wenigstens in ihrem Anspruche auf Wissenschaftlichkeit beide unwidersprechlich übereinkommen«.

169 Auch die ›unendliche Annäherung‹ an das Absolute ist absolut darin, dass sie keine Position außer der Unendlichkeit selbst gelten lässt.

170 Das wurde bereits von den Zeitgenossen so wahrgenommen. Mark Napierala: »Unparteilichkeit und Polemik« (s. Anm. 74), S. 104 f., hat sehr schön herausgearbeitet, dass Friedrich Bouterweks Schrift zum »litterärischen Jacobinismus« sich gegen

Diese Zwiespältigkeit kennzeichnet nicht zuletzt die Attacken auf das aufklärerische Gebot der ›Humanität‹. Einen »Syrup der Humanität« nennt Friedrich Schlegel diese Geisteshaltung,[171] die mit ihrer Harmonisierung aller Gegensätze die Wahrheit verwässert und verunreinigt und in falsch verstandener Toleranz die Höflichkeit der Erkenntnis vorzieht. Auch für Fichte besteht die ›Humanität‹ des »gegenwärtigen philosophischen Jahrhunderts« darin, die mühsame Gedankenarbeit als »Schwärmereien, Wortklaubereien, scholastische[n] Dunst, elende Spitzfindigkeiten« zu überspringen, um direkt zu den Resultaten zu gelangen, zu den Dingen, »die Kopf und Herz interessiren«.[172] Gegen dieses »Heer der Humanitätstrabanten« wird die Polemik ins Feld geführt, die »bewaffnete Macht der Kritik, die Polizei, durch welche das Gebiet der Litteratur rein erhalten wird«.[173]

Die Frühromantik ist das Resultat einer Sezession. Die Basis ihres Selbstverständnisses bildet die Negation des Bestehenden in seiner Gesamtheit. Friedrich Schlegel ist darin eindeutig: »*Kritisch* wird die Philosophie seyn und heißen können, die sich selbst auf das bestimmteste von den entgegengesetzten absondert, und dadurch wird der Idealismus polemisch«.[174] Das bedeutet aber zugleich, dass alle frühromantischen Schriften, die aus diesem Selbstverständnis heraus veröffentlicht wurden, im Kern polemisch sind.[175] Ihnen ist die negierende Grundhaltung eingeschrieben. Novalis blieb diese Mechanik des Streits nicht verborgen. Anlässlich des Atheismusstreits um Fichte notiert er: »Fichte macht

---

        diesen »vermessene[n] Anspruch eines Einzelurteils auf Allgemeingültigkeit« wendet.
171 Friedrich Schlegel: *Über Lessing* (s. Anm. 85), S. 107, Anm.
172 Johann Gottlieb Fichte: *Sonnenklarer Bericht an das größere Publikum über das eigentliche Wesen der neuesten Philosophie* (s. Anm. 41), S. 260.
173 August Ferdinand Bernhardi: »Einleitung«. In: Ders. (Hg.): *Kynosarges* (s. Anm. 165), S. 1–16, hier S. 13.
174 Friedrich Schlegel: *Transcendentalphilosophie* (s. Anm. 46), S. 96.
175 Vgl. Peter Sloterdijk: *Du mußt dein Leben ändern*. Frankfurt a. M. 2011, S. 342: »Die Sezession […] zertrennt nicht nur die Menschheit asymmetrisch in die Gruppen der Wissenden, die weggehen, und der Unwissenden, die am Ort des vulgären Verhängnisses bleiben, sie impliziert unvermeidlich die Kriegserklärung der ersten an die zweiten«.

sich einen *Gegner* – dies ist rhetorischpolemische These – Postulat aller *Polemik* – Es giebt Gegner«.[176]

Anders als es in der Forschung immer wieder behauptet wurde, ist der Zerfall der Gelehrtenrepublik am Ende des 18. Jahrhunderts daher nicht auf eine veränderte Rolle der Polemik zurückzuführen.[177] Diese Deutung verwechselt das Mittel mit der Ursache. Die Polemik veränderte ihre Rolle, weil die Frühromantiker den Bruch mit der tradierten Wissenskultur gezielt herbeiführten. Die Kontinuität, auf der die Gelehrtenrepublik beruhte, das Ideal einer allmählich fortschreitenden Erkenntnis, fand mit der Frühromantik ein Ende. Die Polemik ist Ausdruck dieser prinzipiellen Konsensverweigerung. Nur war die »Revolution, die sich [...] im innersten des menschlichen Geistes« ereignet hatte,[178] nicht frei von restaurativen Tendenzen. Mit dem Sturz der alten Ordnung sollte »Raum geschafft werde[n] für die Keime des Besseren«.[179] Mit den monotheistischen Religionen hat die Frühromantik gemeinsam, dass sie Anspruch auf Universalität erhebt. Wenn etwa Schlegel die »unbedingte Öffentlichkeit« der neuen Philosophie noch nicht ratsam erscheint,[180] weil die Zeit für sie noch nicht reif ist, so soll doch »das göttliche Princip überall herrschen und siegen«.[181] Es ist diesem Anspruch auf Universalität geschuldet, dass die Frühromantiker bemüht waren, die Verwicklung in Einzelfehden zu vermeiden.[182] Gerechtfertigt war der Angriff auf

---

176 Novalis: »Das Allgemeine Brouillon«. In: Ders.: *Schriften* (s. Anm. 156), Bd. 3, S. 242–478, hier S. 470.
177 Vgl. Günter Oesterle: *Das ›Unmanierliche‹ der Streitschrift* (s. Anm. 8), S. 115 f., Dirk Rose: *›Polemische Totalität‹* (s. Anm. 9), S. 134. Astrid Urban: *Kunst der Kritik* (s. Anm. 8), S. 66–70, verkennt den Zusammenhang von Polemik und Erkenntnistheorie. Die ästhetische Realisierung der Polemik, die sie hervorhebt, geht jedoch aus diesem hervor und ist ihm insofern untergeordnet. Anders Mark Napierala: *Unparteilichkeit und Polemik* (s. Anm. 74), S. 78 f., der die Aufwertung der Polemik als Resultat veränderter erkenntnistheoretischer Prämissen beschreibt. Im Hinblick auf Kant stellen dies auch, wie bereits erwähnt, Dahnke und Leistner eindeutig fest.
178 Friedrich Schlegel: *Lessings Gedanken und Meinungen* (s. Anm. 55), S. 96.
179 Ebd., S. 58.
180 Ebd., S. 101.
181 Friedrich Schlegel: *Literatur* (s. Anm. 1), S. 7.
182 So auch Günter Oesterle: *Das ›Unmanierliche‹ der Streitschrift* (s. Anm. 8), S. 116, ders.: »Romantische Satire und August Wilhelm Schlegels satirische Virtuosität«.

einen konkreten Gegner dann, wenn man an ihm ein Exempel statuieren und auf diese Weise den Konflikt ins Allgemeingültige heben konnte. Die Polemik wählt, heißt es bei Schlegel,

> solche Individuen [...], die klassisch sind, und von ewig dauerndem Wert. Ist auch das nicht möglich, etwa im traurigen Fall der Notwehr: so müssen die Individuen, kraft der polemischen Fiktion, so viel als möglich zu Repräsentanten der objektiven Dummheit, und der objektiven Narrheit idealisiert werden.[183]

Das frühromantische Autorenkollektiv wird trotz aller internen Differenzen zusammengehalten durch das gemeinsame Bewusstsein, Teil einer Umwälzung, eines Paradigmenwechsels, einer epochalen Zäsur zu sein. Dieser Bruch wurde als so tief empfunden, dass man eine Verständigung mit den Vertretern der alten Ordnung für unmöglich hielt, ja diese schließlich ganz ablehnte. Es gehört daher ebenfalls zur Charakteristik der frühromantischen Polemik, dass sie sich nicht eigentlich an einen Gegner wendet, sondern an diesem vorbeischreibt und ihm nur zu verstehen gibt, dass es für ihn nichts zu verstehen gebe. So erklärt Schleiermacher in den *Vertrauten Briefen über Friedrich Schlegels Lucinde*, er habe Briefe schreiben wollen, »die ganz polemischer Natur sein sollten«, aber es sei ihm nicht gelungen, sich »in eine Gemeinschaft oder ein Gespräch« mit Leuten zu setzen, »denen die einfachsten und natürlichsten Begriffe nicht beizubringen sind«. Lediglich eine »Zueignung« ist an die Adresse der »Unverständigen« gerichtet, ehe das Gespräch mit ihnen abgebrochen wird.[184] Auch Fichte gibt den »Gegnern der Wissenschaftslehre« zu verstehen, dass seine Schrift für sie nicht geschrieben sei: »Doch wird sie in Eure Hände kommen«, und wenn

> Ihr die vorstehende Schrift auch nur durchgeblättert habt [...], so kann Euch in derselben doch so viel aufgefallen seyn, daß der Unterschied zwischen Euch und mir allerdings sehr groß ist, und daß es wohl wahr seyn

---

In: Claudia Bamberg und Cornelia Ilbrig (Hg.): *Aufbruch ins romantische Universum. August Wilhelm Schlegel*. Göttingen 2017, S. 70–82, hier S. 72.

183 Friedrich Schlegel: »Lyceum-Fragmente«. In: *KFSA* 2, S. 147–163, hier S. 157.

184 Friedrich D. E. Schleiermacher: *Vertraute Briefe über Friedrich Schlegels Lucinde*. In: Ders.: *Kritische Gesamtausgabe*, 52 Bde. Hg. v. Günter Meckenstock u. a. Berlin u. a. 1980–2018, Bd. 1.3, S. 139–216, hier S. 145 f.

möge, was ich schon oft gesagt, und Ihr nie als meinen wahren Ernst habt aufnehmen wollen, daß zwischen Euch und mir durchaus kein gemeinschaftlicher Punkt ist, über welchen, und von welchem aus über etwas anderes, wir uns verständigen könnten.[185]

Man könnte die frühromantische Polemik eine indirekte Polemik nennen. Während etwa Lessing seine polemischen Briefe direkt an den Gegner adressierte – wenn die personalisierte Auseinandersetzung auch eine Inszenierung auf öffentlicher Bühne war –, zeichnet sich die frühromantische Polemik durch eine spezifische Kommunikationsverweigerung aus. Zu einem Streit lässt sie sich gar nicht erst herab. Von dem Tribunal, das sie über den Gegner abhält, bleibt dieser ausgeschlossen. Vor diesem Hintergrund sind auch Friedrich Schlegels Überlegungen zu einer esoterischen Sprache zu sehen. Die Philosophie könne, so Schlegel, nur auf eine mystische Weise mitgeteilt werden. Die profane Form ihrer Mitteilung widerspreche und zerstöre ihr Wesen: »Ferne sei es von uns, auch nur die Zwecke der wahren Philosophie, geschweige denn ihren ganzen Inhalt in öffentlichen Reden und Schriften dem Pöbel preisgeben zu wollen«.[186]

Schlegel hatte in der *Europa* Schriften aus dem Kreis der Frühromantik genannt, die als exemplarisch für die Fortschritte auf dem Gebiet der Polemik zu gelten hätten. Aus heutiger Sicht würde man zögern, diese Texte als Polemiken zu bezeichnen. August Wilhelm Schlegel selbst charakterisierte seine *Ehrenpforte* als »Burleske, oder vielmehr eine Composition und Sammlung von Burlesken«.[187] Günther Oesterle ordnet sie dem Genre der Satire, genauer: der romantischen Verssatire zu.[188] Tiecks *Zerbino* gehört zu den romantischen Komödien, in denen Satire und Ironie beständig wechseln.[189] Auch Fichtes *Das Leben Nicolai's* lässt

---

185 Johann Gottlieb Fichte: *Sonnenklarer Bericht an das größere Publikum über das eigentliche Wesen der neuesten Philosophie* (s. Anm. 41), S. 259 f.
186 Friedrich Schlegel: *Lessings Gedanken und Meinungen* (s. Anm. 55), S. 101.
187 August Wilhelm Schlegel: Brief an Ludwig Tieck, 14. September 1800. In: Edgar Lohner (Hg.): *Ludwig Tieck und die Brüder Schlegel. Briefe*. München 1972, S. 45–49, hier S. 46.
188 Vgl. Günter Oesterle: *Romantische Satire und August Wilhelm Schlegels satirische Virtuosität* (s. Anm. 182), S. 70.
189 Stefan Scherer: *Witzige Spielgemälde. Tieck und das Drama der Romantik*. Berlin u. a. 2003, S. 314 f., 332 f.

sich der Satire zurechnen, wenn auch, wie die Herausgeber der *Kritischen Gesamtausgabe* schreiben, mit ihr ein neues Genre, »die exemplarische Personalsatire« geschaffen wurde.[190] Schleiermacher wiederum hat, wie erwähnt, in seinen *Vertrauten Briefen* auf Polemik ausdrücklich verzichtet. Die Bezeichnung ›Polemik‹, die Friedrich Schlegel zur Charakterisierung dieser Schriften wählt, ist also nicht unmittelbar einleuchtend. Verständlich wird sie erst durch die theoretische Begründung, welche die Polemik durch Schlegel erfährt.

Tatsächlich lassen sich in allen diesen Schriften die genannten Merkmale der frühromantischen Polemik nachweisen. Schlegels und Tiecks Dichtungen zeichnen sich vor allem durch einen Überbietungsgestus aus. Die Universalität der poetischen Form bei Schlegel und die Fülle der poetischen Fantasie bei Tieck lässt die Beschränktheit, ja Dürftigkeit der Schriften ihrer Gegner überdeutlich hervortreten. Das wurde bereits von den Zeitgenossen so wahrgenommen. Henrik Steffens schreibt in seiner Autobiographie zu Schlegels *Ehrenpforte*: »Es gibt weder vor- noch nachher irgend ein Gedicht dieser Art, welches sich mit diesem messen kann. Die Variationen desselben scheinbar unbedeutenden Thema's sind so mannigfaltig, in jeder Wendung reich, neu und überraschend, daß eben deswegen der Inhalt sich unauslöschlich einprägt«.[191] Die Singularität von Fichtes Schrift, ihr exemplarischer Charakter, liegt in der Verbindung von planvoller Methodik und Drastik. Die Person Nicolai, der »höchstmächtige[] Verleger, Redakteur der größten deutschen wissenschaftlichen Zeitschrift und Schriftsteller«, wird *systematisch* destruiert. Die Wirkung von Fichtes Schrift beschreiben die Herausgeber – wohl leicht übertreibend – wie folgt: »Dieser Schlag gegen Nicolai war allerdings für diesen und seine Richtung tödlich. Damit wurde in ausschlaggebender Weise Persönlichkeiten das Terrain für die großen Reformen eröffnet, die ein halbes Jahrzehnt später Preußen zum Vorbild der Erneuerung in Deutschland werden ließen«.[192]

---

190 Hans Gliwitzky und Reinhard Lauth: »Einleitung«. In: Johann Gottlieb Fichte: *Gesamtausgabe* (s. Anm. 36), Bd. 1.7, S. VII f., hier S. VIII.
191 Henrich Steffens: *Was ich erlebte. Aus der Erinnerung niedergeschrieben.* Bd. 4. Breslau 1841, S. 265. Zu den Qualitäten der Ehrenpforte vgl. Günter Oesterle: *Romantische Satire und August Wilhelm Schlegels satirische Virtuosität* (s. Anm. 182).
192 Hans Gliwitzky und Reinhard Lauth: *Einleitung* (s. Anm. 190), S. VII f.

Während Schlegel diese Schriften zur poetischen Polemik zählt, werden Schleiermachers *Vertraute Briefe* der dialektischen Polemik zugeschlagen. Schlegel scheint dabei durchaus an die aristotelische Tradition zu denken, wie sie weiter oben skizziert wurde. Dialektik nennt er die von den Griechen praktizierte Kunst der Mitteilung als Voraussetzung von Wahrheit und Wissen.[193] Das dialektische Streitgespräch weist aber bei Aristoteles die Besonderheit auf, dass es die Streitenden in ihrer Suche nach der rechten Meinung vereint. Ziel des Streits ist die Befriedung der Streitenden. Es ist dieses Merkmal der Dialektik, auf das Schlegel abhebt. Der dialektische Streit kann nur freundschaftlich sein: »Nämlich da, wo man in dem Wesentlichen im Geist einig ist, und sich nur über den Buchstaben streitet, da ist die dialektische Art zu streiten ganz an ihrer Stelle«.[194] Demnach ist die dialektische Polemik grundsätzlich kommunikativ, weil die Streitenden dieselben erkenntnistheoretischen Rahmenbedingungen anerkennen. Das gilt auch für Schleiermachers Schrift. Sie verweigert die Kommunikation nach außen; die ›Unverständigen‹ bleiben von dem Gespräch ausgeschlossen. Nach innen aber erweist sich die Polemik als hochgradig kommunikativ dadurch, dass der Streit in Form eines Briefaustauschs unter Freunden ausgetragen wird, die alle gleichen Anteil an der Streitsache – Friedrich Schlegels *Lucinde* – nehmen.

Schluss

Keineswegs haben sich die Frühromantiker in ihren literarischen und philosophischen Auseinandersetzungen immer an ihre eigenen Prinzipien gehalten. Zahlreich sind die Zeugnisse verlorener Selbstbeherrschung. Aber man wird der Bedeutung der Polemik in der Frühromantik nur gerecht, wenn man ihren theoretischen Hintergrund beachtet. Die Polemik erweist sich dann als Ausdruck des Willens, den herrschenden erkenntnistheoretischen Pluralismus durch ein neues Wissenschaftsmodell zu ersetzen. Unabhängig von den konkreten Konzeptionen dieses

---

193 Friedrich Schlegel: »Beilage I. Philosophische Fragmente 1796«. In: *KFSA* 18, S. 505–516, hier S. 509.
194 Friedrich Schlegel: *Transcendentalphilosophie* (s. Anm. 46), S. 73.

Modells – ob systematisch, holistisch oder dynamistisch –, lag ihm jederzeit der Gedanke eines Erkenntniszusammenhangs zugrunde, der sich durch Einheit, Ganzheit und Allheit auszeichnet. Funktionalisierung und Instrumentalisierung der Polemik hingen von dem Grad an Evidenz ab, den man dem jeweiligen Modell beilegen zu können glaubte. Dabei bildeten sich zwei Positionen heraus, von denen eine an der Beweisbarkeit der Grundsätze festhielt. Für diese Position, exemplarisch vertreten durch Fichte, erfüllte die Polemik vor allem einen rhetorischen Zweck. Ihre Anwendung erfolgte unreflektiert, weil Fichte den Zusammenhang zwischen seiner Theorie und der Polemik nicht durchschaute. Die zweite Position, vertreten durch Friedrich Schlegel, gab den Anspruch auf Beweisbarkeit auf. Aus der Annahme, dass Wissen grundsätzlich nicht beweisbar sei, bezog sie zugleich ihre Legitimation. Das Wissen in seiner Unzulänglichkeit und Vorläufigkeit zu überwinden, war die philosophische Aufgabe, die sie der Polemik übertrug. Beide Positionen gingen mit einem Absolutheitsanspruch einher, der sie Gefahr laufen ließ, ideologisch zu erstarren. Diese Gefahr trat umso offensichtlicher zutage, wo die Begründung der Position zu einer Frage der Moral gemacht wurde. Das Verhängnis der Frühromantik begann in dem Augenblick, in dem sie die Leerstelle des Wissens durch die Dogmen der Unendlichkeit und der Selbstgesetzgebung des Ich schloss.

Rhetorische Propagierung der Klassik in der Romantik. Friedrich Schlegel konstituiert das Altertum

Thomas Schirren

Die nachfolgenden Überlegungen zur Art und Weise, wie der junge FS die Rhetorik für sein Projekt einer Konstituierung des „classischen Alterthums" dienstbar machen wollte, untersuchen detailliert und textnah zwei Rubriken in den gerade edierten Heften zur antiken Literatur (*KFSA* 15.3). Dieses Verfahren scheint gerechtfertigt, da diese Texte bisher kaum bekannt sind und aufgrund ihrer Komplexität einer eindringenden Analyse bedürfen. Denn was der Notant hier mit Rhetorik meint, geht weit über deren Begriff im Horizont der damaligen Literatur hinaus und rekurriert am ehesten vielleicht auf barocke Konzepte einer Kombinatorik. Doch reichert er diese mit dem dynamischen Begriff der romantischen Poesie derart an, dass ihm im Zuge seiner Notierung bereits eine neue Form der Darstellung erwächst, die ihresgleichen sucht. Anders als im sich notwendigerweise zurückhaltenden Kommentar gehe ich hier einigen Dingen auch auf verschlungeneren Pfaden nach. Manche*r wünschte sich am Ende dieser Wege vielleicht mehr ›handfeste‹ Ergebnisse. Allein das würde dem Tentativen der Form und des Gegenstandes selbst, das FS hier erkennen lässt, eine Fixierung auferlegen, gegen die sich der Gestus der Notierung allenthalben sträubt.

1 Die Funktion der Rhetorik in den »Studien des Alterthums«

Auf der ersten Seite seines Heftes *Studien des Alterthums* (*StA*) äußert sich FS programmatisch und rückblickend über sein Unternehmen, die antike Literatur als metahistorisches System für die Erneuerung romantischer Belange einzusetzen. Er tut dies in einer Reihe von durch vier horizontale Striche unterteilten Erklärungen, die ihrerseits durch Marginalien kommentiert werden. Der Notant kommentiert also selbst diese programmatisch-kommentierenden Äußerungen. Für die Frage nach Rolle und Bedeutung der Rhetorik für seine Studien der 90er Jahre ist nun die erste dieser Erklärung besonders signifikant:

> [StA 2r 1-9] Die Studien des Alterthums bilden die erste Epoche meiner φσ, oder vielmehr die *Einleitung* in dieselbe; u die wesentl. Ideen darin sind die von einer *philosophischen Musik* (Schönheit, Harmonie, Ethik, heil. Zahlen – Ethik) einer nach physischen Gesetzen *wissenschaftlichen* u objektiven *Historie*, einer durch die Rhetorik zu bewerkstelligenden Wiederherstellung u *Constituierung* des *class. Alterthums* in dem progressiven Zeitalter, u *einer Isonomie der Bildung*, oder inneren geistigen *Politik*. –

Zunächst weist er den »Studien des Alterthums« eine hohe systematische Bedeutung zu, indem er sie zur ersten »Epoche« und »Einleitung« in seine Philosophie macht. Was sich also zunächst als altertumswissenschaftliche Sammlung gibt, ebnet tatsächlich aus dem Rückblick des Autors dessen via philosophiae. Das erhellt aus den darin befindlichen oder diesen Weg bestimmenden »Ideen«, derer vier unterschieden werden:
- philosophische Musik (Schönheit, Harmonie, Ethik)
- wissenschaftliche und objektive Historie
- Wiederherstellung des Klassischen Altertums durch Rhetorik
- Isonomie der Bildung = innere geistige Politik

Diese »Ideen« scheinen inhaltlich nicht gerade eng beieinander zu liegen, sondern von einem weiten Spektrum an Zugängen oder Interessen zu zeugen, die leitend gewesen sein sollen. Dennoch verbindet sie auch wieder etwas, nämlich der Gedanke der »Bildung«, deren »Isonomie« am Ende gefordert wird. Man könnte auch sagen, dass die philosophische Musik und die wissenschaftliche Historie mit der Wiederherstellung des »classischen Alterthums« zu einer Art Bildungsprogramm konvergieren sollen. Auf der nächsten Seite 3r 1–3 erklärt er die Rubrik Ελληνικα: »[d]urchgängiger Organismus der alten Bildung ist die Hauptidee«. Aus dem Organischen der »alten Bildung«, also ihrem systematischen Charakter, gewinnt FS das Vorbildliche des Ganzen der Poesie überhaupt, das sich in der antiken Literatur ausgebildet habe. Für dieses Ganze aber bedarf es eines produktiven Instrumentes, um das längst Vergangene wiederherzustellen. Und diese Aufgabe soll die Rhetorik leisten. Diese Bemerkungen machen deutlich, dass FS der Rhetorik eine im Wesentlichen produktionstheoretische Bedeutung für das beimisst, was er die »Wiederherstellung und Constituierung des classischen Alterthums« nennt. Dabei sieht der Autor auch die Distanz, in der er nämlich, selbst im »progressiven Zeitalter« lebend, zu der von ihm zu erforschenden Vergangenheit steht. Schwieriger ist der Begriff der »Isonomie der Bildung«, den er an prägnanter Stelle auch im Studiumsaufsatz formuliert. In StA scheint sich die Isonomie der Bildung folgendermaßen in das Ganze zu schließen: »Isonomie der Bildung« wird mit der »inneren geistigen Politik« identifiziert. Das wirkt nun paradox, denn Politik ist ja gerade intersubjektiv wirksam und wird nicht im Inneren und nur geistig betrieben.

Im Studiumsaufsatz führt FS aus, dass die höchste Kategorie die der Politik sei; dieser untergeordnet seien drei weitere Gesichtspunkte, nämlich der der moralischen, der ästhetischen und der intellektuellen Beurteilung. Diese seien unter sich gleich und er bezeichnet diese ›Gesetzesgleichheit‹ mit dem Begriff der Isonomie:

> [*KFSA* 1, S. 325] Die *ästhetische Beurteilung* hingegen isoliert die Bildung des Geschmacks und der Kunst aus ihrem Kosmischen Zusammenhange, und in diesem Reiche der Schönheit und der Darstellung gelten nur ästhetische und technische Gesetze. Die politische Beurteilung ist der höchste aller Gesichtspunkte: die untergeordneten Gesichtspunkte der moralischen, ästhetischen und intellektuellen Beurteilung sind *unter sich gleich*. Die Schönheit ist ein ebenso ursprünglicher und wesentlicher Bestandteil der menschlichen Bestimmung als die Sittlichkeit. Alle diese Bestandteile sollen unter sich im Verhältnisse der *Gesetzesgleichheit* (Isonomie) stehn, und die schöne Kunst hat ein unveräußerliches Recht auf *gesetzliche Selbständigkeit* (*Autonomie*).

Damit gibt FS der Politik den Primat vor Moral und Ästhetik, was durchaus zu den politischen Überzeugungen des jungen FS passt. Es entspricht auch den programmatischen Äußerungen in *Athenäum Fragmente* 116, wenn er fordert, dass »die romantische Poesie [...] das Leben und die Gesellschaft poetisch machen, den Witz poetisieren« soll.

Wie verhält sich nun diese Isonomie der Beurteilungsstandpunkte oder der Bewertungskriterien zu dem, was er in *StA* als eine »Isonomie der Bildung« bezeichnet? Zunächst muss ja auffallen, dass er anders als im Studiumsaufsatz keine Hierarchisierung vornimmt, sondern er in diesem ersten, sicherlich aus einem zeitlichen Abstand formulierten

Statement (siehe auch den Schluss des Heftes 41r) die Überordnung der Politik durch den politischen Gesichtspunkt gleichsam internalisiert und so das Paradox einer »inneren geistigen Politik« bildet; offenbar gibt FS also die Überordnung der Politik auf, von der er im Studiumsaufsatz schreibt. Vielleicht sah er in der »philosophischen Musik«, in der auch Ethik erklingen soll, und in »der Historie« ästhetische und intellektuelle, auch moralische Aspekte gegeben. Das Kürzel »Hist« jedenfalls hat eine solche Valenz und geht über das Historische hinaus.[1]

In einer Marginalie zum Begriff der Rhetorik ergänzt nun aber FS, dass »[d]ie rhetorische Umgebung in jener Ansicht des Alterthums, so wie die historischen Einzelheiten zur Epideixis nur zufällig« gewesen sei (*StA* 2r M4). Damit scheint er das Programmatische der Rhetorik in seinen Studien wieder zurückzunehmen, das er ja gerade für die »Constituierung des classischen Alterthums« gefordert hat. Nun sind kontradiktorische Bemerkungen für Schlegels Methode typisch und gehören in das Experimentelle seines Vorgehens. FS geht es mehr um die Genese des Gedankens als um dessen Resultat, einen Satz oder eine Proposition.[2] In der gegenständlichen Bemerkung liegt aber offenbar eine spätere Kommentierung eines an sich schon programmatisch-späteren Statements zu einem abgeschlossen vorliegenden Notizheft vor.[3] Dies zeigt exemplarisch, wie FS sich selbst immer wieder kommentiert, selbst seine Kommentare. Es zeigt aber auch, wie die Rolle der Rhetorik für das Projekt einer Erneuerung der Poesie im progressiven Zeitalter der Romantik im Rückblick minimiert werden soll; überhaupt sei es nur eine »rhetorische Umgebung« gewesen, scheint er abzuwiegeln, »zufällig« die historischen Einzelheiten, etwa zur *epideixis*. In *StA* spricht FS tatsächlich einige Male von *epideixis*:

---

[1] Siehe dazu das Lemma Historisch/hist im Index von *KFSA* 15.3, S. 522, hier wäre »Historisch« also gleich »Hist.«.

[2] Michael Elsässer: *Friedrich Schlegels Kritik am Ding.* Hamburg 1994, erörtert dies an FS's Auffassung vom Ding im Rahmen der metaphysischen Tradition.

[3] Man kann diese Kommentierung des Kommentars in die spätere Lebensphase setzen, in der er reflektierend frühere Ansätze durchmustert und auf ihr Verhältnis zu seiner gegenwärtigen Position befragt und taxiert.

> [*StA* 3v 24–27] Caesar viell[eicht] ein Mensch ohne alle Mythologie; an Energie, Genialität u[nd] Vereinigung beider, der höchste. – Nicht ohne επιδειξις.
> [*StA* 11v 16–17] Bei der alten φσ findet sich mehr επιδειξις als bei d Dichtern.
> [*StA* 28r 28–30] Das Epigramm ist rhythmische Inschrift, moralisch (γνωμη) systemat. Idylle, und erotische επιδειξις (ερωτοπαιγνιον)

In diesen Notaten bezeichnet epideixis, der Begriff, der das lateinische genus demonstrativum bezeichnet und eigentlich ›Aufzeigung‹ auch etwa ›show‹ bedeutet, eine Wirkungsabsicht, die nicht nur in der Rhetorik, sondern auch in der Poesie (Epigramm) oder sogar das politische Handeln (Caesar) auszeichnen kann. Vielleicht sind diese »historischen Einzelnheiten« gemeint, deren Triftigkeit ex post in Frage gestellt wird. Für das Projekt der Konstituierung des klassischen Altertums ist aber möglicherweise eine Bemerkung aus den philosophischen Lehrjahren noch wichtiger:

> [*KFSA* 18, S. 35, Nr. 174] Die Demonstrativität eines φμ [Philosophems] ist nur subjektive Legitimation wie die schöne poetische Form eines Kunsturtheils. (Je classischer, bornirter ein φ [Philosoph] ist, desto mehr hält er auf diese επιδειξις.) Objektiv ist nur die historische, construirende Darstellung, d[ie] gar keiner demonstrativen Form mehr bedarf. – Die Demonstr[ation] gehört also mit zur Popularität. Nichts soll und nichts kann bewiesen werden.

In den etwa gleichzeitigen *Philosophischen Lehrjahren* wird die epideixis als Popularisierung abgetan; bemerkenswert indes erscheint, dass das Einzelne gerade jener Objektivität zu entbehren scheint, die es in den *Philosophischen Lehrjahren* jeglicher epideixis enthebt. Gleichwohl ist festzuhalten, dass ein Zug der Studien auch eine Propagierung der von FS rekonstruierten Klassik war und diese Popularisierung durch die Rhetorik zu leisten war. Und so betont FS in seinen späteren Schriften wiederum die Bedeutung der Rhetorik, so in *Geschichte der europäischen Literatur* (1803/04):

> [*KFSA* 11, S. 10] Die Erkenntnis des Guten, Schönen und Wahren, wenn sie nicht leere Spekulation ist, muß auch angewandt werden. Dieses führt auf Rhetorik. So hätten wir also die Hauptformen und Gattungen der Kunst und Wissenschaft aus der Natur der menschlichen Tätigkeit überhaupt

und dem Streben nach Erreichung der höchsten Bestimmung abgeleitet. [...] Als Lehre und Mitteilung philosophischer Ideen und Prinzipien ist sie Wissenschaft, als Einführung derselben ins Leben und bildliche Ausschmückung zur besten Überredung ist sie Kunst;
[*Athenäum Fragmente* 137, *KFSA* 2, S. 187] Es gibt eine materiale, enthusiastische Rhetorik die unendlich weit erhaben ist über den sophistischen Mißbrauch der Philosophie, die deklamatorische Stylübung, die angewandte Poesie, die improvisierte Politik, welche man mit demselben Namen zu bezeichnen pflegt. Ihre Bestimmung ist, die Philosophie praktisch zu realisieren, und die praktische Unphilosophie und Antiphilosophie nicht bloß dialektisch zu besiegen, sondern real zu vernichten. [Auszeichnung von T. S.]

In beiden Bemerkungen versteht FS die Rhetorik als Instrument zu höheren Belangen. Ausdrücklich differenziert er den wissenschaftlichen Teil der Rhetorik von deren Kunstcharakter. Während ersterer ihren kommunikationstheoretischen Aspekt beleuchtet (»Lehre von der Mitteilung«), steht ihr künstlerischer Anspruch für die Vermittlung der Wissenschaft »ins Leben«. In *Athenäum Fragmente* 137 zeigt die Rhetorik indes auch ihren polemischen Arm, indem sie nicht nur Philosophie »praktisch realisieren«, sondern »Antiphilosophie [...] real zu vernichten« vermöge.[4] Für die hohe systematische Bedeutung der Rhetorik spricht die Tatsache, dass in *StA* immer wieder der griechische Buchstabe ρ auftaucht, mit welchem FS ›Rhetorik‹, ›das Rhetorische‹, gelegentlich wohl auch ›den Rhetor‹ bezeichnet; es gehört dies zu einem für FS eigentümlichen Notationssystem, in welchem bestimmte, eigentlich bekannte Begriffe wie Philosophie (φσ), Philologie (φλ), Kritik (κρ) etc. auf solche griechischen Kürzel gebracht werden. Es würde sicherlich zu kurz greifen, wenn man sie nur als praktische Abkürzungen verstehen würde, die den Begriffsinhalt außer Betracht ließen. Vielmehr könnte man sagen, dass der auf ein Kürzel gebrachte bekannte Begriff auch inhaltlich verändert wird; er gehört nun zum System von FS's Denken und wird Teil des Denk-Prozesses. Je knapper die Kürzel gesetzt werden, desto überraschender die Verbindungen, die sie eingehen können; man fühlt sich bisweilen an chemische Radikale erinnert, die sich verschiedentlich anlagern können und dabei wiederum Änderungen verursachen wie auch

---

4 Zur Rhetorik als Handlungstheorie siehe unten S. 190.

selbst erleiden. – Alles wird in einem solchen Schreibverfahren in einen Prozess gebracht und dynamisiert sich dabei.

Allein die Tatsache, dass FS für Rhetorik also eine seiner griechischen Abkürzungen verwendet, belegt, dass die aus der Rückschau betrachtete rhetorische Formung seiner Gedanken nicht nur ein Akzidentelles, vielleicht erst aus der Vergangenheit zurückprojiziertes Konzept war, sondern, dass es tatsächlich zu seinem begrifflichen Inventar im Zuge seiner Studien gehörte. FS nutzte Hefte wie das der *Studien des Alterthums* (*StA*) oder der *Fragmente zur Geschichte der Poesie* (*FGP*) dazu, Gedanken und Konzepte, gelegentlich auch für ihn wichtige Fundstellen im Sinne der Miscellanea oder Excerpta zu sammeln. Wenn man diese Hefte durchblättert, zeigt sich, dass er bei der Notierung nicht streng linear, also vorne auf der ersten Seite beginnend und dann jedes weitere Notat an das vorherige anschließend eintrug, sondern vielmehr, zwar nicht so frei wie in einem Zettelkasten, aber doch schon vom Gebinde des Heftes sich teilweise lösend unter bestimmte Überschriften bestimmte Gedanken sammelte.[5]

Ganz in Entsprechung zur programmatischen Zusammenfassung der ersten Seite finden wir gleich nach eher ungeordneten Einträgen zu einzelnen Aspekten der griechischen Literatur zwei wichtige Kapitel, nämlich 1) »Zur classischen Philosophie« und 2) »Zur classischen Rhetorik«. In der Verbindung dieser beiden aufeinander folgenden Rubriken zu einem Konzept, das Philosophie und Rhetorik wohl gerade im Rahmen des »Classischen« vereinen statt trennen möchte (wie letzteres gerade die platonische Tradition als durchaus klassische Philosophie wollte), steht Schlegel selbst in der Tradition solcher Intellektueller, die mit Hilfe der Rhetorik die Sache der Philosophie einer breiteren Öffentlichkeit zugänglich machen wollten, auch mit dem Risiko oder um den Preis einer Veränderung, nämlich popularisierenden Vereinfachung philosophischer Inhalte zugunsten ihrer besseren und breiteren Rezeption.[6] Es wäre besonders an Isokrates zu denken, der immerhin knapp 20 Mal in diesen Heften zur antiken Literatur genannt wird.[7] FS's, wenn man so will, literarischer Chauvinismus, nämlich am Leitfaden eines Wertbegriffs

---

5 Dazu *KFSA* 15.3, S. 189–208, und unten S. 166 f.
6 Siehe oben S. 163 mit *KFSA* 18, S. 35, Nr. 174.
7 Siehe *KFSA* 15.3, S. 525.

der Literatur eine Erneuerung derselben und des geistigen Lebens nach einem ›höheren‹ Maßstab zu erreichen, das ist ganz der Grundgedanke auch des Isokrates, der zu Beginn des vierten Jahrhunderts vor Christus in der desolaten Lage Athens versuchte, ein neues kulturelles Bewusstsein unter der kulturellen Hegemonie Athens zu schaffen.[8] Während sich die Bemerkungen zur Philosophie auf nur drei Seiten erstrecken (11r–12r), sammelt er zur Rhetorik auf viereinhalb Seiten (12v–14v 17). Bemerkenswert für die Eintragungen und damit den Gebrauch der Hefte ist die Tatsache, dass »Zur classischen Rhetorik« auf einer linken Seite beginnt, denn dies ist außer StA 32v 1 »Miscellanea« der einzige Fall, dass eine Rubrik nicht auf einem neuen Bogen rechts beginnt. Und schaut man sich die unmittelbar vorhergehende Seite an, so beginnt diese bereits mit einer marginalen (also später zugefügten) Rubrik »Aristoteles Poetik« (12v M1), die in Z. 9 mit einer waagrechten Linie beendet zu werden scheint. Dennoch fährt der Notant mit einigen thematisch einschlägigen Bemerkungen zur Mimesis fort, an deren Ende dann bereits ›Rhetorik‹, durch Unterstreichung graphisch hervorgehoben, genannt wird. Alle folgenden Notate auf 12r gehören zur Rhetorik, deren programmatische Rubrik jedoch erst umseitig, auf 12v folgt: »Zur classischen Rhetorik«. Dieser Befund lässt den Schluss zu, dass FS zunächst mit der Philosophie begonnen hat, um im Verlauf dieser Aufzeichnungen die Notwendigkeit einer weiteren, damit zusammenhängenden Rubrik zu erkennen. Diese Vorgehensweise könnte damit in eine sinnvolle Verbindung gebracht werden, dass sich die Überlegungen zur Rhetorik für FS mit denen zur Philosophie der Prosa verbinden. Denn üblicherweise setzte der Autor Rubriken auf rechte Seiten, um sie dann sukzessive zu füllen. Hier aber entsteht im Verlauf der Notate der Bedarf für eine Sammlung unter einer neuen, bisher nicht berücksichtigten Rubrik. So fällt etwa in StA auf, dass eine Fülle von Rubriken mit ›zu‹ beginnen: außer den beiden genannten auch noch »Zur alten Poesie« (15r 30), »Zur römischen Geschichte« (17 r), »Zur griechischen Poesie« (22 r), »Zur alten Poesie« (24 r), »Zur Griechischen Poesie« (29r). Diese Titel sind außerdem durch eine besondere Unterstreichung, nämlich mit Schnörkel am Anfang und Ende

---

8 Siehe dazu Thomas Schirren: »Isokrates und die Rechtfertigung des rhet. Lebens«. In: *Allgemeine Zeitschrift für Philosophie* 44.2 (2019), S. 179–213.

der Unterstreichung, hervorgehoben. Es hat ganz den Anschein, dass diese Rubriken, die auch alle in lateinischer Kurrent geschrieben sind, in einem Zuge bei der Erstanlage des Heftes als Sammlung für die Studien des Altertums in das sonst noch leere Heft eingetragen worden sind, während die anderen Überschriften graphisch signifikant abweichen. Am Ende von Seite 12r drängt der Schreiber noch Bemerkungen zusammen und vermeidet den Seitenwechsel. Dies könnte darauf schließen lassen, dass zum Zeitpunkt dieser letzten Notate auf 12r die Rubrik bereits auf der nächsten Seite gesetzt war. Inhaltlich ist die Bemerkung 12r 33–34 als eine weitergehende Reflexion zur Sprachphilosophie zu verstehen, die FS im Zuge seiner rhetorischen Überlegungen immer im Blick behält. Und genau mit diesen linguistischen Bedingungen und Voraussetzungen beginnt er dann 12v seine Sammlung »Zur classischen Rhetorik«. Es ist also nicht so, dass er von vornherein Philosophie und Rhetorik im Sinne eines T-Schemas als traditionelle Konkurrenten einander gegenüberstellen möchte, um vielleicht Vorurteile zu überwinden und einen neuen Blick auf ein altes Verhältnis zu werfen, sondern sein Weg geht von der Philosophie zur Rhetorik, indem er sprachwissenschaftlich die Leistung der Rhetorik im Horizont der Philosophie betrachtet.

2   »Zur classischen Philosophie«

Die ersten Sätze unter der Überschrift »Zur classischen Philosophie« lauten:

> [StA 11r 2–7] Plato's Gesetze sind ein accomodierender und popularisierender Commentar zur Republik.
> Das Symposium aus mythischen u.[nd] dialog.[ischen] Bestandtheilen sehr systematisch construirt
> Die Kirchenväter gehören mit zur class. φσ [klassischen Philosophie]. – Die Polemik der Christen u Heiden war ungleich praktischer als die der Griech. Sekten.

Mit diesen drei Bemerkungen setzt Schlegel bei der klassischen Philosophie Platons ein und führt sie bis zu den Kirchenvätern weiter. Interessant ist, dass er bereits in der Philosophie (und zwar da, wo wir es traditionellerweise nicht erwarteten) den Hang zur Kommentierung erkennt. Hier spiegelt sich der Notant gewissermaßen im Autor Platon, wenn er den platonischen *Gesetzen* ihre Eigenständigkeit abspricht und sie zu einem Kommentar eines früheren Werkes erklärt, das heißt die *Gesetze* als ein Autor- oder Autokommentar der *Politeia* bestimmt. Denn die Adjektive »accomodierend« und »popularisierend« verdeutlichen, dass Platons anspruchsvollerer, metaphysischer Begriff der *Politeia* einer Erläuterung bedurft habe, um die politische Philosophie, die in diesem Werk verhandelt wird, einer breiteren Öffentlichkeit nahe oder jedenfalls näher zu bringen.[9] Der Begriff des Systematischen (συστ) zeichnet für FS insbesondere die römische Kultur als eine Mischung beziehungsweise Synthese unterschiedlicher, insbesondere griechischer Kultur mit Rudimenten der eigentlich römischen, aus. Dieser Begriff des Systematischen wird nun auch auf einen Dialog Platons angewendet, der in der Renaissance und Frühen Neuzeit, aber auch in der Frühromantik besonderes Interesse auf sich zog, nämlich das platonische Symposion.[10] Systematisch ist für FS hier die Verbindung von mythischen und dialogischen Bestandteilen. Das erklärt sich leicht, wenn man die Struktur des Symposions, die dann auch für diese literarische Textsorte bindend und vorbildlich wurde,[11] betrachtet, indem nämlich zunächst

---

9   Im Zuge seines Übersetzungsprojektes der platonischen Dialoge werden die Nomoi freilich als unecht erklärt (vgl. *KFSA* 18, S. 526), was auf die antike Nachricht bei Diogenes Laertius 3,37, dass Philipp von Opus den Entwurf Platons überarbeitet habe, zurückgehen dürfte. FS erwähnt gegenüber Böttiger in einem Brief vom 28. Januar 1796, Politeia und Nomoi übersetzen zu wollen (vgl. *KFSA* 23, S. 277 f.). Möglicherweise war FS der Meinung, dass sich im Kommentieren bereits andere Autorschaft zeige, ebenso gut aber könnte dieses gerade nicht gemeint sein, d. h. für FS in den Nomoi ein Autorkommentar vorliegen.

10 Siehe Stefan Matuschek (Hg.): *Wo das philosophische Gespräch ganz in Dichtung übergeht. Platons Symposion und seine Wirkung in der Renaissance, Romantik und Moderne.* Heidelberg 2002, darin besonders: Gehard Kurz: »Der Roman als Symposion der Moderne. Zu Friedrich Schlegels *Gespräch über die Poesie*«, S. 63–80, Stefan Matuschek: »Die Macht des Gastmahls. Schlegels *Gespräch über die Poesie* und Platons *Symposion*«, S. 81–96. Zur Rezeption des Symposion in der Philosophie des Neuplatonismus siehe Marsilio Ficino: *Über die Liebe oder Platons Gastmahl.* Übers. von Karl Paul Hasse. Hg. und eingeleitet von Paul Richard Blum. 3. Aufl. Hamburg 1994.

11 Siehe Thomas Schirren: »Weise Sprüche zum Essen. Kommunikationsformen beim philosophischen Symposium«. In: *Text, Kontext, Klartext. Festschrift für*

epideiktische, also rhetorisch besonders aufgeputzte Reden auf den Gott der Liebe, auf Eros, gehalten werden, ehe am Schluss Sokrates durch Diotima in einem dialektisch aufwärtsstrebenden Gespräch die auch philosophische Bedeutung des Eros herausarbeitet.[12] All das ist, so FS, ein systematisches Konstrukt, weil Philosophie, nämlich als Dialektik, sich hier mit der ältesten, von ihm immer wieder auch als philosophisch betrachteten mythischen Weltdeutung verbinden lässt. Dieser Gedanke gehört zu den wichtigeren in *StA*, nämlich die unterschiedlichen Formen der Literatur auf einen – jetzt im modernen Sinne – systematischen Kern so zurückzuführen, dass jeweils ein Identisches in unterschiedlicher Gestalt erkennbar wird. Er formuliert einmal programmatisch:

> [*StA* 24r 31–33] Jede alte Dichtart ist ein Individuum und hat als solches Manieren. Metamorphose, Wiederkehr derselben Dichtarten unter einer ganz andern Gestalt.

Die »Dichtart« ›Symposion‹ wäre dann selbst Metamorphose einer älteren, nämlich der Theogonie, die sich durch Mischung mit anderen Dichtarten, wie dem sokratischen Dialog, zu einer ganz anderen Gestalt entwickelt, ohne freilich ihre Ursprünge zu verleugnen; auch das liegt im Begriff des Systematischen. Es wird also zusammengesetzt unter Wahrung der darin eingehenden Teile, eine echte ›Integration‹.

Die klassische, platonische Philosophie wird in einem weiteren Schritt mit der der Kirchenväter verbunden, indem letztere zur klassischen Philosophie geschlagen werden. Was bei den Kirchenvätern an Polemik gegen Häretiker zur Sprache komme, entspreche etwa dem Streit der griechischen Philosophenschulen. Die Art und Weise, wie Platon als ›Systematiker‹ im Schlegel'schen Sinne vorgeht, führt FS auf dessen besonderes ηθ [Ethos] zurück: »Bei Plato dominiert das ηθ [Ethos], was sehr mit seinem συστ [systematischen] Charakter zusammenhängt.« (11r 8–9). Wenn bei Platon »das ηθ [Ethos] dominiert«, so kann dies

---

Niklas Holzberg zum 70. Geburtstag. Hg. von Markus Schauer und Johannes Zenk. Berlin 2018, S. 27–62, Josef Martin: *Symposion. Die Geschichte einer literarischen Form*. Paderborn 1931.

12 Dazu etwa der Überblick des Dialoges von Michael Erler in: *Grundriss der Geschichte der Philosophie, begründet von F. Ueberweg, Philosophie der Antike, Platon*. Bd. 2.2. Hg. von Hellmut Flashar. Basel 2007, 199–201.

natürlich zunächst im Sinne seines erzieherischen Anspruchs gedeutet werden: Platon hat einen erzieherischen Auftrag, mit dem er zu Werke geht, und das gilt für die *Politeia* nicht weniger als für die *Gesetze*. Und aufgrund dieses Auftrages ist er in der Lage, ganz unterschiedliche philosophische Disziplinen und Formen miteinander zu verknüpfen etwa die der mythischen Erzählung, wie wir sie aus Hesiods *Theogonie* kennen, und die der dialektischen Prüfung in einem philosophischen Gespräch. FS führt das nun wieder auf Platons »systematischen Charakter« zurück. Was bedeutet »systematischer Charakter« also? Offenbar so viel, dass systematisch derjenige oder dasjenige erscheint, der oder das überhaupt bestrebt ist, Unterschiedliches in eine Einheit zu bringen, die nicht durch das, was zusammengenommen ist, formal oder inhaltlich schon nahegelegt und assoziiert ist, sondern wo ein gewisser Wille ausschlaggebend ist, Disperates in eine Einheit zu bringen. FS fasst diesen Gedanken weiter ausholend zuvor folgendermaßen:

> [*StA* 10r 29–34] Es gibt eine Art von Verlegenheit, d[ie] d[en] Mangel eines innern practischen Centrums, u[nd] also eine eigentliche Unsittlichkeit verräth. – ηθ allein macht d[en] Menschen central u systematisch. – Die Centralität i[st] ηθ Geist. Was ist aber ηθ Buchstabe? – Die vier Tugenden der Griechen? – Der ηθ Buchstabe ist mehr πολ [Politik]

Der Begriff der Unsittlichkeit ist der Gegenpol zu Ethos. Dieses besteht oder wird wesentlich bestimmt durch das »innere praktische Zentrum«, aus dem ein Mensch heraus agiert. Seine Handlungen sind dann einheitlich (eine zentrale Forderung der antiken Ethik), wenn er über diese Zentralität verfügt und nur dann sind seine Handlungen auch »systematisch«, das heißt sie sind einheitlich, weil bestimmt durch einen obersten Satz.[13] Daher ist Zentralität zugleich ethischer Geist, weil diese

---

13 Doch vgl. die Ausführungen zum System in *KFSA* 12, S. 365 [»Die Entwicklung der Philosophie in zwölf Büchern«]: »[D]enn System verdient doch nur das genannt zu werden, was Einheit hat und einen organischen Gliederbau. Das ist aber eben das Wesen des Begriffs: ein philosophischer Begriff enthält eben durch seine organische Konstruktion immer viele andere Begriffe als Glieder, die er in Einheit verknüpft, und so wäre sehr wohl ein System vielmehr nur ein umfassender Begriff zu nennen.« Vgl. dazu die »Charakteristik des Plato« in: *KFSA* 11, S. 118 f.: »Platos Werke, obschon jedes einzelne ein vollendetes Kunstwerk ist, können in Rücksicht auf den Gang seines Geistes, die Entwicklung und Verbindung seiner Ideen, nur

sicherstellt, dass die Handlungen nicht willkürlich aus dem Moment heraus entstehen, sondern aus einem Prinzip abgeleitet werden. Hält man diese ästhetische Betrachtung der Einheitsfrage eines Werkes aber neben die programmatischen Äußerungen in den Vorlesungen zur Geschichte der Philosophie (siehe Anm. 13), so zeigt sich eine Differenzierung zwischen systematischer Einheit des Denkens, deren Platon nach FS entbehrte, und ästhetischer Einheit des Kunstwerkes, die FS mit dem Begriff des Systems zwar verbindet, doch nicht im Sinne eines philosophischen Systems. Zwei mögliche Erklärungen bieten sich an: Entweder hat FS zum Zeitpunkt der Notate in *StA* Platon noch nicht als eigentlich unsystematisch angesehen oder aber er experimentiert hier in den Notizheften bewusst mit weiteren Möglichkeiten des Systemischen,

im Zusammenhang verstanden werden. *Plato hatte kein System, sondern nur eine Philosophie*; die Philosophie eines Menschen ist die Geschichte, das Werden, Fortschreiten seines Geistes, das allmähliche Bilden und Entwickeln seiner Gedanken. Erst dann, wenn er mit seinem Denken fertig und zu einem bestimmten Resultat gekommen ist, entsteht ein System. Man kann die große Einheit in Platos Werken nur suchen in dem bestimmten Gange seiner Ideen, nicht in einem fertigen Satze und Resultate, das sich am Ende finde. Plato geht in seinen Gesprächen nie von einem bestimmten Lehrsatze aus […] Wenn der Philosoph eine bestimmte Quantität von Wahrheiten vorzutragen hat, kann er immer die Form eines geschlossenen Systems, einer systematischen Abhandlung, eines systematischen Lehrbuches wählen. Hat er aber mehr zu sagen, als in diese Form sich bringen läßt, so kann er nur suchen, in den Gang und die Entwicklung und Darstellung seiner Ideen jene eigentümliche Einheit zu bringen, die den objektiven Wert der Platonischen Werke ausmacht. Diese Einheit besteht nun bloß darin, daß die Dialoge immer indirekt und unbestimmt anfangen, dann allmählich das äußerst spitzfindige und künstliche Gedankengewebe mit bewunderungswürdiger Genauigkeit, tief eindringendem, allumfassendem Scharfsinn sich entwickelt und zergliedert, sich in der reichsten Fülle und Mannigfaltigkeit ausbreitet und endlich, nach der kunstvollsten, erschöpfendsten Behandlung der einzelnen Teile zu tadeln wäre, daß das Ganze nicht mit einem bestimmten Satze, Resultate, sondern mit einer Andeutung des Unendlichen, Göttlichen und einer Aussicht in dasselbe schließt.« (Hervorhebung von T. S.). Zur möglichen Klärung der Syntax vgl. *KFSA* 13, S. 210: »[…] und endlich nach der vollendetsten, erschöpfendsten Behandlung des Einzelnen (wo eher ein Überfluß von Subtilität zu tadeln wäre) das Ganze nicht mit einem bestimmten Satze oder Resulate sich schließt, sondern mit einer Andeutung des Unendlichen und mit einer Aussicht in dasselbe«. Mag also Platon auch kein systematisch Philosophierender gewesen sein, so hat er doch eine systematische Kraft, die seinen Werken Einheit verleiht.

um den landläufigen Begriff des philosophischen Systems, mit dem etwa Brucker und Tennemann operieren, zu überbieten. Die Häufigkeit des Kürzels συστ in *StA* spricht für letzteres. FS scheint in der Tat bestrebt, über sein Verdikt des unsystematischen Platon hinauskommen zu wollen beziehungsweise dieses mit einem anderen Begriff von System zu konfrontieren.

Übertragen auf die literarische Frage der Einheit ergibt sich, dass das übergeordnete Prinzip, das der Autor Platon aufstellt, heterogene Inhalte und Formen in eine neue Einheit zusammenbringt, weil diese einem bestimmten Prinzip folgen. Dies könnte im Fall des *Symposion* etwa die Kraft der Liebe sein. Die weiterführende Frage, nämlich was dann ethischer Buchstabe sei,[14] wird probehalber mit den sogenannten Kardinaltugenden beantwortet. Damit meint der Notant möglicherweise all jene Tugenden, deren inhaltliche, das heißt philosophische Bestimmung Gegenstand der platonischen *Politeia IV* ist. In dem Maße, wie um deren inhaltliche Füllung im Laufe des Dialoges gerungen wird, zeigt sich ihr bloßes Buchstabe-Sein, das durch den Geist der Zentralität erst gefüllt werden muss. So wie wir uns – und das hat man in der Renaissance auch gesehen – an der eigentlich sehr schwierigen Struktur des platonischen *Symposions* erfreuen können, weil der Wille der Vereinigung größer ist als die Heterogenität des Materials und insofern Platon auch ästhetisch derjenigen Dinge Herr wird, die er zusammenbringt; denn diese Dinge selbst hätten von einer schwächeren, weniger systematischen Natur nicht gemeistert werden können.

3 »Zur classischen Rhetorik«

Anders, nämlich nicht historisch, nicht am Leitfaden einzelner Exponenten, sondern analytisch geht er bei der Bestimmung zur klassischen Rhetorik vor. Das zeigt nicht zuletzt, wie FS die Rhetorik als Kunstlehre auffasst. Denn es geht ihm nicht um eine historische Frage der Entstehung und der Konzeption einer Techne, sondern um metaphilologische Fragen des sprachlichen Baus. FS interessiert sich für Rhetorik freilich unter sehr

---

14 FS experimentiert verschiedentlich mit dem Verhältnis von »Geist und Buchstabe«, dazu *KFSA* 15.3, S. 389 f.

modern wirkenden Begriffen, wie »Physik«, »construiren«, »destruiren«, »synthesiren«, »Medienwesen«, »Medienkunst« (si vera lectio), um nur einige zu nennen. Die Rhetorik wird als eine »Mechanik der Sprache«, aber auch als eine höhere Mechanik der sie nutzenden »Bildung« betrachtet, nämlich als »wissenschaftliche Physik des Geistes« (13v 3–4, 14r M9); die Werkästhetik operiert mit Begriffen wie »Oekonomie« (Handel des Geistes), »Syllogismus«, »Gymnastik«, »Fabrication«. Im Sinne des Experimentes (»Das meiste von allem diesem nur Experimente« als kommentierende Selbst-aussage verstanden [11v 36–37]) wäre es sicherlich nicht sinnvoll, diese tastenden Versuche einer Beschreibung literarischer Produktion im Horizont von antiker rhetorischer Kunstlehre und moderner Naturwissenschaft allzu streng zu differenzieren. Stattdessen kommen vexierbildlich verschiedene, in ihrer Valenz nicht taxierte Aspekte zur Sprache, an denen und aus denen FS seine Theorie experimentell und punktuell beleuchten will. Er übernimmt dabei sicherlich auch das neuzeitliche Interesse an der ars combinatoria; im vorliegenden Abschnitt ist jedenfalls »combiniren« signifikant in diesem Sinne verwendet (12r 33, 12v 19, vgl. auch 15r 37, 24v 9, 30r 26). In der Charakteristik von Lessing verbindet er auch die Fragmentarität mit der Kombinationslehre (*KFSA* 3, S. 79–85) und schätzt das Kombinieren als eine Verbindungsmöglichkeit von Philologie und Philosophie, wie auch *Athenäum Fragmente* 404 zeigt:[15]

> [*KFSA* 2, S. 242] [...] Besser als eine sogenannte Anwendung der Philosophie auf die Philologie im gewöhnlichen Styl derer, welche die Wissenschaften mehr kompilieren als <u>kombinieren</u>.
> [*KFSA* 19, S. 167, Nr. 106] Die Rhetorik gehört noch ganz und gar mit zur φσ [philosophischen] Methode – so wie die Divinatorische Combination (als σθ [Synthese] der theoret[ischen] und prakt.[ischen] Methode) für die Erfindung der Wahrheit das Gesetz enthält, <u>so Rhetorik für die Mittheilung (Allegorie und Gramm[atik] viell.[eicht] für die Darstellung.</u>)

Diese Kombinationslehre aber soll nicht einfach aus dem Barock wiederbelebt werden, sondern stellt einen ebenso produktiven wie analytischen Werkzeugkasten bereit, in dem Verschiedenes gesammelt ist. Wie kommt

---

15 Zur Kombinatorik s. auch Anita Traninger: »Kombinatorik«. In: *Historisches Wörterbuch der Rhetorik*. Bd. 4. Hg. von Gert Ueding u. a. Tübingen 1998, S. 1154–1163).

es überhaupt zu solchen Elementen? Wie können sie eingesetzt, wie verändert oder einmal eingesetzt, versetzt werden?[16] Diese Grundfragen der Kombinatorik bilden die Methode, mit der vorgegangen wird. Dabei sammelt FS alles vom einzelnen Laut bis zu Komplexen wie dem Mythos oder der Historie.

FS reflektiert 13r 14–14r 23 über die aus der Geschichte der griechischen Literatur von ihm destillierte Begriffstrias Mythos – Physik – Historie, die man etwa an der Abfolge Hesiod, Ionische Naturphilosophie und Ionische Historie (Herodot) festmachen könnte. Aber FS sieht diese in »mehrer Beziehung auf einander«. Das heißt, er unterscheidet bei diesen eigentlich historischen Begriffen verschiedene Relationen, die nicht alle historischer Natur sind. Im Rahmen der »classischen Rhetorik« nun sieht er diese Trias im Felde von Kunst einerseits und Wissenschaft andererseits. Das Begriffspaar ›Wissenschaft und Kunst‹ ist für das Griechische so eigentlich nicht als Polarität zu bestimmen, weil techne/τέχνη sowohl Kunstlehre als auch wissenschaftliches Verfahren bedeuten kann, wie es in der episteme/ἐπιστήμη betrieben wird. Freilich haben Platon und Aristoteles versucht, die Techne entweder zu verwissenschaftlichen oder, wenn das nicht möglich erschien, als bloße unreflektierte Erfahrung (ἐμπειρία καὶ τριβή) abzutun.[17] Eine Verbindung von Wissenschaft und Kunst ergibt sich durch ein *Athenäum Fragment*, in welchem er beide durch die Philosophie vermittelt:

> [*Athenäum Fragmente* 302, *KFSA* 2, S. 216] [...] Wer nicht philosophische Welten mit dem Crayon skizzieren, jeden Gedanken, der Physiognomie hat, mit ein paar Federstrichen charakterisieren kann, für den wird die Philosophie nie Kunst, und also auch nie Wissenschaft werden. Denn in der Philosophie geht der Weg zur Wissenschaft nur durch die Kunst, wie der Dichter im Gegenteil erst durch Wissenschaft ein Künstler wird.

---

16 Man denke hier an die sogenannten Änderungskategorien, die Quintilian institutio oratoria 1,5,38 eingeführt hat. Dort benennte er vier Formen: adiectio (Zugabe), detractio (Wegnahme), transmutatio (Platztausch), immutatio (Austausch). Vgl. Wolfram Ax: »*Quadripertita ratio*. Bemerkungen zur Geschichte eines aktuellen Kategoriensystems (*adiectio – detractio – transmutatio – immutatio*)«. Stuttgart 2000, S. 190–209 (zuerst in: *Historica Linguistica* 13 [1986], S. 191–214).

17 Platon: *Gorgias* 463 B4, *Phaidros* 260 E5 ἄτεχνος τριβή.

Es wird behauptet, dass die Philosophie nur durch »Kunst« wissenschaftlich werden könne. Diese bestehe darin, »philosophische Welten zu skizzieren« und einen »Gedanken, der Physiognomie hat, mit ein paar Federstrichen [zu] charakterisieren«. Erst über den Umweg der Kunst (Crayon, Skizze) werde Philosophie regelrecht Wissenschaft. Philosophie ist also nicht schon selbst Wissenschaft, sondern wird dies erst dadurch, dass sie sich ›unwissenschaftlich‹ geriert und intuitiv, nämlich gemäß der Kunst vorgeht. Andererseits muss der Künstler sich verwissenschaftlichen, um sein Ziel zu erreichen. Ohne Übertreibung oder Pauschalisierung wird man wohl sagen dürfen, dass diese Verbindung von Wissenschaft und Kunst gerade das Projekt der »Studien des Alterthums«, wie es FS betreibt, ausmacht. Der hingeworfene Gedanke, gar als Fragment apostrophiert, wäre im Sinne der argutiae eine solche gedankliche Skizze, die etwas zu erkennen gibt, weil sie die Physiognomie eines Gedankens herausarbeitet. Das überraschend Einleuchtende ist kalkuliertes Ergebnis einer nicht überwältigenden, aber zugespitzten Formulierung, die irgendwo zwischen Rhetorik und Dialektik angesiedelt ist. In diesem Lichte stehen nun Wendungen wie »Jurisprudenz und Theologie [...] waren nur Künste, noch nicht Wissenschaften«, »Durch die Sophisten ward die Philosophie zur Kunst, vorher war sie nur Wissenschaft oder Leben« (Z. 4–9); sie lassen zunächst eine Entwicklungslinie von Kunst zur Wissenschaft erkennen, aber auch von Wissenschaft zur Kunst wie im Falle der Philosophie der Sophisten oder der Physik, die bei den Alten mehr Wissenschaft gewesen sei, bei den Neueren mehr Kunst (13v 1–2). Das ist natürlich bewusst paradox und provokativ formuliert. Denn schon Aristoteles und seine Schule billigen den älteren Physiologoi allenfalls eine mythische Sicht auf die Phänomene zu, die erst im Zuge einer weiteren Verwissenschaftlichung überwunden worden sei.[18] Im 20. Jahrhundert hat Wilhelm Nestles Buchtitel »Vom Mythos zum Logos« diesen einbahnigen historischen Prozess auf einen allgemein akzeptierten Begriff gebracht.[19] FS dreht diesen Prozess um und sieht im historischen

---

18   Aristoteles: *Metaphysik* A 3–4.
19   Wilhelm Nestle: *Vom Mythos zum Logos: Die Selbstentfaltung des griechischen Denkens von Homer bis auf die Sophistik und Sokrates*. 2. Aufl. Stuttgart 1942, und ND Stuttgart 1975. Dazu instruktiv auch die Problematik dieser einbahnigen Sicht heraushebend: Glenn W. Most: »From Logos to Mythos«. In: Richard Buxton (Hg.):

Verlauf auch doppelspurige Wege. Nach landläufigem Verständnis ist es in der Antike gerade ein Denken in Analogien, das sich heutigem Wissenschaftsverständnis widersetze. Selbst der frühe Eleatismus und dessen medizinisch-empirische Fortführung durch Empedokles scheinen von der Analogie als einem universalen Erklärungs- und Weltprinzip auszugehen, was Aristoteles als unwissenschaftlich abtut, so sehr er andererseits dessen poetische Potenz schätzt und lobt.[20] Nun wird man sagen können, dass das Skizzieren eines anschaulichen Gedankens am ehesten der Analogie vergleichbar ist, wie sie die frühen Physiologoi praktizierten. Aber diese Form der Physik sei gerade nicht künstlerisch, beharrt FS. Nun war ihm diese Entwicklungslinie geläufig, wie die oben erwähnte Begriffstrias anzeigt, und er notiert marginal 13r M3 genau diesen Gedanken aus der Doxographie des Peripatos: »Die alte Physik zugl. Poesie, die moderne aber Praxis; sie soll einst Univ. Univφ werden.« Also muss man anders differenzieren. Vielleicht sollte man zunächst fragen, inwieweit die moderne Physik »mehr« Kunst sei. Aufschluss geben könnte eine Formulierung 13r 14–15, die der Begriffstrias unmittelbar vorausgeht: »Die Mythologie ist eine Physik des Geistes u d. Geist d Physik.« Die erste Gleichung ist noch einigermaßen einfach in die Entwicklungslinie der Trias einzupassen: Die Bilder des Mythos sind eher geisteswissenschaftliche als naturwissenschaftliche Sujets; aber wenn Mythologie auch der »Geist der Physik« sein soll, so ist sie deren Prinzip und insofern könnte man diejenige Physik auch als »wissenschaftlicher« ansehen, die ganz und gar einem Prinzip unterworfen ist. Das wäre jedenfalls im Sinne der Fichte'schen Wissenschaftslehre.[21] Das Kunsthafte der modernen Physik läge demgegenüber in der Suche nach Analogien, die aber als solche

---

From Myth to Reason? Studies in the Development of Greek Thought. Oxford 1999, S. 25–50.
20   Aristoteles: *Ars poetica* 21 1457a 31–58a 7, Dieter Bremer: »Aristoteles, Empedokles und die Leistung der Metapher«. In: *Poetica* 12 (1980), S. 350–376.
21   Dazu seine Programmschrift *Über den Begriff der Wissenschaftslehre oder der sogenannten Philosophie*. In: Johann Gottlieb Fichte: *Schriften zur Wissenschaftslehre*. Werke I. Hg. von Wilhelm G. Jacobs. Frankfurt a. M. 1997, S. 9–62, hier S. 19, Z. 16–20: »Eine Wissenschaft hat systematische Form; alle Sätze in ihr hangen in einem einzigen Grundsatze zusammen, und vereinigen sich in ihm zu einem Ganzen […]«. Vgl. Christian Strub: »System« in: *Historisches Wörterbuch der Philosophie*. Bd. 10. Hg. von Joachim Ritter und Karlfried Gründer. Basel 1998, Sp. 824–856, hier Sp. 839–841.

thematisch wären und so nur approximativ und uneigentlich bleiben. Das »Als Ob« bleibt immer im Blick und darin gibt die Physik zu erkennen, dass sie nicht wie der Mythos von Identitäten ausgeht, sondern von Analogien und Vergleichen – und niemals über diese Annäherungen hinaus kommen darf noch will.[22] Schließlich aber ersetzt FS Mythologie sogar durch »Rhetorik« in 14r M9: »Rhetorik ist Physik des Geistes nicht Wsch [Wissenschaft] sondern K[unst].« FS nimmt also eine historische Perspektive ein und erkennt, dass die Rhetorik im Dienste der Enargeia das Erbe der Mythologie antrete; was der Mythos als Bild zur Welterklärung nutzt, das setzt die Rhetorik als Vergleich oder andere Verbildlichung im Persuasionsprozess ein. Als Kunst, nicht Wissenschaft beerbt sie deshalb auch die Poesie, weil sie die Bilder nach denselben intuitiven Fähigkeiten auswählt wie diese. Das ist der Grund, weshalb Aristoteles die Metapher ebenso in der Poetik wie in der Rhetorik behandelt.[23] Es lassen sich also durchaus Aspekte rekonstruieren, die FS zu diesen Aussagen geführt haben mögen. Denn auch die provokative Behauptung, dass gerade die moderne Physik »mehr« Kunst sei, die der Alten »mehr« Wissenschaft lässt sich mit dieser Deutung vereinbaren: denn es ist wiederum der erkenntnistheoretische Umgang mit den Bildern, der Kunst und Wissenschaft sondert: Kunst wählt Bilder nicht gleichnishaft, sondern als Identität, Wissenschaft verfährt uneigentlich, indem sie Modelle konzipiert. FS will das traditionelle Verhältnis von Kunst und Wissenschaft umkehren; das könnte durch ein Verständnis von Fichtes Wissenschaftslehre ermöglicht werden, welches dem Identischen einen wissenschaftstheoretischen Vorrang einräumt. Doch trotz dieser sich so zu einem Konstrukt klärenden Überlegungen ist auch das

---

22   An solchen systematischen Stellen seines Denkens wäre auch an seine »Philosophie des Schwebens« (Schulze) zu erinnern, auf die etwa in *StA* 11v 7–9 »Das Transc. der alten Mythologie liegt auch in d Schweben zwischen Verschiedenheit u Identität d. Gottheit u d Menschheit« angespielt wird, wo es um ähnliche Fragen von Identität geht. Das Transzendente ist überhaupt durch eine solche Figur des Schwebens bestimmt: »Transc[endenz] heißt Schweben zwischen Id[eal] u Re[alität]« (25v 13–14). Vgl. auch die platonische Naturphilosophie des *Timaios*, in dem die ganze Naturlehre ein εἰκὼς λόγος (gleichnishafte Rede) sein soll.

23   Aristoteles: *Ars poetica* 21 1457b 6–1458a 7, *ars rhetorica* 3,2, dazu Thomas Schirren: »Tropen im Rahmen der klassischen Rhetorik« In: Ulla Fix u. a. (Hg.): *Rhetorik und Stilistik. Ein internationales Handbuch historischer und systematischer Forschung*. Berlin/New York 2009, S. 1486–1489.

Experimentelle nicht zu übersehen, das FS selbst ja in 11v 36–37 heraushebt. FS experimentiert mit der Trias Mythologie – Physik – Historie, um sie für die gesamte Kulturgeschichte zu universalisieren: »Auch die Poetik zerfällt in einen mythischen, physischen, historischen Theil« (13r 27–28); denn der »Cyklus der Bildung μ φ Hist« gelte »im Großen wenigstens« (14r 20–21). Poetik ist nicht Poesie, sondern deren Reflexion, die Kunstlehre des Dichtens also. Es spricht vieles dafür, dass er mit ›Poetik‹ überhaupt das künstlerische Schaffen als regelgeleiteten Prozess bezeichnet. Wenn dem so ist, dann wird man einer Bemerkung besonderes Gewicht beilegen: Nachdem er die »höhere Kritik« mit der Chemie, die gemeine mit der Physik parallelisiert hat, schließt er 13r 31–33:

> Zu einer solchen universellen MedKunst auch Gymnastik – Musik – Gesetzgebg – Taktik –Mystik. – – Alle Künste, die nur auf Verbindg u Univ gehen nicht auf Fabrication einer Art von Waaren, gehören wohl zusammen.

Vielleicht hat er mit ›Medienkunst‹ (wenn MedKunst so aufzulösen ist[24]) ganz unterschiedliche kulturelle Bereiche wie Gymnastik, Musik, Gesetzgebung und so weiter medientheoretisch verbinden wollen, um sie als Ausdruck einer bestimmten historischen Epoche zu deuten. FS scheint hier ganz als Kulturwissenschaftler zu denken. Ausgangspunkt solcher Überblicke und Zusammenschau ist ihm aber eine grundsätzliche und prinzipielle Verbundenheit aller Künste und Wissenschaften als Ausdruck des menschlichen Geistes; man darf hier den Einfluss der Fichte'schen Philosophie vermuten.

Im Sinne seiner historischen Theorie können die Epochen aber auch wiederum systematische Funktionen erfüllen; in 14r M8–M9 notiert er, dass Mythos, Physik, Historie auch »classisch« seien und die Rhetorik als »Physik des Geistes« angesehen werden könne. Hier wechselt FS nämlich umstandslos von einer historischen Epochenbildung zu seinem System der Dichtung. Mythos, Physik und Historie sind also nicht nur historische Epochen, sondern fungieren zumal als systematische Bestimmungen jeder Dichtung, die »classisch« sein will. Denn der delectus classicorum, also die Kanonisierung der Literatur durch Klassiker, ist

---

24   FS kommentiert diese Passage in Marginalie M6 »Dahin die Analyse gehöre u alles Medienwesen«, was diese Auflösung des Kürzels stützt.

nicht eine historische Bestimmung, sondern eine »systematische Kritik« (13v 6).²⁵

FS findet zu allgemeinen Grundsätzen, die durchaus im antiken Horizont liegen, aber sozusagen neu entdeckt werden, so etwa der Begriff der »Ökonomie« als Kunst oder Wissenschaft des kairos/καιρός, zu dem er sich ja häufiger äußert.²⁶ Ist dies nur vom Kritiker der alten und neuen Literatur gesagt oder auch vom modernen Autor von Texten? Die Einheitsfrage (13v 16–22) wird mit der Ökonomie als poetologisch-rhetorischem Begriff verbunden und es liegt sehr nahe, dass auch die Notate zum Mythos (13v 12–15, 14r 4–23) in diesen produktionstheoretischen Kontext, zumal in der Rhetorik, gehören. Denn die »alten Mystiker selbst behandelten die Mythologie classisch, erst mythisch, dann physisch, dann historisch« (14r 12–14). Hier tut sich ein Phänomen wie bei den Matrjoschkas auf: Dass sich nämlich auch ein Teilbereich der Trias seinerseits systematisch-historisch zerlegen lässt.

4   Details

4.1   *Destruktion und Construktion*

Im Folgenden möchte ich die groben Linien, die zunächst gezogen worden sind, an einigen Details belegen und weiter ausführen. Das erste Notat hebt auf einen sehr formalen Aspekt der klassischen Rhetorik ab, nämlich den der linguistischen Eigenarten des Griechischen:

> [StA 12v 2–4] Die vielen kleinen Bestimmungen in der Griech. Spr. u die Vorliebe für bestimmende Wortarten, ein Beweis für die Bildung ihrer Sprache.

Statt auf die großen Gegenstände der Rhetorik wie etwa Topik oder Figurenlehre zu kommen, notiert FS zunächst Bemerkungen zur Linguistik der griechischen Wortbildung. Es geht um einen »Beweis für die Bildung ihrer Sprache«, Bildung sowohl im Sinne eines gespeicherten Wissens als auch einer Formation und Struktur.

---

25   Zum delectus classicorum siehe *KFSA* 15.3, S. 389.
26   7r 27–31:»Wer gute Entwürfe macht, versäumt oft d Augenblick, wer diesen versteht ist oft s. Knecht, sieht nur auf ihn, hat keine Entwürfe u eigne Grundsätze.«

Erkennbar ist, dass FS von vornherein zwei unterschiedliche Aspekte ins Auge fasst: nämlich den der Dekomposition und den der Komposition. Man könnte auch sagen, Analyse und Systase. Er beginnt mit Reflexionen über die Frage der Übersetzbarkeit. Diese Frage war für FS selbst besonders relevant, weil er in diesen Jahren versuchte, sich in der literarischen Landschaft einen Namen auch durch die Übersetzung von Werken der klassischen Literatur zu schaffen. Bekannt ist sein *Lysias*, den er bei Wieland in dessen *Attischem Museum* 1796 publiziert hatte (*KFSA* 1, S. 133–168); bekannt ist auch, dass er etwa Voss für seine *Ilias* und *Odyssee* kritisierte:

> [*StA* 3r M4] Voß – Maximum von Holz. Homer in s. Übersetzung ein Voßide. Voß hält sich an die materielle Materie (Buchstaben des Alterth.)
> [*Lyceum* Fr. 113, *KFSA* 2, S. 161] Voss in der Louise ein Homeride: so ist auch Homer in seiner Übersetzung ein Vosside.

Vor diesem Hintergrund könnte sein mikrophilologischer Zugang geradezu als eine Überbietung dieser Kritik an Voss erscheinen. Voss habe sich an die »materielle Materie« gehalten, als er Homer übersetzte. Vielleicht, so könnte man schließen, hat er dabei gerade diese Eigenarten des Griechischen nicht bedacht. Denn in diesen zeige sich ein Höheres, die »Bildung« der Griechen (wenn man »ihrer« so beziehen darf): Sie haben Vorlieben für bestimmte Wortarten, deren Eigentümlichkeiten bewahrt werden müssen, wenn man den Geist des Buchstaben auch verstehen und übersetzen will. »Bildung ihrer Sprache« ist ein sehr Schlegel'scher Ausdruck, in dem Mehreres zusammengenommen ist, was man zunächst wieder zu trennen hat, um es zu verstehen. Mit der »Bildung der Sprache«, Sprachbildung, könnte etwa, ganz oberflächlich und eher linguistisch betrachtet, die Struktur der Bestandteile, das, was eben den Sprachbau selbst ausmacht, bezeichnet sein. Da aber der Begriff der Bildung für FS gerade in diesen frühen Jahren seines Schaffens als ein ›humaner‹ und im Sinne der höheren Bildung von Völkern, Individuen und so weiter zu verstehen ist,[27] wäre man auch berechtigt, in der »Bildung der Sprache« bereits das sich darin beweisende Ingenium der Griechen, als Ausdruck griechischer Philosophie anzusehen. Grund

---

27   Siehe dazu *KFSA* 15.3, S. 190. 208. 243, ad *FGP* 4v 4–5.

dafür ist für mich auch die merkwürdige Verwendung des Possessivum »ihrer« (Sprache). Denn damit sind sicherlich die Griechen gemeint, die aber hier gar nicht explizit genannt sind – zunächst. 12v 4–8 folgt eine Anleitung, man könnte auch sagen, eine Regel: »Um etwas zu übersetzen,« betont er, »muss mans [sic] so kennen, dass man's destruiren könnte bis auf d[ie] Principien, woraus sodann s.[ich] Ton u[nd] Colorit d.[er] Uebers.[etzung] <u>construiren</u> ließe«. Wir haben also beide Begriffe, den der Destruktion und den der Konstruktion unmittelbar im Kontext der Übersetzung. Übersetzung ist dann nichts anderes als Destruktion und Konstruktion. Dies ist ein linguistisch bemerkenswerter Gedanke, der die Überlegungen zur Übersetzbarkeit der alten Autoren, ein damals besonders gerne gepflogenes Thema, reflektiert. Marginal stellt FS die Frage, ob man »unter den Alten«, also den griechischen und römischen Autoren, vielleicht nur die »romantischen« in die modernen Sprachen übersetzen sollte, »wenigstens diese nur«, ergänzt er, »ohne Kommentar«. Dieser Hinweis auf den Kommentar verbindet offenbar über einige Seiten hinweg, wie wir schon vermutet hatten, die zunächst völlig anders sich gebenden Notate zur Rhetorik, mit denen zur klassischen Philosophie: Die *Nomoi* werden als Kommentar der *Politeia* gelesen; Übersetzung ist nur dann ohne Kommentar möglich, wenn die Produkte gewissermaßen im geistigen Horizont derer stehen, die sie lesen (also etwa, wenn sie romantische Texte für Romantiker sind). Nimmt man beide Sätze zusammen, so ist die Kommentierung ein notwendiges Verfahren, Inhalte zu propagieren. Auch darin wächst der Rhetorik eine Aufgabe zu: sie zeigt auf und erhellt, was fern und dunkel scheint.

FS steigt theoretisch jedoch noch eine Stufe höher: er fragt, ob Stil und Kolorit und Ton – das sind alles Begriffe, mit denen er auch die unterschiedlichen griechischen Schulen differenziert –[28] nur eine »Verschiedenheit der Massen« ausmachten. Das ist aufschlussreich, weil damit – wie schon erwähnt – die großen Nationalcharaktere der griechischen Literatur getrennt werden. Die ionische, die äolische, die dorische Schule wären nach diesem Muster ein System von Stil, Kolorit und Tonarten: »Der Ausdruck Schule bezeichnet hier wie dort eine regelmäßige Gleichartigkeit des Styls durch welche eine Klasse von Künstlern sich von den übrigen absondert, u[nd] ein aesthetisches Ganzes wird.«

---

28 Siehe dazu den sog. *Schulenaufsatz* in: *KFSA* 1, S. 3–18, und *FGP* 23r 17–25.

(*KFSA* 1,3) Aber erst die »Figuren im Großen« verliehen einem Werk Fragmentarität (12v 10–11). Was bedeutet Fragmentarität? Zunächst ist dieser Begriff als ein ästhetisch-rhetorischer zu nehmen, im Sinne einer bestimmten Qualität, einer bestimmten Machart: Er kann keinesfalls etwa als Folge einer irgendwie gearteten materiellen Beschädigungen aufgefasst werden. Vielmehr zeichnet Fragmentarität die Machart eines Textes aus; was ist es aber, was die Fragmentarität eigentlich ausmacht?[29]

4.2 *Fragmentarität*

> [*StA* 12v 8–11] Durch ein συστ von Stylarten, Coloritarten u Tonarten bekommt ein Werk nur Verschiedenheit d Massen. Durch d Figuren im Großen aber bekommt es die Fragmentarität.

Ein literarisches Werk kann sich durch »Stylarten, Coloritarten und Tonarten« zwar in den »Massen«, das heißt in größeren Abschnitten, differenzieren, aber den Charakter der Fragmentarität kann es nur durch Figuren erlangen. Fragmentarität wird so zum Merkmal einer bestimmten Qualität, nämlich Prägnanz, Abgeschlossenheit, aber auch Anschlussmöglichkeit durch Offenheit in der Vereinzelung. All dies kann nur durch eine Figur erreicht werden, die nicht wie die rhetorische im traditionellen Sinne in einem begrenzten Umfang wirkt, sondern sozusagen das ganze Werk ›durchfiguriert‹. Denn erst das führt zur Fragmentarität von »Massen«. FS universalisiert hier den Begriff des Fragmentes als einer bestimmten literarischen Form und nennt dessen Baugesetz: Figur im Großen. In der Rhetorik ist etwa die Ironie eine Gedankenfigur, die sich auch weiter ausdehnen kann; die daraus entwickelte, doch mit der klassischen Figur keineswegs identische, sogenannte romantische Ironie wäre eine solche Figur im Großen, siehe zum Beispiel 24r 20: »Aristophanes ist in d dramat Form bis zur Ironie gekommen«. 25r 5–6: »Homer ist unendlich naiv das heißt bis zur Ironie classisch in Form u Stoff.« (Weitere Bestimmungen gibt FS in 12v 18–27.)

Es stellt sich dann natürlich die Frage, auf welcher Ebene diese Formation zur Figur im Ganzen einer »Masse« ansetzt. Unterschieden werden poetisches und logisches System (12v 11–12), nämlich das

---

29   Vgl. auch *KFSA* 15.3, S. 189–199. 407. 413. 419.

materiale poetische Produkt (Sprachcode einer bestimmten Form) und Plan, Intention, Gedanke, die hinter einem Werk stehen und dieses als ein Ganzes strukturieren, was in der Rhetorik als Verbindung von inventio und dispositio verhandelt wird. Nun werden also »die Figuren im Großen« zur materialen Seite gerechnet. Das mag überraschen; denn gerade die Organisation von größeren Einheiten scheint doch nicht materialer Natur zu sein.[30] Es passt aber wiederum zur Bestimmung der »Massen« durch »Stylarten, Coloritarten und Tonarten«; all diese Arten nämlich sind offenbar als eher materiale Aspekte der Dichtung gefasst.[31] Die Frage nach der logischen Systematik dieser Dichtungen, ihrem Zusammenhalt im Sinne der Einheit und Ganzheit (12v 15), beantwortet sich so, dass die vergrößerten Figuren mit der Kombinatorik Teil der Findungslehre, also der Topik und der Struktur des Ganzen im Sinne der Logik werden.

Hier lohnt ein Blick zurück auf die »classische Philosophie«: Dort führt FS auf 11v jeweils durch waagrechte Striche über die ganze Spalte getrennt Bemerkungen über das Fragment auf:

Z. 11: Dialoge sind ραψ von Fragm.[enten]
Z. 16: Bei den alten φσ findet sich mehr επιδειξις als bei den Dichtern.
Z. 24: Die Cynischen Satiren die ersten gemachten Fragmente

FS nähert sich also der Fragmentarität auf zwei Wegen: auf der via philosophiae und der via rhetorices. Auf dem philosophischen Weg erscheinen die Fragmente als auf eine rhetorisch ansprechend gebrachte kompakte einfache Form (»Cynische Satiren«), die sich zwar kombinieren lässt, indem Fragmente ›rhapsodierbar‹, also verknüpfbar sind, aber doch noch nicht die Figur im Großen sein können, die ein Ganzes bildet. Rhetorisch betrachtet ist das Fragment eine Organisationsfigur, mit der man Gattungen und Stile differenziert.

4.3   *Figurationen im Makrotext: Kombinatorik*

Diese Thematik der Organisationsfigur größerer Massen wird mit dem folgenden Notat 12v 18–21 weitergeführt, wenn FS danach feststellt, dass

---

30   Vgl. 13v 19–20 »Jedes λογ Ganze muß ein Syllogismus im Großen sein.«
31   In dem Sinne, dass die elocutio das Sprachmaterial bearbeitet.

durch die Anwendung der alten Rhetorik, nämlich durch die Operation des Vergrößerns rhetorischer Figuren (im Sinne der kombinatorischen Erfindungslehre) Konfigurationen und Konstruktionen im Bereich des Makrotextes möglich werden: »Die Einheit u Ganzheit jedes Werks auch des Fr[,] der ραψ[,] der Masse ist immer συστ u ηθ.« (12v 15–17) Die Einheit eines Werkes ergibt sich, wie schon erwähnt, immer nur durch ein ›systematisches‹ Zusammenfassen unter einer bestimmten, dem Werke selbst äußerlichen, zum Beispiel politischen Frage. In dieser Perspektive wird auch verständlich, warum FS im Studiumsaufsatz davon spricht, dass die politische Kategorie, die allen anderen übergeordnete, ja einzig und allein übergeordnete Kategorie sei.[32] – Aber auch, warum sich insbesondere Platon darauf verstand, aufgrund seines erzieherischen Ethos, sein *Symposion* zu »synthesieren«.

Wenn Einheit per se immer systematisch sein muss, dann könnte der Satz, dass die Einheit und Ganzheit jedes Werks immer systematisch und ethisch sein müsse, zunächst tautologisch erscheinen. FS kennt aber offenbar mehrere Einheitsbegriffe; auch die (aristotelische) Werkeinheit muss systematisch, das heißt funktional und organisch strukturiert sein (siehe 12r 1–2). FS fügt den Einheitsbegriff, den man einen äußerlichen nennen könnte, durch das Ethos noch hinzu. Dieser bezeichnet den ›Charakter‹ des Werkes, das heißt das spezifische, aber auch typische Gepräge seiner Form, jenseits der Gattungsbestimmungen.[33]

Die »Rhapsodie von Fragmenten« (»Dialoge sind ραψ von Fragm.« [11v 11], »Einheit der ραψ ist λογ – u der Fr ist ηθ.« [13v 21–22]) ermöglicht es, jenen großen Bogen vom einzelnen Satz im Kontext des Werkes, über das Werk als Repräsentanten einer Schule (bestehend aus Stil, Tonart etc.) bis hin zu den im Sinne einer Modularität auch für einzelne Einheiten geltenden Verknüpfungen solcher im Stile einer Schule produzierten Text-Fragmente zu spannen.

FS führt damit spekulativ Gedanken seiner Theorie des Epischen literaturtheoretisch weiter; nicht nur das Epos ist ein Modul, auch die ganze Literaturgeschichte ist ein System von Fragmenten. Das deutet sich in folgendem Gedanken an:

---

32   Siehe oben S. 161, *KFSA* 1, S. 325.
33   Doch siehe 17v M5, 25v M4.

> [*StA* 12v 18–21] Anwendung der alten Rhetorik, durch d. Operazion d. Vergrößerung der ρ figuren, auf combinat Erfindungslehre, wo es Configurazionen u Construcionen werden.

FS spekuliert über eine Möglichkeit, nach dem Prinzip rhetorischer Textproduktion eine kombinatorische Findungslehre zu konzipieren. Rhetorische Produktion bedient sich der Figuren und Tropen, um die sprachliche Oberfläche von Texten zu gestalten. Das ist das Stadium der Ausformulierung (elocutio). Dem geht aber im klassischen Modell die Findung der inhaltlichen Aspekte voraus (inventio). FS will das elokutionäre Verfahren durch Figuration auf die Findungslehre applizieren und durch Makrofigurationen größere Textmassen erzeugen.

> [*StA* 12v 21–23] Dadurch wird die ανλ Lehre der alten ρ (durch die Idee der Totalität, denn sonst wird nichts zugesagt) synthesirt.

FS bezeichnet die rhetorische Produktionslehre als analytisch, meint damit aber nicht Textdecodierung oder Textanalyse, sondern ›analytisch‹ im Gegensatz zu ›synthetisch‹. Man könnte hier an die Jacob'sche Unterscheidung von paradigmatischer und syntagmatischer Achse denken. Die Übertragung der mikroskopischen, analytischen Verfahren auf die Makroebene von ganzen Texten ist eine »Synthesirung«. Aufschluss gibt die Klammer, wo FS erklärt, dass die Applikation von der Idee der Totalität ausgeht, Figuren auch auf ganze Texte (Totalität) anzuwenden. Totalität meint wohl Ganzheit.[34] FS setzt demgemäß die gesamte Literatur als ein Ganzes an, und kann so wie der rhetorische Produzent am einzelnen Text im Ganzen der Poesie Figuren finden, die diese strukturieren. Die von FS gebrauchten Kürzel Hist, Myth etc. erweisen sich in diesem Sinne als Syntaxgeneratoren. Sie sind Bauformeln von Molekülen in der Masse der Literatur.

Diese mit dem Präfix con- zusammengesetzten Wörter (Configurationen, Construcionen) verweisen alle auf ihre Entsprechung im Griechischen, nämlich jene mit syn- wie System, systasis, synthesis und so weiter. Hier scheint FS zu überlegen, ob dann, wenn er die Massen durch Schulen

---

34 Vgl. *FGP* 16r 2: »[...] auch keine Totalität+.<+keine künstlerische Ganzheit>«, *StA* 19v 7–9: »Die Richtung d. Ganzen zu nehmen aus d neuern Geschichte, die Grundlage aber ist d Totalität d Alten.«

bestimmt sein lässt, bei der Beschreibung, Evaluierung, Analyse einzelner Werke gemäß dem jedem einzelnen Werke zugrundeliegenden Plan der Einheit andere rhetorische Operationen erforderlich sind, nämlich – siehe oben – Destruktion und Konstruktion. Dies könnte dann naheliegen, wenn die einzelnen Bestandteile der paradigmatischen Achse wiederum in die Synthese des Textgewebes und dessen Einspannung oder Einwebung in den Genette'schen Architext integriert werden sollen.[35]

4.4 Figurationen im Mikrotext: Metrik

> [StA 12v 23–25] Auch die Metrik könnte so totalisirt u potenzirt werden, sich etwas ähnliches aus ihr herausconstruiren lassen.

Nächster Anwendungsbereich – und hier zeigt sich der sehr schnelle und sehr universell zugreifende Geist FS's – könnte die Metrik sein, die ihrerseits aus einer Art modularem System aufgebaut ist. Denn wenn schon ein gesamtes Werk nach den Regeln der alten Rhetorik im Sinne der Konstruktion und Kombination von »Figuren im Großen« gebaut werden kann, ließe sich dies gewissermaßen bis auf die molekulare Ebene einzelner metrischer Einheiten weiterführen: Wir wechseln also von der Makroebene in die Mikroebene des Textes. Dieser sehr spekulative Zugriff FS's auf die Machart und das Gewebe vom einzelnen Faden bis zum größeren Muster und ganzen Kombinationseinheiten zeigt den konsequent produktionstheoretischen Zugriff, den der Romantiker in der Beschäftigung mit der antiken Lehre der Produktion, der Rhetorik, zu führen weiß.[36]

4.5 Diaskeuastik: Texte der Vergangenheit in die Gegenwart fortschreiben

> [StA 12v 26–27] Sollten s. nicht manche Alte übersetzend diaskeuasiren lassen? –

---

35 Dazu Gerard Genette: *Einführung in den Architext*. Stuttgart 1990 (dt. Übers. von: *Introduction à l'architexte*. Paris [1979]).

36 Dazu siehe besonders 13r 1–3: »Die Regeln d Alten vom κωλον – περιοδος u dann von βασις – αναπαυσις – ῥυθμος müssen sich auf ganze Werke anwenden lassen.«

Den Abschluss dieser Reihe bildet nun ein Begriff, der für FS's Umgang mit der antiken Literatur überhaupt, aber insbesondere mit der Frühgriechischen Epik wegweisend und systematisch bemerkenswert ist, nämlich den Begriff der Diaskeuase. Der aus dem Umfeld und dem Werke Friedrich August Wolfs in die damalige Diskussion gebrachte Begriff, der sich allerdings klar auf antike Quellen zurückführen lässt, (insbesondere durch Villoison gelangt er in die gelehrte Welt[37]), bezeichnet die Einrichtung, Zurechtmachung und gewissermaßen im Kollektiv agierende Fortschreibung und Zusammensetzung (all das kann διασκευάζειν, διασκευάζεσθαι bezeichnen) und passt in jenes Feld der Fragmentarität, welches seinerseits eine Kombinationstechnik ebenso ermöglicht wie voraussetzt.

Denn FS formuliert seine vom Epos ausgehende Theorie der Diaskeuasten, die nicht einen Homer, sondern mehrere, viele ›Homere‹ kennen, weil sie als Homere immer nur am Leitfaden einer produktiven Systematik entlang dichtende Subjekte sind, die ihre Eigenständigkeit zugunsten des großen Ganzen aufgegeben haben,[38] immer schon im Sinne des Fragmentarischen als dem Baustein der Epik. Der einzelne Dichter webt am großen Teppich des Epos in kleineren abgegrenzten und doch kombinierbaren Kompartimenten. So ist wohl die berühmte Bemerkung zu verstehen, dass die Diaskeuasten wie Polypen in einer Kolonie am großen Ganzen der Dichtung, des dichterischen Riffs, arbeiten, wenn man sie mit einer anderen kombiniert, in der FS das epische Dichten mit dem Ganzen der griechischen Dichtung vergleicht.

> [*FGP* 13r M2] Das homer. epos ein Gewächs wie d Polyp.
> [*FGP* 2v 19–22] Die gewordne Harmonie d Homer. Gedichte nicht schwerer zu begreifen u erklären als die Harmonie d. Griech Dichtkunst überhaupt.

Andererseits zeigt dieser Gedanke FS als Autor und Übersetzer griechischer Autoren. Sein Gedanke bei der Übersetzung wäre vor diesem Hintergrund so zu fassen, dass er einen antiken Autor in eine Diskussion über literarische Formen ›hineindiaskeuasiert‹. Die Übersetzung als

---

37 Siehe dazu *KFSA* 15.3, S. 235.
38 *FGP* 2v 28–29: »Homer ist zugl Person, Collectivum, Periode, und Styl einer Schule.«

Destruktion der ursprünglichen Form und Konstruktion für und in eine zeitgenössische Sprache ist ihrerseits über die einzelnen produktiven Schritte hinweg mehr als nur eine schlichte Verdolmetschung eines bereits bestehenden und abgeschlossenen Textes, sondern es entsteht daraus eine neue Form von Literatur – diaskeuasiert in die Gegenwart: »Sollten sich nicht manche Alte übersetzend diaskeuasiren lassen?« (12v 26–27) Die Übersetzung stellt nicht einfach einen Text in einer modernen Sprache bereit (man denke an das gemeinsam geplante, aber nur von Schleiermacher abgeschlossene Projekt einer Platon-Übersetzung):[39] Der wahre Übersetzer strickt am Überlieferten durch die Übersetzung so weiter, wie die Diaskeuasten aus den verschiedenen Teilgesängen die Großepen zusammensetzten. Nur wird dabei nicht ein einzelner Text fortgeschrieben, sondern am Ganzen der Literatur gearbeitet. So lautet der romantische Anspruch.

4.6 Philosophische Ausblicke auf die Mittlerrolle der Rhetorik

> [StA 13r 11–13] Die Hist φ ist gar keine besondre Wsch sondern nur d Ende der Univφ – die Mitte ist die Rhetorik.

Die Rhetorik, die FS mehr als eine Kunst denn Wissenschaft ansieht, vermittelt zwischen einer historisch sich begrenzenden Philosophiegeschichte (etwa der griechischen) und der Universalphilosophie, also jener Disziplin, der FS sich in seinen späteren Lebensjahren verschreibt, wenn er nach der Philosophie des Menschen überhaupt fragt.[40] Warum kann gerade die Rhetorik zwischen diesen beiden philosophischen Disziplinen vermitteln? Vielleicht deshalb, weil die Rhetorik diejenige Instanz ist und Kompetenz bereithält, dasjenige, was an Erkenntnissen im historischen Umfeld gewonnen ist, gewissermaßen epideiktisch und destillierend in die Universalphilosophie als einer historisch

---

39 Friedrich Schleiermacher: *Kritische Gesamtausgabe, Abteilung IV. Platons Werke* Bd. I.1. Einleitung, Phaidros, Lysis, Protagoras, Laches. Erste und zweite Auflage (1804. 1817) samt handschriftlichen Vorstufen und griechischer Vorlagen. Hg. von Lutz Käppel und Johanna Loehr. Berlin/München 2016, Einleitung der Bandherausgeber, S. XV–XXXVI.

40 *KFSA* 9, S. 1–428: »Philosophie der Geschichte«, gehalten in Wien 1828, *KFSA* S. 10, S. 1–307: »Philosophie des Lebens«, gehalten in Wien 1827.

ungebundenen und damit metahistorisch allgemeinen Erkenntnislehre zu vermitteln. Sie übernimmt hier vielleicht eine systematisch ähnliche Funktion wie die der übersetzenden Diaskeuase alter Texte in die Gegenwart. Sie kann zwar nur auf der Grundlage der Historizität philosophischer Erkenntnisse ansetzen, muss diese aber neu formulieren, ja, sie muss sie in eine höhere Axiomatik überführen. Man könnte auch an die alte Unterscheidung von quaestiones finitae und infinitae im Rahmen der antiken Statuslehre denken,[41] die das Verhältnis von abstrakter Regel und konkreter Umsetzung umspielt. Die Rede vom »Ende der Universalphilosophie« ist freilich ambigue, vielleicht bewusst ambigue, denn wenn die »Historische Philosophie nur das Ende der Universalphilosophie« sei, könnte auch gemeint sein, historische Philosophie mache Universalphilosophie unmöglich. Durch die Wendung nach dem Gedankenstrich lenkt FS das Verständnis auf Ende im Sinne von ›äußerster Bereich‹. Dann wären Philosophie und Rhetorik ein Kontinuum, das in sich gegliedert ist. Folgende Bemerkung möge das illustrieren:

> [StA 13r 10–11] In d Politik des Plato ist wenigstens eben so viel Hist Geist als im Tacit.

Man kann Platon sicherlich als Universalphilosoph ansehen, doch in seinem politischen Denken beweist er ebenso viel historischen Geist wie etwa ein Tacitus. Also auch auf die Universalphilosophie ist ein historischer Blick möglich, der etwas sehen lässt. Das deutet an, wie sich FS dieses Kontinuum der Rhetorik und Philosophie vorstellte.

4.7 Rhetorik als geistige Ökonomie und Landbau

> [StA 14r 25–31] Ganz unrecht ists daß die Alten die ρ als K nicht als Genialität betrachteten. – Die wahre ρ sollte eine Medicin, Oekonomie, Handel des Geistes sein. –
> Die ρ soll die geistigen Keime ausstreun wie der Landmann, Früchte sammeln pp soll geistige Waaren verbreiten wie der Kaufmann, soll geistige Krankheiten heilen, Wunden verbinden pp – d Litteratur muß zugl auch ρ sein und umgekehrt.

---

41 Dazu Thomas Schirren: »Redesachverhaltsfeststellung (Statuslehre)«. In: Ulla Fix u. a. (Hg.): *Rhetorik und Stilistik. Ein internationales Handbuch historischer und systematischer Forschung*. Berlin/New York 2008, S. 610–620.

Drei originelle Einschätzungen zur Rhetorik: Kritik am Kunstcharakter der Rhetorik, die auf Regeln basiert und nicht ein Feld genialischer Regelfreiheit ist; die Synthese des Ps.-Longin ist hier nicht berücksichtigt.[42] Die Bestimmung der Rhetorik als »Medizin, Oekonomie und Handel des Geistes« ordnet sie aber wieder in die hervorbringenden Künste ein: Medizin erzeugt Gesundheit, Ökonomie (und Handel) finanziellen Gewinn. Rhetorik als Medizin des Geistes beziehungsweise Oekonomie des Geistes etc. bestimmte dann freilich wieder die Rhetorik als eine systematische Kunstlehre.[43] Was ist dann aber mit der ihr eigenen Genialität, die die Alten verkannt hätten? Die abschließende Bemerkung zeigt genauer, was gemeint ist: Rhetorik als Kunst der Kommunikation handelt mit geistigen Produkten. Sie kann nicht nur »Wunden schlagen, sondern auch heilen«. FS erkennt Rhetorik nicht nur als Textproduktionslehre, sondern auch als Handlungstheorie. Nun aber folgt ein überraschender Schlusssatz: »Litteratur muss zugleich auch Rhetorik sein und umgekehrt.« Wird damit hinter die Klassik auf die barocke Literaturkonzeption im Horizont der rhetorischen Kunstlehre zurückgegriffen? Versucht FS die Grenzen zwischen Literatur und Rhetorik aufzuheben? Oder wie soll man das »zugleich« verstehen? Man mag an die Programmatik von *Athenäum Fragmente* 116 denken, wo ebenfalls Poesie mit Philosophie und Rhetorik in Berührung gesetzt werden soll:

> [*KFSA* 2, S. 182] Die romantische Poesie ist eine progressive Universalpoesie. Ihre Bestimmung ist nicht bloß, alle getrennte Gattungen der Poesie wieder zu vereinigen, und die Poesie mit der Philosophie und Rhetorik in Berührung zu setzen.

Der Verweis auf die kommunikativen Kompetenzen der Rhetorik lässt an die eigenen literarischen Produktionsformen denken, wie sie etwa im Athenäum gepflogen wurden. Man könnte dessen Programm auch als ein

---

42 Dazu Thomas Schirren: »Theoriegeschichte der Rhetorik und Stilistik«. In: Ulla Fix u. a. (Hg.): *Rhetorik und Stilistik. Ein internationales Handbuch historischer und systematischer Forschung*. Berlin/New York 2008, S. 1–26, bes. 19 zu Ps.-Longin 2,1.

43 Mit diesen Bestimmungen kritisiert er implizit die Kritik Platons an der Rhetorik als einer Schmeichelkunst, ähnlich der Kochkunst, die gerade nicht das Gute für den Patienten verfolge, sondern nur das des Produzenten, Platon: *Gorgias* 465 B–D.

»Ausstreun geistiger Keime« bezeichnen.[44] Vielleicht verschränkt sich in solchen Keimen Werk- und Handlungscharakter des neuen Projektes. Erinnert uns dies an die programmatischen Worte auf der ersten Seite 2r 5–9 (siehe oben S. 160)?

> [StA 14v 1–16] Die gesammte figurirte Prosa ist viell das epische Zeitalter dieser Kunst zu nennen, der es noch an d Ganzheit fehlt. – Symmetrie in d Baukunst ist coëxistenter Rhythmus. – Die Metrik enthält offenbar die verkleinerten Regeln der Massenverknüpfung oder die poetischen Gesetze d Periodenbaus[.] Nicht nur die kleineren Massen, die Periode sondern auch d größeren d Abschnitte müssen rhythmisch fortschreiten. – Rhythmus ist Styl d Empfindung. – Die Eintheilung in Prosa Werke gehört zum Styl, die Stellung die davon noch ganz verschieden ist, zum Ton. Die alte Rhetorik geht offenbar aus auf eine logische ErfindungKunst, u eine poetische Constructionskunst. System ist nicht bloß zugleich Construction u Charakteristik sondern auch noch Historie eines Individui.

FS versammelt, den ganzen Abschnitt über die Rhetorik resümmierend, Bemerkungen zur Rhetorik als Lehre der »Combinazion«, indem er den Rhythmus (der sich in der antiken Rhetorik in den sogenannten Klauseln zeigte) als allgemeines Gestaltungs- und Verknüpfungsprinzip versteht, das sich von den Silben bis zum Periodenbau und ganzen Paragraphen fortsetze. Figurierte Prosa ist die nach den Regeln des ornatus an der Textoberfläche bearbeitete Form. Dabei habe man die (aristotelische?) Einheit außer Acht gelassen und wie im Epos das Prinzip der unendlichen Reihung befolgt. Es muss verwundern, dass FS hier nicht an die Teile der Rede (partes orationis) denkt, die doch einer klaren Einheitsstruktur folgen.[45] Immerhin erwähnt er die logische »ErfindungKunst«

---

44 Auch darin kann man eine subtile Anspielung an Platon erkennen, der im *Phaidros* 260 C6–D2 Sokrates fragen lässt: Ὅταν οὖν ὁ ῥητορικός, ἀγνοῶν ἀγαθὸν καὶ κακόν, λαβὼν πόλιν ὡσαύτως ἔχουσαν, πείθῃ, […] περὶ κακοῦ ὡς ἀγαθοῦ, δόξας δὲ πλήθους μεμελετηκώς, πείσῃ κακὰ πράττειν ἀντ᾽ ἀγαθῶν, ποῖόν τιν᾽ ἂν οἴει, μετὰ ταῦτα, τὴν ῥητορικὴν καρπὸν ὧν ἔσπειρε θερίζειν; (»Wenn nun der Rhetoriker, in Unkenntnis des Guten und Schlechten, eine Stadt in die Hände bekommt, die das ebensowenig weiß, und sie überzeugt, dass das Schlechte das Gute ist, weil er die Meinungen im Volk genau studiert hat, und er diese überzeugt, statt Gutes Schlechtes zu tun, welche Frucht wird die Rhetorik wohl, glaubst du, danach ernten von dem Samen, den sie gesät hat?«).

45 So etwa ausgeführt im platonischen *Phaidros* 263 C6–264 E9.

(inventio) und die »poetische Constructionskunst«. Mit ›poetisch‹ ist die dichterische Konstruktion (Ausdrucksseite) gemeint, und zwar in Absetzung zur logischen inventio (Inhaltsseite). Außerdem fallen die Begriffe »Styl, Ton, Charakteristik«: Diese gehören in den Zusammenhang der systematischen griechischen Literaturgeschichte. Mit diesen Begriffen werden die Abfolge und auch die Gruppierungen der Schulen vorgenommen. FS greift diese früheren Konzepte der Systematisierung und Historisierung wieder auf und kombiniert sie mit dem neueren der Rhetorik als einer universalen Textproduktionstheorie. Die alten Begriffe werden so in das neue System transponiert. Das Neue in dieser Synthese macht er im letzten Satz deutlich, in dem er das Systematische als »Construction« und »Charakteristik« benennt, das aber auch die Lebensgeschichte (»Historie«) eines einzelnen Werkes (»Individui«) erkennen lässt. Im Falle der griechischen Poesie ist deren Geschichte zugleich Darstellung ihres konstruktiven Systems. So ist die »figurirte Prosa« auf der historisch früheren Stufe angesetzt, ähnlich dem Epos, das durch spätere komplexere Konzepte der Einheit (etwa in der dramatischen Dichtung) fortgesetzt wird. Was wäre dann die Fortsetzung der figurierten Prosa? Wenn die unendliche Fortsetzbarkeit das Bauprinzip dieser figurierten Prosa ist, dann wäre das Fehlen dieser Figuration zugleich Anzeige eines anderen Einheitsprinzips – so wie das des Epos durch das des Dramas abgelöst wird.

5 Zusammenfassung und Ausblick

Die Universalität von FS's Bemerkungen zum rhetorischen Produktionsprinzip gibt noch eine andere Perspektive frei, nämlich auf die Form, in der er diese Gedanken notierte: seine Hefte. Im Vergleich mit Exzerpten anderer Gelehrter im 18. Jahrhundert sind die Friedrichs sehr viel reflektierter und tragen auch erhebliches Anregungspotential für den Rezipienten, sei dies nun der Autor selbst oder ein anderer Leser, an sich.[46] Das sind Sätze, die nicht nur der memoria helfen sollen, Lesefrüchte aufzufinden, es sind vor allem Ideen, die sich verschiedentlich säen lassen, wie die Samen, die die Rhetorik als »Oekonomie des

---

46 Siehe dazu auch *KFSA* 15.3, S. 199–206.

Geistes« ausstreuen soll. In diesem Punkte konvergieren Arbeitspraxis und Literaturtheorie: jene gliedert sich so in die Totalität der Literatur ein. Weit entfernt davon, dass FS vor lauter Exzerpieren nicht mehr zum Ausarbeiten der geplanten Publikationen kam, sah er diese Hefte vielmehr auch als genuine Form an, literarisch-rhetorisch die Literatur zu evaluieren.[47]

Die moderne Semiologie, die ein besonderes Interesse an der Rhetorik als Bildungsinstitution und als ›semiologisches Abenteuer‹ hatte, ist in der modular-systematischen Perspektive FS's vorgeprägt. Wo Roland Barthes die Rhetorik als Maschine fasst, die jedweden Gegenstand in eine überzeugende argumentative Rede überführen (»stricken«) kann,[48] fragt FS nach den medialen Formen einer Kultur, um aus deren Semiologie eine Charakteristik zu gewinnen. Das Interesse bleibt aber nicht rückwärtsgewandt und altertumswissenschaftlich, sondern strebt nach Übertragung dieser gefundenen und analysierten Zeichen einer vergangenen Kultur in eine neue Poesie. Am Ende der Notate zur aristotelischen *Poetik* notiert FS:

> [StA 12r 29–34] Der Geist der Sprache ist durchaus symbolisch, allegorisch, personificirend. – Die sogenannte Erfindungskunst ist nichts als οργ γρ in φ [organische Grammatik in philosophischer] Ausdehnung. Die wissenschaftliche universelle γρ [Grammatik] combinirt aus Politik u γρ [Grammatik] Bildungslehre – Logik – Etymologie – (Physik u Syntax – Theorien vom Spr[achlichen] Ursprung?)

FS argumentiert hier geradezu semiologisch, indem er das Symbolsystem der (verschriftlichten) Sprache als eine »organische Grammatik« fasst, in der die inventio immer schon gelungen ist. Die Sprache selbst stellt bereits eine Topik zur Verfügung, die als philosophischer Vorgriff und Übergriff funktioniert. Die von Roland Barthes betonte soziologische Dimension der Rhetorik als Bildungssystem (Schaffung von sozialen Unterschieden durch sprachlich-argumentative Kompetenz) erkennt auch FS in der »Bildungslehre«, die aus Grammatik und Politik kombiniert werde.

---

47   DSiehe dazu meinen editorischen Bericht in *KFSA* 15.3, S. 189–199.
48   Roland Barthes: »Die alte Rhetorik«. In: Ders.: *Das semiologische Abenteuer*. Frankfurt a. M. 1988 (dt. Übers. von: *L'aventure sémiologique*. Paris 1985), S. 52 mit Bezug auf die Strickmaschine Diderots.

Logik und Etymologie zeichnen eine universelle Grammatik aus, die die Ramistische Trennung von Form und Inhalt überwinden will. Die Syntax ist von der Wahl der Worte (Etymologie) nicht zu trennen. Die Sprache hat so ihren »Geist«, der sich die Welt aneignet oder besser: eigentlich schafft. Vielleicht zielt dieses Konzept auf eine Verbindung der von FS beklagten Differenz von Geist und Buchstabe.[49] Das Organische der Sprache besteht sowohl in ihrem Funktionszusammenhang wie auch in ihrem natürlichen Gewachsensein. Hier liegt eine Wurzel der von FS unterschiedenen poetischen »Schulen der Griechen«. Die Extension der Sprache ist deshalb philosophisch, weil in deren Reich Poesie und Rhetorik als universelle Operatoren fungieren, die symbolisch, allegorisch und personifizierend verfahren. Vielleicht kann man in Wendungen wie diesen den eigentlichen Anspruch FS's fassen, im Zeitalter der Kritik einen linguistic turn einzuleiten, der sich aber an besonderen Objekten orientieren soll, nämlich der antiken Poesie. Denn hier entdeckt er ein Ganzes, in dem die Bestandteile einen Funktionszusammenhang bilden, der für die Sprache überhaupt gelten kann.

---

49   Siehe oben S. 172, 180.

Aus dem Archiv

Käse und Rübchen. Dorothea Tiecks Alltag als Mittlerin im Familien- und Freundeskreis

Tiziana Corda

Der Brief von Dorothea Tieck an Pauline Brockhaus ist auf den 16. Januar, ohne Jahresangabe, datiert und wurde von Dresden aus gesandt. Der Brief stammt aus dem Brockhaus'schen Archiv und wurde von der Herausgeberin auf der Auktion vom 24./25. März 2015 (Katalog 702, Nr. 219) erworben. Die Transkription dieses hier erstmals edierten Briefes folgt ihrer Vorlage zeichengetreu.[1] Der in 2 Blättern (4 Seiten) und in leicht gebräuntem Velinpapier vorliegende Bogen misst ca. 12 × 18,5 cm (Breite und Höhe). Im Gegenlicht ist deutlich der Name der Papierfabrik J. Whatman Turkey Mill[2] und das Herstellungsdatum 1834 zu erkennen, das als *post quem terminus* die Datierung des Briefes näher bestimmt. Im Brief ist von der Eröffnung des Dresdner Hoftheaters die Rede, die auf den März des gleichen Jahres hinausgeschoben wurde. Dorotheas Bedenken erwies sich als richtig. Am 31. März 1841 wurde das alte Theater mit Lessings *Minna von Barnhelm* geschlossen und die Eröffnung des Königlichen Hoftheaters erfolgte erst am 12. April. Die Festvorstellung wurde mit einem von Theodor Hell gedichteten Prolog eröffnet, in welchem Personen des Tieck'schen Prologs zu *Kaiser Octavianus* aufgenommen worden waren.[3] In dieses Jahr fällt auch das Ausscheiden Tiecks als Dramaturg am Dresdner Hoftheater; er hatte sich jedoch seit längerer Zeit fast ganz von den Angelegenheiten des Theaters zurückgezogen.[4]

---

1 Bei der Transkription standen der Herausgeberin Frau Bettina Köhler und Frau Barbara Heinze fachlich zur Seite.
2 James Whatman (1702–1759) war der Erfinder des Velinpapiers.
3 Diesem folgte Carl Maria von Webers Jubelouvertüre, welche die Darstellung von Goethes *Tasso* einleitete. Vgl. dazu Robert Prölss: *Geschichte des Hoftheaters zu Dresden. Von seinen Anfängen bis zum Jahre 1862*. Dresden 1878, S. 502 f.
4 Zu Tiecks Kritik am Dresdner Hoftheater und zu den ihm entgegengebrachten Feindseligkeiten vgl. Rudolf Köpke: *Ludwig Tieck. Erinnerungen aus dem Leben des Dichters.*

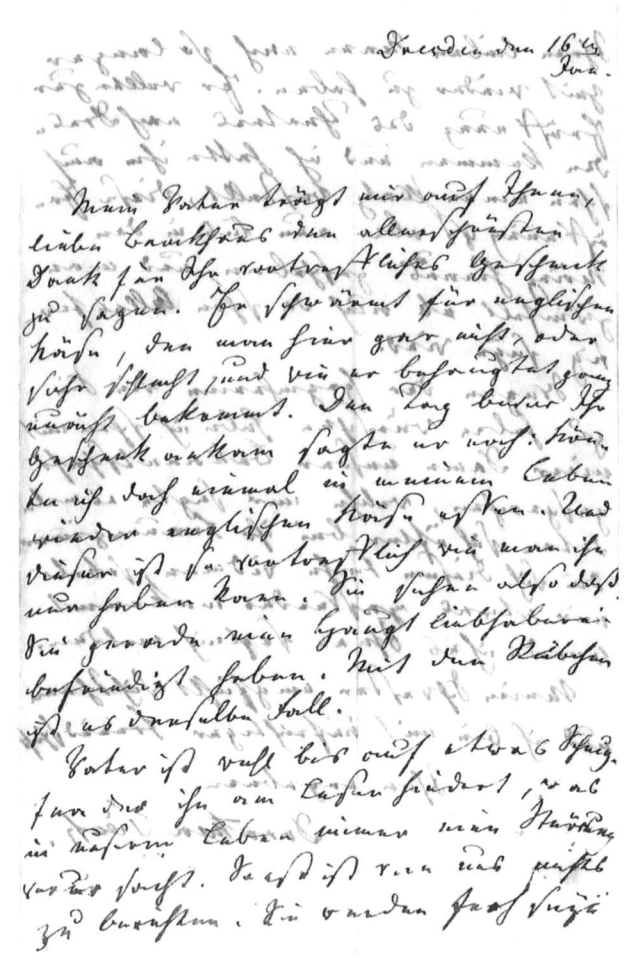

Abb. 8.1   Dorothea Tieck an Pauline Brockhaus

Dresden, den 16ten
Jan. [1841?]

Mein Vater trägt mir auf Ihnen,
liebe Brockhaus den allerschönsten
Dank für Ihr vortreffliches Geschenk
zu sagen. Er schwärmt für englischen
Käse, den man hier gar nicht, oder
sehr schlecht, und wie er behauptet ganz
unächt[?] bekommt. Den Tag bevor Ihr
Geschenk ankam sagte er noch: Könnte ich doch einmal in meinem Leben
wieder englischen Käse essen. Und
dieser ist so vortrefflich wie man ihn
nur haben kann. Sie sehen also daß
Sie gerade eine Hauptliebhaberei
befriedigt haben. Mit den Rübchen
ist es derselbe Fall.
Vater ist wohl bis auf etwas *Schnup-
fen*[?] der ihn am Lesen hindert, was
in unserem Leben immer eine Störung[?]
verursacht. Sonst ist von uns nichts
zu berichten. Sie werden froh seyn

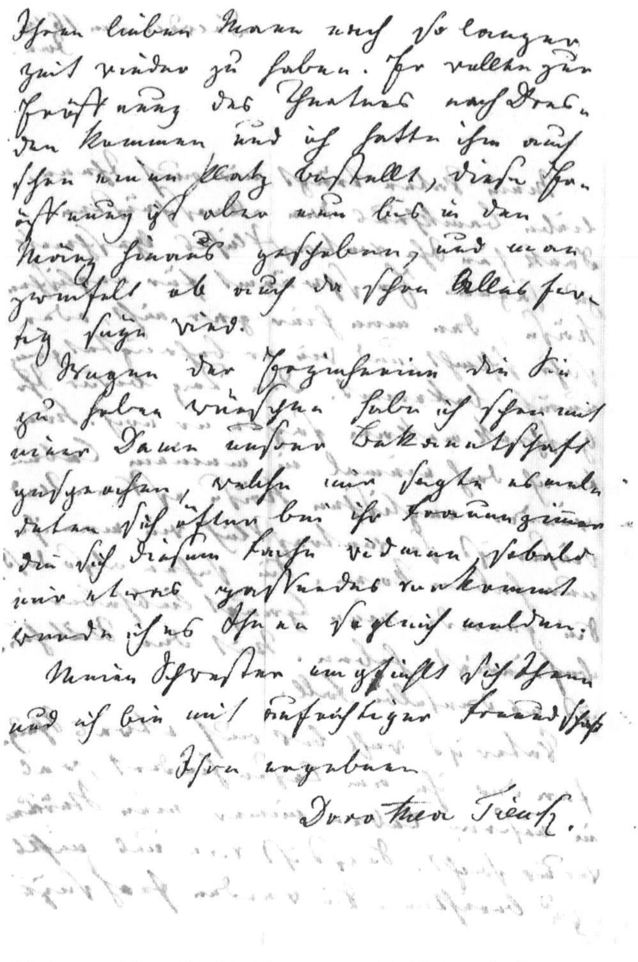

Abb. 8.2   Dieser Brief ist Eigentum von Dr. Tiziana Corda

Ihren lieben Mann nach so langer
Zeit wieder zu haben. Er wollte zur
Eröffnung des Theaters nach Dresden kommen und ich hatte ihm auch
schon einen Platz bestellt, diese Eröffnung ist aber nun bis in den
März hinaus geschoben, und man
zweifelt, ob auch da schon alles fertig seyn wird.
Wegen der Erzieherinn die Sie
zu haben wünschen habe ich schon mit
einer Dame unserer Bekanntschaft
gesprochen, welche mir sagte es mel-
deten sich öfter bei ihr Frauenzimmer
die sich diesem Fache widmen, sobald
mir etwas passendes vorkommt
werde ich es Ihnen sogleich melden.
Meine Schwester empfiehlt sich Ihnen
und ich bin mit aufrichtiger Freundschaft
 Ihre ergebene
  Dorothea Tieck

Abgesehen von dieser Nachricht über das Kulturleben in Dresden bleibt der Brief überwiegend bei familiären, privaten Angelegenheiten. Die Adressatin des Briefes ist Pauline Brockhaus, eigentlich Therese Pauline, geborene Campe (1808–1886), Frau von Heinrich Brockhaus (1804–1874), der 1823 nach dem Tode seines Vaters, Friedrich Arnold Brockhaus, die Leitung des Verlags übernommen hatte. Der in Leipzig ansässige Verlag Brockhaus hatte mehrere Werke und Ausgaben von Tieck herausgegeben, unter anderem *Shakspeares Vorschule*, *Solgers nachgelassene Schriften und Briefwechsel* und *Die Leiden des Persiles und der Sigismunda von Miguel de Cervantes Saavedra*, die Letzteren aus dem Spanischen von Dorothea Tieck übersetzt. Heinrich Brockhaus, auch familiär ›der kleine Brockhaus genannt‹,[5] brachte 1855 die von Rudolf Köpke verfasste Biographie und die *Nachgelassene Schriften* des Dichters heraus,[6] jedoch nach einigem Zögern, wie Agnes Tieck in einem Brief an Köpke lamentierte.[7]

Anlass dieses Schreibens von Dorothea Tieck war ein kulinarisches Geschenk von Pauline Brockhaus, nämlich ›ein vortrefflicher englischer Käse‹, eine ›Hauptlieberei‹ von Ludwig Tieck. Dorothea vertritt in diesem Dankesbrief ihren Vater. Pauline Brockhaus pflegte solche kulinarischen Geschenke zu machen, die Ludwig Tieck besonders willkommen waren. Dies belegt ein früherer Brief vom 2. März 1831, der diesmal jedoch von Henriette, Gräfin von Finckenstein (1774–1847) geschrieben wurde. In diesem Brief bedankt sich Gräfin von Finckenstein, die seit 1818 zum Mitglied der Familie Tieck gehörte, für den Spargel; auch dieser war eine

---

In zwei Teilen. Leipzig 1855, Bd. 2, S. 97. Dazu auch Robert Prölss: *Geschichte des Hoftheaters* (s. Anm. 3), insbes. S. 448–451.

5 Amalie Tieck: Brief an Ludwig Tieck, 22. Juni 1825. In: Edwin H. Zeydel, Percy Matenko und Robert Herndon Fife (Hg.): *Letters of Ludwig Tieck. Hitherto Unpublished 1792–1853.* New York 1937, S. 304 f., hier S. 305.

6 Rudolf Köpke: *Ludwig Tieck* (s. Anm. 4), und Ludwig Tieck: *Nachgelassene Schriften. In zwei Bdn.* Hg. Rudolf Köpke. Leipzig 1855. Reprint: Berlin/New York 1974.

7 »[...] scheint er [Brockhaus] mir auch nicht große Lust zu dem Druck zu haben [...]«. (Agnes Tieck: Brief an Rudolf Köpke, 12. Februar 1854. In: Percy Matenko, Edwin H. Zeydel und Bertha M. Masche (Hg.): *Letters to and from Ludwig Tieck and his Circle.* Chapel Hill 1967, S. 257 f., hier S. 258). Wenige Monate später, im Juni 1854, teilte sie Rudolph Köpke ihre Absicht mit, den Verleger Max aus Breslau vorziehen zu wollen.

Lieblingsspeise des Dichters, die Pauline Brockhaus – wie es dem Brief zu entnehmen ist – oft an Tieck verschenkte:[8] Dorothea erwiderte mit dem Schreiben diese Höflichkeit, indem sie der Brockhaus die Vermittlung einer Erzieherin versprach.

Am 11. Februar 1837 war Tiecks Ehefrau Amalie gestorben und Dorothea scheint ihrem Vater in jeder Hinsicht zur Seite zu stehen; nach Köpkes *Erinnerungen* wurde sie überdies auch eifriger und wagte nun auch die Bearbeitung von Sparks *Leben und Briefe George Washingtons* zu übernehmen.[9] Unter Tiecks Anleitung hatte sie Englisch und Spanisch gelernt und bekanntlich viele Übersetzungsarbeiten durchgeführt, unter anderem die *Sonette* Shakespeares und die altenglischen Stücke des ersten Bandes von *Shakespeares Vorschule*, die längerer Zeit Tieck selbst zugeschrieben wurden. Sie hatte auch aus dem Spanischen die *Relaciones de la vida del escudero Marcos de Obregon* von Vincent Espinel übersetzt, die 1837 mit einer Einleitung von Ludwig Tieck erschienen. Sie nahm überdies regen Anteil an Tiecks Abendlesungen und bewegte sich souverän in Tiecks literarischem Kreis.

Als ›Abbild‹ vom Dichter beschrieben, hatte Dorothea mit ihrem Vater die Liebe für Dichtung, Sprachen und Literatur geteilt; wie Tieck selber war auch sie von schwermütiger Natur.[10] Sie war nicht nur eine fürsorgliche Tochter, sondern auch Tiecks zuverlässige und kritische Mitarbeiterin, die ihm seine Texte gnadenlos korrigierte und verbesserte.[11]

Der Maler Karl Christian Vogel von Vogelstein (1788–1868) hat sie in diesem Lichte gesehen: auf Vogels Gemälde ist Tieck sitzend vor dem

---

8 Henriette von Finckenstein: Brief an Pauline Brockhaus, 2. März 1831. In: Edwin H. Zeydel, Percy Matenko und Robert Herndon Fife (Hg.): *Letters of Ludwig Tieck* (s. Anm. 5), S. 363 f., hier S. 363: »O! Theure, Liebe Freundinn, Sie glauben nicht, welch eine große Freude, Sie auch mir, durch diese freundliche Gabe bereitet haben, welche zugleich eine Lieblingsspeise unseres Freundes, und in dieser Jahreszeit ihm so unendlich heilsam ist, und hier in Dresden ist dergleichen herrlicher Spargel gar nicht zu haben«.
9 Vgl. Rudolf Köpke: *Ludwig Tieck* (s. Anm. 4), Bd. 2, S. 93.
10 Vgl. ebd., S. 100.
11 »In Deinem Aufsatz habe ich einige kleine Worte verändert, die sich wiederholten«. (Dorothea Tieck: Brief an Ludwig Tieck, 16. Mai 1823. In: Percy Matenko, Edwin H. Zeydel und Bertha M. Masche [Hg.]: *Letters to and from Ludwig Tieck* [s. Anm. 7], S. 113–116, hier S. 114).

Bildhauer Pierre Jean David d'Angers (1788–1856) zu sehen, der an dessen Büste modelliert; Dorothea steht leicht gebeugt hinter ihm und hat ein Buch in der linken Hand: eine ebenso fürsorgliche wie intellektuelle Frau.

Anfang Februar 1841, kurz nach dem vorliegenden Brief, erkrankte Dorothea Tieck an Masern und starb am 21. Februar 1841.[12]

---

12 Vgl. Rudolf Köpke: *Ludwig Tieck* (s. Anm. 4), Bd. 2, S. 99.

Rezensionen

»Was wir nicht in Worte fassen können«. Die Briefe Dorothea Tiecks an Luise von Bülow-Dennewitz. Hg. und kommentiert von Sophia Zeil. Dresden: Thelem 2018 (Tieck-Studien, Bd. 2). 148 S. 29,80 €. ISBN 9-783945-363911

Thomas Meißner

Dorothea Tieck ist die bekanntere der beiden Tieck-Töchter. Anders als ihre jüngere Schwester Agnes ist sie literarisch als Übersetzerin aktiv geworden und war in vielerlei Hinsicht die Lieblingstochter Ludwig Tiecks. Man könnte sie regelrecht als seine Mitarbeiterin bezeichnen, auch wenn dies zu ihren Lebzeiten nur wenige wussten, da sie nie unter eigenem Namen publiziert hat. Als bedeutendste biographische Quelle zu ihr können bislang ihre zum Teil schonungslosen Briefe an Friedrich von Uechtritz gelten, die eine oft schwermütige, grübelnde, eigenbrötlerische Frau zeigen, die an der intrikaten Familiensituation im Tieck'schen Haus leidet.[1] Diesen sind nun ihre 34 Briefe und Billets an Luise von Bülow-Dennewitz an die Seite zu stellen, die Sophia Zeil transkribiert und ediert hat.

Es handelt sich dabei um ein geschlossenes Konvolut aus Dorothea Tiecks letztem Lebensjahr. Die Gegenbriefe der fast fünfzehn Jahre jüngeren Luise fehlen und man kann nur spekulieren, ob diese ähnlich schwärmerischen Charakter gehabt haben. Luise von Bülow-Dennewitz zog mit ihrer Mutter 1840 von Berlin, wo sie Hofdame der Prinzessin von Preußen war, nach Dresden und scheint sich rasch mit Dorothea

---

1 Seit kurzem in digitaler Form leicht zugänglich innerhalb des Editionsprojektes *Briefe und Texte aus dem intellektuellen Berlin um 1800*: https://www.berliner-intellektuelle.eu/author?p0217+de (3.08.2020). Auch für diese Edition war schon Sophia Zeil verantwortlich.

Tieck angefreundet zu haben; die oft billetartigen Briefe ergänzen also die häufigen Besuche und Gespräche der beiden Frauen, die nur wenige Straßenzüge voneinander entfernt gewohnt haben. So spärlich der Informationsgehalt der Briefe ist, wie auch Sophia Zeil einräumt, so ungewöhnlich ist doch die Tonlage, die einen tiefen Einblick in das Denken und Fühlen Dorothea Tiecks ermöglicht.

Leidenschaftlich und euphorisch schließt sich Dorothea an Luise, die fast durchgehend als »Engel« oder »geliebtes Herz« apostrophiert wird, an und macht ihr gleich im ersten erhaltenen Brief eine veritable Liebeserklärung: »Glauben Sie ja nicht, daß ich immer oder öfter so leicht erregt bin; gelte ich doch überall für kalt und zurückstoßend, auch erkenne ich mich selbst kaum wieder, in diesem Gefühl, das mich so unwiderstehlich zu Ihnen zieht, das mich ergriff, da ich Sie zuerst sah, nie habe ich etwas Aehnliches empfunden.« (S. 73) Die Seelenlehre Platos wird hier und noch öfter beschworen, um das Gefühl des Verbundenseins zu erklären, es folgen ein Bekunden des Peinlichseins, sich so hemmungslos zu ergießen, ein Gefühl der Scham, das Gegenüber mit den Liebesbekundungen zu quälen, ein Hinweis auf das bisher fehlende Lebensglück und ein Beschwören der Ewigkeit der Gefühle. Der hier einmal angeschlagene hohe Ton zieht sich fast durchgehend durch die Briefe und scheint durchaus authentisch, nicht gekünstelt zu sein.

Einen Höhepunkt findet dieser Liebesdiskurs im sechzehnten der hier edierten Briefe, in dem bezeichnenderweise das distanzierende »Sie«, das in den Briefen normalerweise verwendet wird, vom intimeren »du« verdrängt wird: »Ich arbeite viel an mir um meine Empfindung zu läutern von aller Leidenschaft die Gott beleidigt, um die Sehnsucht zu bekämpfen die mich in jeder Stunde zu Dir zieht ... [...]. Verstoß mich nur nie aus deinem Herzen mein geliebter Engel [...]« (S. 101).

Die tief religiöse Dorothea stürzt ihr leidenschaftliches Sich-Anschließen an Luise in regelrechte Selbstanklagen und wie zur Beruhigung ihrer Gewissensbisse folgt unmittelbar auf diese Passage ein regelrechter Bekehrungsversuch, nun wieder in der formellen Sie-Form – »Könnte ich wirklich etwas dazu thun, Ihr Herz zu beruhigen, Ihr Leben zu erheitern und vor allem Sie Gott näher zu bringen, so würde ich denken, ich habe nicht umsonst gelebt. Ich möchte Ihnen so gern den Weg der wahren Frömmigkeit eröffnen« (S. 101) –, um am Ende des Briefes noch einmal in die Du-Form zu rutschen: »die wenige Besinnung, die mir geblieben brauchte ich dazu, um an Dich zu denken, mein geliebtes Herz« (S. 101).

Ist das noch schwärmerische Freundschaftsbekundung oder zeigen sich hier nicht homoerotische Komponenten, die Dorothea Tieck indirekt reflektiert und als sündig abtöten will? Sophia Zeil weist in ihrem Vorwort auf die Tradition des Freundschaftsbriefes im 18. Jahrhundert hin (vgl. S. 40), betont, dass die Semantik eher dem Liebes- als dem Freundschaftsdiskurs entnommen ist (vgl. S. 42–46), zeichnet die Schwierigkeit nach, heutige Geschlechterrollen- und Freundschaftsvorstellungen auf das 19. Jahrhundert zu übertragen (vgl. S. 53–58), lässt aber doch auch Freiraum zur Spekulation. An einer Stelle vergleicht Dorothea Tieck ihre Gefühle mit denen zu einem Mann, und was sie im Folgenden äußert, ist kaum anders als Verliebtheit zu bezeichnen:

> Nur einmal in meinem Leben habe ich so empfunden wie jetzt, da war es für einen Mann, der sich nicht um mich kümmerte, ich mußte dies Gefühl bekämpfen, und es war meine Qual, viele Jahre hindurch[.] Jetzt darf ich mich ohne Vorwurf und Schmerz dieser Wonne hingeben. Was ich in meinem Innern erlebt habe, seit ich Sie zuerst sah ist unaussprechlich. […] ich schlief keine Nacht, alle meine Gedanken, mein ganzes Gemüth wendete sich zu Ihnen. (S. 106f.)

Man kann nur darüber spekulieren, wie sehr die Besonderheiten des Tieck'schen Haushaltes – Tieck lebte seit der Dresdner Zeit 1819 mit seiner Geliebten Henriette von Finckenstein in einer regelrechten ménage à trois, da er sich offiziell nie von seiner Ehefrau Amalie getrennt hat – den Charakter und das Selbstbild von Dorothea und Agnes Tieck geprägt oder, pathologisch ausgedrückt, gestört haben. Fakt ist jedenfalls, dass beide Töchter sich eng der Mutter verbunden gefühlt und die Distanz zum Vater auch durch ihren Übertritt zum Katholizismus betont haben. Fakt ist auch, dass sich nach dem Tod der Mutter 1837 die beiden Schwestern noch enger aneinander angeschlossen haben – Agnes Tieck scheint in Luise teilweise eine regelrechte Konkurrentin gesehen zu haben (vgl. Brief Nr. 16, S. 100) – und nach dem überraschenden Tod Dorotheas 1841 Agnes bald geheiratet und den väterlichen Haushalt verlassen hat.

Auch wenn die Briefe an Luise von Bülow-Dennewitz in dieser Hinsicht nicht so aufschlussreich sind wie ihre Bekenntnisse gegenüber Friedrich von Uechtritz, wird doch auch hier einiges angedeutet. »Das Verhältniß mit meinem Vater macht mich jetzt immer so sehr betrübt, ich finde es ein so großes Unglück für ihn und für mich, er fühlt es aber nicht. Ich bange mich heut wieder so sehr nach meiner Mutter, sie hat von mir gehen müssen, und mit ihr lebte ich so glücklich« (S. 103), schreibt Dorothea an einer Stelle und an einer anderen sehr deutlich: »Es ist ein sehr schönes Familienleben in dem Hause [gemeint ist die Familie Carus], mich rührt so etwas immer sehr, was andern unbedeutend in dieser Art erscheinen mag hat für mich eine tiefe schmerzliche Bedeutung. Ich habe dies nie gekannt und empfunden gegenseitiges Vertrauen, Theilnahme. Es ist mir dann als wären Agnes und ich zwei abgerissene vom Wind getriebene Blätter, wenn andre sich als Blüthen und Früchte einem schönen Stamm anschließen dürfen.« (S. 116)

Ein wenig glücklicher, oft todessehnsüchtiger Charakter voller Selbstzweifel und Selbstanklagen steht auch und gerade hinter den schwärmerischen Liebesbriefen, die therapeutische Funktion ebenso haben wie Anlass zu neuen Selbstvorwürfen sind.

Die sorgfältig gestaltete Edition ist in mehrerlei Hinsicht bemerkenswert. Sie fügt dem Bild Dorothea Tiecks neue Facetten hinzu und immer wieder wird in den Anmerkungen auch aus noch unpublizierten Briefen von ihr zitiert. Sie ist sozial- und geschlechtergeschichtlich aufschlussreich, geht es hier doch auch darum, weibliche Freiräume in einer männlich dominierten und geprägten Welt und Umwelt auszuloten, und werden zwischen den Zeilen – von Dienstbotengängen bis hin zu Sänftenträgern, von medizinischen Selbstbeobachtungen bis hin zu Freizeitunternehmungen – die Lebensumstände einer gehobenen Gesellschaftsschicht deutlich. Und sie ist schließlich eine Dokumentensammlung, die irgendwo zwischen der Fortsetzung eines schwärmerischen Brieftons der Empfindsamkeit und latentem homoerotischen Begehren anzusiedeln ist. All dies rechtfertigt die Publikation dieser auf den ersten Blick informationsarmen Briefe auch in Buchform.

Die Einleitung informiert über die Lebensumstände und Biographie der Briefeschreiberin und -empfängerin – Luise von Bülow-Dennewitz hat einige Jahre nach Dorotheas Tod den Tieck-Freund und -Vertrauten Eduard von Bülow geheiratet und ist auch selbst schriftstellerisch mit Novellen hervorgetreten –, trägt Überlegungen zur Briefform zusammen und nimmt eine breite geschlechtsspezifische Einordnung vor, die exemplarisch zeigt, wie sehr die Forschung in diesem Bereich in den letzten Jahren gewachsen ist. Die Darbietung und Kommentierung der Briefe überzeugt,[2] allerdings stand die Edition vor dem Hindernis, dass sämtliche Briefe undatiert sind, das heißt die dargebotene Reihenfolge entspricht nur einem Lösungsvorschlag. Dieser leuchtet meist, aber nicht durchgehend ein, so hat man etwa bei Brief Nr. 19 den Eindruck, dass er an früherer Stelle anzusiedeln sein müsste.

Hat Band 1 der *Tieck-Studien* Ludwig Tiecks Bruder Friedrich und sein Verhältnis zu August Wilhelm Schlegel in den Fokus gerückt,[3] so der zweite Band nun die Tochter Dorothea. Es ist sicher nicht das Schlechteste, wenn sich auf diese Weise neue Facetten der vielfach künstlerisch begabten Familie erschließen und der Fokus nicht einzig und allein auf dem bekanntesten Familienmitglied liegt.

---

2 Schade ist jedoch, dass nicht exemplarisch eines der Billets abgebildet ist, deren Materialität ausführlich beschrieben wird.
3 Cornelia Bögel (Hg.): »*Geliebter Freund und Bruder*«. *Der Briefwechsel zwischen Christian Friedrich Tieck und August Wilhelm Schlegel in den Jahren 1804 bis 1811.* Dresden 2015; vgl. dazu meine Besprechung in *Athenäum* 25 (2015), S. 275–279.

Nobuyuki Kobayashi: *Ästhetische Revolution und Phantasie. Studien zu den ästhetischen und geschichtsphilosophischen Ansichten Friedrich Schlegels bis 1800*. Berlin: Lit 2018. 187 S. € 34,90. ISBN 978-3-643-90793-6

Alexander Knopf

Mit *Ästhetische Revolution und Phantasie* von Nobuyuki Kobayashi liegt der erste einer auf zwei Bände angelegten Arbeit vor, die eine Reihe von Studien zum philosophischen Werk Friedrich Schlegels umfasst. Widmet sich der Autor im ersten Band vor allem den von Schlegel zwischen 1794 und 1800/01 verfassten ästhetischen und geschichtsphilosophischen Schriften, wird für den zweiten Band eine Untersuchung des Konzepts der »Literatur als Organismus aller Künste und Wissenschaften« und des Begriffs der »neuen Kritik« samt der mit ihr einhergehenden Literaturgeschichtsschreibung in den Jahren 1803/04 angekündigt –, mit dem ausdrücklichen Ziel, die Kontinuität im Denken des frühen und des späteren Schlegel nachzuweisen.

Es ist derselben Kontinuität geschuldet, dass auch die Studien in diesem ersten Band nicht unverbunden nebeneinander stehen. Vielmehr fügen sie sich zu einer umfassenden Rekonstruktion von Schlegels Programm einer »ästhetischen Revolution« zusammen. Der universelle Anspruch, den Schlegel mit einer solchen Erneuerung verbindet, der Gedanke, dass keine Facette der Gesellschaft unberührt von ihr bleiben kann und darf, verleiht seiner Ästhetik jene geschichtsphilosophische Dimension, die im Untertitel des Buches aufgerufen wird.

In fünf Kapiteln wird die Entwicklung von Schlegels Programm nachgezeichnet. Nach Kobayashis Ansicht, die er in einem einleitenden Kapitel darlegt, stehen am Anfang dieser Entwicklung Winckelmann und Fichte. Ihnen habe Schlegel zentrale Einsichten und einen bedeutenden Teil des theoretischen Rüstzeugs zu verdanken, mit dem er in den folgenden Jahren seine ästhetische Kampagne namens »Romantik« bestritt. Die auf den ersten Blick – wenn nicht willkürlich, so doch zumindest unvollständig scheinende Genealogie wird vom Autor dadurch plausibel gemacht, dass er mit jedem der beiden Namen eine bestimmte Idee verknüpft, die er als konstitutiv für Schlegels Philosophie kennzeichnet. Im Falle Fichtes ist dies die Idee der »Freiheit«, die sich im Idealismus verwirklicht und von Schlegel zur Bedingung der ästhetischen Revolution erhoben wird. Von Winckelmann wiederum übernimmt er die Idee des »Ganzen«, die sich in der totalisierenden Tendenz dieser Revolution niederschlägt. Indem Kobayashi Schlegels Deszendenz auf diese beiden Namen zurückführt, weist er nicht nur auf den – nicht genug zu betonenden – doppelten Ursprung von dessen Autorschaft in Philologie *und* Philosophie hin, sondern widerlegt beiläufig eine Unabhängigkeitserklärung Schlegels aus den *Studien des Alterthums*, derzufolge seine Philosophie ganz in ihm selbst angefangen habe und kein »Coalitionsversuch wie bei Kant zwischen Hume und Wolf [sic]« sei.[1]

Das zweite Kapitel interpretiert den großen Aufsatz *Über das Studium der griechischen Poesie* (1795) als den Einsatzpunkt des ästhetischen Programms, auf dessen Realisierung Schlegel in den folgenden Jahren hinarbeitete. Kobayashi zeigt, dass dieses Programm in Schlegels früher Schrift nicht nur angekündigt, sondern bereits begründet wird. Er erinnert daran, dass Schlegel in seinen philologischen Studien des Altertums, politische und ästhetische Revolution kurzschließend, die gesellschaftlichen Umbrüche in der griechischen Polis und die Ablösung des epischen durch das lyrische Zeitalter in einen Zusammenhang stellte.[2] Damit ist nicht nur gesagt, dass bei Schlegel die Dichtkunst immer in einen sozialen Kontext eingebettet ist; vielmehr scheint sich ihm anhand des Vergleichs von Antike und Moderne eine Gesetzmäßigkeit in der Geschichte erschlossen zu haben, die sich in Politik und Poesie gleichermaßen manifestierte. Für das Verständnis von Schlegels Geschichtsphilosophie ist dieser Gedanke von äußerster Wichtigkeit.

---

1 Die noch immer unpublizierten Manuskripte werden hier zitiert nach Christian Benne: *Die Erfindung des Manuskripts. Zur Theorie und Geschichte literarischer Gegenständlichkeit.* Frankfurt a. M. 2015, S. 400, Anm. 620. Gemeint ist hier natürlich nicht, wie es die Schreibung nahelegt, der von Schlegel verehrte Philologe Friedrich August Wolf, sondern der Leibnitzianer Christian Wolff.

2 Der kultursoziologische Hintergrund von Schlegels Geschichte der Dichtkunst wurde zuerst untersucht von Werner Weiland: *Der junge Friedrich Schlegel oder Die Revolution in der Frühromantik.* Stuttgart u. a. 1968.

Seinen vorläufigen Abschluss findet Schlegels ästhetisches Programm mit dem im letzten Kapitel des Buches behandelten *Gespräch über die Poesie* (1800). In den beiden mittleren Kapiteln wird der Weg verfolgt, den Schlegel zwischen diesen beiden Polen zurücklegt und auf dem er sich die Mittel erarbeitet, mit denen die Revolution ins Werk gesetzt werden soll. Was Kobayashi als solche identifiziert, sind die bedeutendsten, den theoretischen Kernbestand der Frühromantik ausmachenden Ideen der Universalpoesie (3. Kapitel) und Ironie bzw. Fantasie (4. Kapitel).[3]

Man wird die These des Autors wie folgt zusammenfassen dürfen: Auf der Grundlage seiner philologischen Studien gelangte Schlegel zu der Auffassung, dass es sich bei der Dichtung der Griechen um ein organisches, auf natürlicher Bildung beruhendes und aufs engste mit allen Bereichen des Lebens verwobenes Ganzes handle. Dieses Ganze auch in der gegenwärtigen Gesellschaft wiederherzustellen, nun aber nicht mehr in Abhängigkeit von der Natur, sondern kraft der Freiheit des Individuums, sieht er angesichts der neuesten Entwicklungen in der Poesie, Philosophie, Religion und Moral als Möglichkeit und Aufgabe an. Die romantische Universalpoesie ist die Verwirklichung dieser Aufgabe. An ihrem Ende soll, wie das *Gespräch über die Poesie* in Aussicht stellt, eine neue Mythologie, das »künstlichste aller Kunstwerke«[4] stehen (vgl. S. 155).

Kobayashis Aufmerksamkeit gilt nicht in erster Linie den abseitigen, selten oder gar nicht untersuchten Aspekten in Schlegels Werk. Vielmehr verbindet sich mit seinem Versuch, die zentralen Motive in Schlegels Denken herauszupräparieren und zu einer umfassenden Synthese zusammenzuführen, der Anspruch, dieses Werk als eine auf einen einzigen Zweck hin ausgerichtete Einheit zu präsentieren. Darin, diese These konzentriert durchgeführt und durch den genauen Nachweis von Parallelen in Schlegels eigenen oder von ihm rezipierten Texten zusätzlich erhärtet zu haben, liegt das Verdienst der Arbeit.

Hervorzuheben ist überdies, dass Kobayashi die aus einer experimentierenden Verfahrensweise, aber auch aus wechselnden

---

3 Das vierte Kapitel ist unter anderem dem Nachweis gewidmet, dass um die Jahrhundertwende in Schlegels Schriften an die Stelle des Ironiebegriffs derjenige der Fantasie tritt.

4 Friedrich Schlegel: »Gespräch über die Poesie«. In: *KFSA* 2, S. 284–362, hier S. 312.

Lebensumständen resultierenden Dynamik in Schlegels Denken methodisch aufzufangen sucht, indem er den zahlreichen Selbstrevisionen des Autors folgt und in seine Überlegungen einbezieht. So berücksichtigt er in der Untersuchung der Schlegel'schen Schriften nicht nur die Gestalt des Erstdrucks, sondern auch die von Schlegel selbst vorgenommene, vom ursprünglichen Text stark abweichende Überarbeitung anlässlich der Herausgabe seiner *Sämmtlichen Werke* (1823).

In diesen Zusammenhang gehört auch die schwankende, den Leser immer wieder vor Schwierigkeiten stellende Terminologie Schlegels, die von Kobayashi durchaus registriert wird. Nur stellt sich die Frage, ob der Versuch, dieser Unbeständigkeit in der Begriffsverwendung vor allem durch Heranziehung von Vergleichsstellen Herr zu werden, als hinreichend angesehen werden kann. Dass dies nicht immer gelingt, wird etwa an den Ausführungen zur Idee des anwachsenden Schönen deutlich (Kapitel II.3). Die quantifizierende Ästhetik Schlegels, der mit Begriffen wie Masse, Größe, Maximum (absolutes und relatives), Proximum, Vielheit, Einheit, Allheit etc. operiert und schließlich die Progressivität aller ästhetischen Quanta behauptet, erscheint hier als der abstrakte Verweisungszusammenhang, den Schlegel selbst etabliert hat. Darin bilden die Begriffe ein formales System; sie funktionieren wie Variablen in einer mathematischen Gleichung – auch dies Ausdruck der Quantifizierung –, ohne dass damit schon etwas über ihre Semantik, ihren realgegenständlichen Bezug gesagt wäre. Die Definitionen, zu denen eine solche Methode gelangt, sind ausschließlich nominaler Art. Dieses Problem verschärft sich noch, wo die Begriffe untereinander in einem nicht-systematischen Zusammenhang stehen.

In der Folge bleiben einige wichtige Begriffe in Kobayashis Arbeit unterbestimmt. So wird der Begriff des Ganzen, der bei Schlegel in verschiedenen Kontexten auftaucht, nicht problematisiert. Es wäre aber erst zu zeigen, dass hinter dem im Kunstwerk anzuschauenden Ganzen, dem Ganzen des Altertums, dem Ganzen der philologischen Wissenschaft und Fichtes System ein und dieselbe Idee steht (vgl. S. 7–12), zumal wenn diese für Schlegel von so zentraler Bedeutung sein soll. Ähnliches gilt für das Konzept der intellektuellen Anschauung, das bei Fichte, aber auch bei Schlegel eine bedeutende Rolle spielt. Die Schwierigkeit dieses Konzepts liegt darin, dass es eine unmittelbare, den Kantischen Dualismus von Anschauung und Begriff sprengende Form des Wissens begründen soll, welches ausschließlich das eigene Denken erfasst. Diese sehr spezifische

Funktion der intellektuellen Anschauung macht es jedoch notwendig, ihre behauptete Beziehung zur poetischen Anschauung, die nach Kobayashi ab 1804 in Schlegels Texten auftritt, genauer zu bestimmen.[5]

Im Zusammenhang mit der Diskussion der Anschauung weist Kobayashi auf eine sehr interessante Manipulation hin, die Walter Benjamin an einem Schlegel-Zitat vornahm. Benjamin unterdrückte in dem Zitat den Begriff der Anschauung, wohl um den der Reflexion zu stärken (vgl. S. 78f., 82f.).[6] Kurioserweise verfährt Kobayashi wenige Seiten später ganz ähnlich mit einem Schlegel-Zitat. Schlegels Formulierung lautet:

> Der einzige Anfang und vollständige Grund der *Wissenschaftslehre* ist eine *Handlung*: die Totalisierung der reflexen Abstraktion, eine mit Beobachtung verbundene Selbstkonstruktion, die innre freie Anschauung der Ichheit, des Sichselbstsetzens, der Identität des Subjekts und des Objekts.[7]

Indem Kobayashi die Periode »die Totalisierung der reflexen Abstraktion, eine mit Beobachtung verbundene Selbstkonstruktion« (S. 85) auslässt, verschwindet nicht nur die Reflexion aus dem Gedankengang; auch das Paradox, dass es sich bei dem »einzigen Anfang« um *zwei* verschiedene Vorgänge – eine Setzung und eine Anschauung – handelt, geht nahezu verloren.

Ungeachtet dieser vereinzelten Bedenken bieten die Studien eine Fülle an Materialien und Einsichten, die sich zu einer konsistenten Interpretation zusammenschließen und das Bild des philosophierenden Philologen Schlegel schärfer konturieren. Man darf gespannt sein, auf welche Weise der Autor die von ihm herausgearbeiteten Achsen, an denen sich Schlegels Denken vor 1800 orientierte, in die Zeit nach dem Zerfall der Frühromantik verlängern wird.

---

5 Vgl. ebd., S. 82–88.
6 Vgl. Friedrich Schlegel: »Aus der ersten Epoche. Zur Logik und Philosophie. 1796 (in Jena)«. In: *KFSA* 18, S. 517–521, hier S. 518:[16]. Walter Benjamin: »Der Begriff der Kunstkritik in der deutschen Romantik«. In: Ders.: *Gesammelte Schriften*. 12 Bde. Hg. von Rolf Tiedemann und Hermann Schweppenhäuser. Frankfurt a. M. 1980, Bd. 1.1, S. 7–122, hier S. 43.
7 Friedrich Schlegel: Rezension der vier ersten Bände von F. J. Niethammers Philosophischem Journal. 1797. In: *KFSA* 8, S. 12–32, hier S. 28.

Catherine Dedié: *Mythische Motivierung. Narrative Strukturen in Prosatexten der Frühromantik.* Heidelberg: Winter Verlag 2019 (Studien zur historischen Poetik. Bd. 28). 329 S. € 58,00. ISBN 978-3-8253-6912-5

Carlotta Santini

L'étude publiée par Catherine Dedié chez Winter Verlag (Heidelberg) est issue d'une thèse en Philosophie soutenue à la Johannes Gutenberg Universität de Mainz en 2017. Ce travail combine heureusement des approches scientifiques différentes, qui permettent d'étendre son spectre de validité au-delà du domaine de la philosophie, à la critique littéraire et aux recherches de narratologie.

L'analyse de Catherine Dedié adresse un corpus de textes et d'auteurs bien circonscrit et pourtant toujours très peu étudié, qui est celui des romans allemands dits 'romantiques' de la fin du 18ᵉ siècle et du début du 19ᵉ siècle. Qu'est-ce qu'il y a de commun entre l'*Abdallah* (1795), le *William Lovell* (1795–96) ou *Der blonde Eckbert* (1797) de Ludwig Tieck, le *Godwi* (1801) de Clemens Brentano et le *Geisterseher* (1787–1798) de Schiller ? Dans quelle mesure ce corpus de romans dépend-il des modèles littéraires de l'époque, en particulier de la littérature des Lumières (Diderot et Voltaires parmi d'autres) et de l'exemple inégalé des *Wilhelm Meisters Lehrjahre* de Goethe, tout en conservant un caractère spécifique qui nous permet d'y reconnaître un genre littéraire cohérent ? Le trait d'union choisi par Catherine Dedié dans son analyse est constitué par l'émergence dans tous ces romans d'une nouvelle sensibilité envers les différentes déclinaisons de la relation entre destin et liberté, entre la nécessité qui dirige les évènements et la capacité/incapacité des personnages de s'autodéterminer (la *Selbstbestimmung*).

La littérature des Lumières avait déjà développé un genre de roman dont l'intrigue était guidée par le hasard et l'arbitre (parmi les plus célèbres *Jacques le Fataliste* de Diderot et *Candide* de Voltaire), qui répondait à des propos très précis d'ordre philosophique et de critique religieuse.

Dans son analyse Catherine Dedié s'intéresse moins aux motivations philosophiques et au contexte historique et intellectuel qui a certainement influencé la composition de ces romans allemands, qu'à l'étude formelle de la structure et des stratégies narratologiques qui les caractérisent et qui permettent d'y reconnaître une homogénéité de genre. Pour décrire les motifs qui guident les logiques narratives de ces romans et pour retracer le profil de certains *topoi* littéraires qui y récurrent, Catherine Dedié utilise une catégorie de la critique littéraire contemporaine, celle de *mythos*.

En particulier, le troisième chapitre nous offre un rapide panoramique des différentes fonctions de la catégorie de mythe dans la culture romantique, à partir de l'appropriation de la mythologie grecque par le classicisme allemand, en passant par la perspective philosophique (et en quelque sorte) anticlassique de la Nouvelle Mythologie du premier Romantisme, jusqu'à la redécouverte de l'archaïsme et des traditions populaires des Romantiques de Heidelberg. En fait, si on suit l'argumentation de Catherine Dedié, le mythe dont elle parle ne correspond à aucune des significations que cette catégorie a connues entre 18ᵉ et 19ᵉ siècles. L'usage du terme 'mythe' peut en effet paraître trompeur, si appliqué à ce contexte culturel. C'est pour cette raison que les pages consacrées par Catherine Dedié dans le deuxième chapitre à l'élucidation du sens de la catégorie du mythe dans la langue commune aussi bien que dans son usage technique dans le domaine de la critique littéraire s'avèrent d'une grande utilité.

La catégorie de mythe utilisée par Dedié est en effet tout à fait moderne et sa validité est limitée au domaine de la critique littéraire. Mais déjà le fait de parler de 'mythe' dans ce contexte très circonscrit appelle à une spécification ultérieure. Cette catégorie issue de la critique littéraire ne concerne pas la présence éventuelle d'éléments fantastiques, magiques ou prodigieux dans ces narrations. Encore moins elle se réfère à des contenus liés aux mythologies traditionnelles (notamment celle gréco-latine), bien que ceux-ci ne soient pas exclus par principe de la définition de matériaux 'mythiques'. Dans cette analyse la catégorie de 'mythique' fait signe au contraire à un enjeu structurel qui peut être observé dans la narration de ces romans, et qui concerne les motifs et l'intentionnalité qui sont à l'origine des évènements ou des actions qui y sont relatés.

Les instruments d'analyse herméneutiques utilisés par Catherine Dedié sont très bien explicités dans le deuxième chapitre de cette étude. Ce chapitre constitue de quelque façon une 'méthodique' pour le travail d'analyse textuelle qui sera déployé surtout dans le quatrième chapitre. Le modèle théorique et méthodologique sur lequel Dedié s'appuie est essentiellement celui des théories de la motivation mythique (*mythische Motivierung*) de Clemens Lugowski et sa définition du mythe formel, qui sera ensuite reprise et développée par Matías Martinez. Ces théories éminemment conçues dans les milieux de la critique littéraire sont relues par Dedié à la lumière des thèses d'Ernst Cassirer et d'André Jolles sur le formalisme archétypique. Cette double source méthodologique, philosophico-anthropologique et critico-litteraire, détermine, à mon avis, la duplicité d'approche qui est évidente dans toute l'analyse de Dedié.

En s'inspirant de Lugowski et Martinez, Dedié se concentre en premier lieu sur l'étude des aspects formels des structures intentionnelles et motivationnelles qui imprègnent ces textes. On analysera dès lors les motifs qui précèdent l'action et les logiques causales ou bien casuelles qui dirigent le déroulement des faits et qui déterminent la structure de la composition et de l'intrigue de ces textes. En s'appuyant sur les théories de ces auteurs, Dedié décrit l'action à la base des romans romantiques comme étant dirigée par une forme de causalité qu'on pourrait définir 'faible' : le motif mythique. Encore une fois, cette définition ne fait absolument aucune allusion à l'existence d'un modèle supposé mythique, ou bien à un contenu mythique éventuel. La *mythische Motivierung* ne concerne qu'un détail tout à fait formel : l'existence d'un mécanisme de causalité ultérieur dans ces textes, qui excède les lois de causalité classique. Les évènements 'causés' mythiquement font leur apparition dans la narration comme 'immotivés', ou 'casuels', 'arbitraires' ou même spécieux (voir à ce sujet la définition de Genette du récit arbitraire). La présence de motifs 'faibles' (intuitions, pressentiments, rêves, décisions improvisées, impulsions) qui rendent l'intrigue incertaine, raréfiée et en général très peu lisible, bien que non pas nécessairement invraisemblable ou fantastique, détermine un étiolement du tissu de la narration, ce qui tôt ou tard a fini par aliéner de ces œuvres le goût des lecteurs modernes.

À une causalité d'ordre naturel ou mécanique (cause/effet) se substituent selon Lugowski (ou procèdent en parallèle selon Martinez, qui parle de véritables mondes parallèles, *Doppelte Welten*) d'autres ordres de causalité : en premier, la causalité téléologique ou finale, qui ordonne les évènements vers une finalité externe. La signification et la motivation de l'action seraient donc données a posteriori, et cela dans un sens fort : l'écrivain renonce pour ainsi dire à motiver l'agir de ses personnages en vertu d'une solution qui se rendra visible seulement après l'action et qui sera très souvent indépendante de l'action elle-même. Contraire, mais en même temps complémentaire de cette forme de causalité, on trouve dans ces romans ce qu'on pourrait appeler, en suivant Aristote, une causalité formelle : une causalité qui préfigure, souvent symboliquement, les évènements qui suivront et qui peut se comprendre seulement en vertu d'une connaissance désormais expliquée des motifs originaux.

C'est cette deuxième typologie de causalité qui est concernée par le deuxième enjeu théorique de l'analyse de Dedié, qui est abordé dans le quatrième chapitre. Nous trouvons ici une étude des *topoi* mythiques qui sont présents à l'état latent dans les trames de ces romans, et qui sont définis par Lugowski comme des résidus ou rudiments mythiques. À rebours des cas analysés auparavant, ici la référence au concept de mythe n'est pas purement formelle. Dans ce quatrième chapitre, Catherine Dedié adopte comme critère pour ordonner les œuvres analysés des archétypes mythiques qui semblent survivre dans le tissu de la narration. Le motif de la trahison entre frères ou entre amis, le motif de l'inceste, de la malédiction familiale (qui se transmet comme un *miasma* d'une génération à l'autre) ont un rôle bien plus affiché dans ces textes que celui de simples *topoi* littéraires. Ce genre d'archétypes mythiques – qu'il s'agisse des rudiments d'un système primitif de narration et résidus d'atavisme, comme le suggère Lugowski, ou, au contraire, des stratégies littéraires tout à fait artificielles (voici un point sur lequel l'autrice ne semble pas prendre position) – font partie intégrante de l'intrigue et donnent souvent l'occasion à ces motifs mythiques, à ces formes de causalité faible déjà mentionnées, de trouver leur place dans ces narrations.

Le déroulement paratactique des évènements, l'intrigue déterminée par des relations causales faibles, par des motivations psychologiques non justifiées, la *lysis* arbitraire ou symbolique typique de ce genre de romans sont parmi les facteurs qui ont contribué, dès la toute première postérité de ces textes, à leur aliéner le goût du public. Ce sont surtout ces éléments qui ont été tournés en parodie avec succès déjà très tôt en Allemagne par Joseph von Eichendorff, jusqu'à l'exemple européen du *Niels*

Lyhne de Jens Peter Jacobsen à la fin du 19ᵉ siècle. L'étude de Catherine Dedié nous fournit des instruments théoriques valides et nous propose d'intéressantes analyses textuelles pour mettre en lumière la spécificité de ces stratégies de narration, auxquelles la sensibilité moderne et la modeste connaissance de ce corpus d'auteurs, nous ont désormais déshabitué. Au-delà de l'analyse du fonctionnement effectif et des structures narratologiques qui guident la composition de ces romans, reste pourtant ouverte la question de l'autonomie esthétique de ces œuvres. Une des perspectives qui s'ouvrent grâce au travail de Catherine Dedié est donc celle d'inscrire ces stratégies narratives dans leur contexte culturel et social et de comprendre les raisons qui ont amené à leur conception. Cela permettra de revenir sur le jugement, trop rapide, qui a confiné ces romans dans les répertoires des 'modes littéraires' désormais 'démodées' pour essayer d'atteindre un nouveau degré de jugement, qui pourra réévaluer du point de vue critique l'inactualité de ces œuvres capitales pour l'évolution du roman contemporain.

Friedrich Schlegel: *Philosophie des Lebens. Vorlesungen aus den Jahren 1827–1829* / Robert Josef Kozljanič: *Schlegel und die Lebensphilosophie des 21. Jahrhunderts. Eine Manifestation.* München: Albuena 2018. 245 S. € 24,00. ISBN: 978-3-937656-21-2

Hans-Rüdiger Schwab

Wie die anderen Texte seines Spätwerks ist Friedrich Schlegels »Philosophie des Lebens« ein Stiefkind der Forschung geblieben. Zwar gab es zuletzt einige knappe Beschäftigungen damit, doch lediglich mit Blick auf übergreifende Zusammenhänge. Bei Cristina Fossaluzza etwa zum Unterfutter seines »Konservatismus«,[1] während Andreas Hjort Møller zwischen »[f]rühromantische[r] Liebe und lebensphilosophische[r] Sehnsucht«[2] eine »Brücke« ortete. Von Schlegels Jenaer *Transzendentalphilosophie* (1800/01), in welcher der Begriff »Lebensphilosophie« bereits mehrfach vorkommt, beschritt Jiro Watanabe eine andere »Kontinuitätslinie« zu den Wiener Vorlesungen.[3] Was schließlich die Perspektive nach vorn anbelangt, zur modernen Entwicklung des Gegenstands, erkannte Matthias Schönings Darstellung zwar, dass »gleich mit den ersten Sätzen [...] die *Philosophie des Lebens* in einem Feld [...] positioniert« werde,

---

1 Cristina Fossaluzza: Ästhetischer Konservatismus und Lebensphilosophie. Friedrich Schlegels »neue Mythologie« in der Wiener Zeit. In: *Annali di Ca' Foscari. Serie occidentale* 49 (2015), S. 193–208, hier S. 198, vgl. S. 201.
2 Andreas Hjort Møller: *Der lebensphilosophische Frühromantiker. Zur Rekonstruktion der frühromantischen Ethik Friedrich Schlegels.* Paderborn 2014, S. 113.
3 Jiro Watanabe: »Transzendentalphilosophie und Philosophie des Lebens bei Friedrich Schlegel«. In: Ders.: *Zwischen Phänomenologie und Deutschem Idealismus.* Hg. von Yoshiteru Chida u. a. Berlin 2012, S. 275–288, hier S. 286, vgl. S. 278 f. Nur auf die biographisch-werkgeschichtliche Entfaltung von Schlegels »Lebensprojekt« beschränkt sich Astrid Keiner: *Hieroglyphenromantik. Zur Genese und Destruktion eines Bilderschriftmodells und zu seiner Überforderung in Friedrich Schlegels Spätphilosophie.* Würzburg 2003, S. 138–153.

»das auch die Lebensphilosophen zu Beginn des 20. Jahrhunderts« bestellten, rief diese »spätere Konjunktur« ausdrücklich jedoch nur allgemein auf.[4]

Nun findet seit etwa drei Jahrzehnten unverkennbar eine Neubelebung der Lebensphilosophie statt, als unter mancherlei Vorzeichen erwogene Option, wie Robert Josef Kozljanič belegt (vgl. S. 59–61). In »den meisten« jener Schriften werde Schlegel freilich »nur kurz, kaum oder gar nicht erwähnt« (S. 66), obwohl Karl Alberts historischer Abriss der Strömung mit Nachdruck darauf abgehoben hatte, dass er es war, der sie »in entscheidendem Maße« eröffnete.[5] Mit seiner »Einführung« von 2004[6] gehört Kozljanič selbst zu denjenigen, welche zur neuen Aufmerksamkeit für das Denkmuster beitrugen. Seit 2005 ist der Gernot-Böhme-Schüler Herausgeber des (von ihm begründeten) *Jahrbuchs für Lebensphilosophie*, das entsprechende Diskussionen exemplarisch bündelt.

In Eingangskapitel der »Einführung« schon wird Schlegel »als lebensphilosophischer Diskursbegründer« (S. 59) vorgestellt. Mit dem bestimmtem Artikel versehen, ist er weit mehr als nur Namenspatron oder »Vordenker«. Damit, führt Kozljanič jetzt aus, käme »sein Alleinstellungsmerkmal nicht zum Tragen. Denn wichtige ›lebensphilosophische Vordenker‹ gibt es viele. Doch bei keinem findet sich in dieser Dichte und Fülle solch eine Vielzahl dezidiert lebensphilosophischer Themen und Theoreme wie bei Schlegel« (S. 66).

Kozljanič macht die Probe darauf, dass man dessen Wiener Vorlesungen zugleich »als Gründungstext und Zukunftsprogramm lesen *kann*« (S. 59, vgl. S. 65 f.). Schlegels Spätschrift wird von ihm auf nachmalige Parallelen wie ihre vor dem Horizont der Gegenwart wegweisenden Gehalte geprüft. Seine Initiative schärft den Blick für in der Forschung Unterlassenes. Darum aber geht es ihm gar nicht, sondern um einen Akt der Schlegel-Rezeption. Tatsächlich wurde bislang noch nie

---

4 Matthias Schöning: *Ironieverzicht. Friedrich Schlegels theoretische Konzepte zwischen Athenäum und Philosophie des Lebens*. Paderborn 2002, S. 317 f., 306, 320.
5 Karl Albert: *Lebensphilosophie. Von den Anfängen bei Nietzsche bis zu ihrer Kritik bei Lukàcs*. [1995]. Neu hg. und mit einem Nachw. von Elenor Jain. Freiburg/München 2017, S. 15, zu Schlegel vgl. weiter ebd., bis S. 29. Kurz angedeutet schon bei Ernst Behler in seiner »Einleitung« zu *KFSA* 10, S. XIII–LXXII, hier S. XXXIII f.
6 Robert Josef Kozljanič: *Lebensphilosophie. Eine Einführung*. Stuttgart 2004.

von der neueren Lebensphilosophie aus zurückgefragt, welche ihrer Prämissen bei Schlegel angedeutet oder gar vorhanden sind.

Das Buch, in dem Kozljanič solche Elemente herauspräpariert, besteht aus zwei ungleich umfangreichen Teilen. Am Anfang stehen Auszüge aus Schlegels *Philosophie des Lebens*, der ersten bis dritten Vorlesung vor allem, auch der fünften und neunten (S. 9–48). Längere Passagen der zweiten Dresdener *Vorlesung über die Philosophie der Sprache und des Wortes* schließen sich an (S. 49–53), führe diese doch »einen wichtigen lebensphilosophischen Gedanken Schlegels fort: den [...] der schöpferischen Rolle der Sprache und des dramatisch-philosophischen Dialogs bei der Harmonisierung und Heilung des gespaltenen Bewusstseins« (S. 64). Auf die insgesamt 100 jeweils mit Überschrift versehenen Paragraphen folgt »[e]ine Manifestation« des Herausgebers: »Schlegel und die Lebensphilosophie des 21. Jahrhunderts« (S. 57–232), acht Kapitel umfassend, mit Weiterungen ins Allgemeine. Editorische Erläuterungen und Hinweise (S. 54) fehlen ebenso wenig wie ein ausführliches Literaturverzeichnis (S. 233–245). Der Abdruck von Primärquellen ermöglicht die Prüfung von Kozljaničs auf direkter Lektüre gegründeten Interpretationen wie eigene Einsichten. Eliminiert wurde, was »durch bewusste und unbewusste Anpassungen Schlegels an die reaktionärkatholische Weltanschauung im Wien der damaligen Zeit in die Texte sickerte«. Dass die Auswahl »durchaus anfechtbar« ist, bleibt dem Herausgeber bewusst. Um ein »interessegeleitetes Verfahren« handle es sich, das seinem Anspruch nach »lebensphilosophisch Entscheidendes expliziert und klarstellt« (S. 54).

Während dieses Denken seit Nietzsche und Dilthey entschieden antimetaphysisch und diesseitig orientiert ist, »ihrem Wesen nach Immanenzphilosophie« (S. 84), bezeichnet Schlegel sein Unternehmen als »eine durchaus menschliche Wissenschaft und Erkenntnis des Menschen«, die aber, »weil der Mensch nur mittels seiner durchgängigen Beziehung auf Gott über der Natur steht«, zugleich »auch wirklich und in der Tat eine wahre Gottes-Philosophie« sei, »auch deswegen und in dem Sinne, weil das höchste Leben und der Urquell alles andern Lebens ja eben Gott ist« (S. 48). Auf diesen Angelpunkt bleiben sämtliche Aspekte hingeordnet. In Verfolg und mit dem Vorbehalt der Gerichtetheit von Kozljaničs Ansatz aber ist es nicht illegitim, Schlegels Semantiken und

Vorstellungen einmal abseits dieser Letztbegründung zu befragen. Ein beachtliches Tableau von Erkenntnissen jedenfalls tut sich auf.

Zentral beginnen sie damit, dass »[d]er *Begriff* der Lebensphilosophie« von Schlegel tatsächlich »erstmals in jener Bedeutung« gebraucht wird, welche für die »großen akademischen Lebensphilosophen [...] um 1900 (Henri Bergson, Henry James, Wilhelm Dilthey, Georg Simmel)« leitend wurde: »als eine Philosophie, die *das volle menschliche Erleben und Erfahren* in den Mittelpunkt zu rücken *versucht*« (S. 68). Kozljanič untermauert das kenntnisreich. Schlegels Operieren mit diesem semantischen Umfeld gipfelt in der Bestimmung seiner Philosophie als einer von der »Wirklichkeit«[7] (ja »Thatsachen«[8]) ihren Ausgang nehmenden »innere[n] Erfahrungswissenschaft der höheren Ordnung«.[9] Wenn dabei eben das »geistige Leben, und zwar in seiner ganzen Fülle« im Vordergrund steht (S. 13/S. 76), handelt es sich um eine Gegenposition zu jeder »bloße[n] Vernunftwissenschaft« mit ihrem »Labyrinth von [...] toten Abstraktionen« (S. 45/S. 97).

Wie für alle Lebensphilosophie danach gilt bei Schlegel »Leben« (S. 45/S. 97) mehr als das hegemoniale Paradigma einer Vernunft, die doch erst etwas vernommen haben müsste (vgl. S. 39/S. 185), um nicht selbstbezüglichem Reduktionismus anheim zu fallen (vgl. S. 283). Es ist plausibel, wenn Kozljanič diesen Hinweis auf jüngste Debatten um eine »Lebenserfahrungsvernunft« (S. 181) vorausdeuten lässt, in Auseinandersetzung mit Ulrich Pothast etwa (vgl. S. 183). Hier wie dort läuft der Vorwurf des Irrationalismus ins Leere. Hinzu kommt, dass Schlegels Kategorie der »denkenden Seele« – und damit das, was er »das vollständige Bewusstsein« mit »allen seinen verschiedenen Seiten und Kräften« nennt[10] – gleicherweise »Vernunft und Phantasie, Verstand und Willen« umfasse (S. 20 f.), ja »bis hinab ins völlig Unbewusste« reiche (S. 103). Ähnliches kehre bei den »meisten der späteren Lebensphilosophen« wieder (S. 104).

---

7   Friedrich Schlegel: »Philosophische Vorlesung insbesondere über Philosophie der Sprache und des Wortes«. In: KFSA 10, S. 309–534, hier S. 325.
8   Ebd., S. 357.
9   Friedrich Schlegel: »Philosophie des Lebens«. In: KFSA 10, S. 1–307, hier S. 56.
10 Ebd., S. 13.

In einer Philosophie des Lebens »muß« für Schlegel daher »auch die Methode eine lebendige sein« (S. 15, vgl. S. 82). Im Interesse »*des freien und schöpferischen Denkens*« (S. 96) argumentiere er zugunsten einer Vielfalt, die weder »ausschließend« sein noch »überall angewandt werden« dürfe (S. 47), habe man es doch mit einer anderen Art von »Wahrheit« zu tun als bei einem »Rechenexempel« (S. 16/S. 82). Kozljanič erläutert die Konstante dieser Denkform:

> Wo die Schulphilosophie vermittels logischer [...] *Verknüpfungen* rational *erklärt* und *beweist*, versucht die Lebensphilosophie vermittels bildlicher Vergleiche sinnhafte *Zusammenhänge* zu verstehen und aufzuweisen bzw. auf sie *hinzuweisen*. Wo die Schulphilosophie logisch *Widersprüchliches* aufzuspüren und zu überwinden bzw. in logisch *Übereinstimmendes* zu überführen bemüht ist, spürt die Lebensphilosophie lebendige Polaritäten auf und versucht die gegenpoligen Zusammenhänge [sinnhaft] aufzuhellen. (S. 82 f., vgl. S. 96, 105/S. 17 f.)

Bezeichnenderweise dafür stelle die »Poesie« das Pendant des geforderten »pragmatistisch-methodischen Methodenpluralismus« (S. 98) dar, weil »die symbolische Bedeutung des ganzen Lebens hier der Gegenstand ist«[11] (vgl. S. 12, 49, 61).

»[S]ie geht vom Leben aus und vom Gefühl des Lebens«,[12] kennzeichnet Schlegel in der ersten Dresdner Vorlesung seine Philosophie. Ein weiteres lebensphilosophisches Leitbild wird damit angesprochen, die Notwendigkeit des mitschwingend-wahrnehmenden Sich-Einlassens auf Realitäten: »nur so gelinge echtes Verstehen. Anders formuliert: es muss, soll es zu einem ›vollständigem Verstehen‹ kommen, ›das Gefühl desselben schon vorangegangen sein‹« (S. 41/S. 109, vgl. S. 38/S. 185). Diesem eigne, schreibt Kozljanič, »nicht nur eine Echolot-«, sondern (wie der Sprache [S. 33/S. 108]) auch eine hermeneutische »Vermittlerfunktion« (S. 109/S. 41). Überdies zeige sich hierin zugleich die lebensphilosophisch »fundamentale Rolle des Persönlichkeitsprinzips« (S. 100). Erkennende Instanz sei kein »unveränderliche[s], unsinnliche[s], transzendentale[s] Logos-Ich« (S. 80), das sich »der Illusion hingibt, es könnte einen rein objektiven Beobachterstandpunkt außerhalb des Lebens und der

---

11 Ebd., S. 235.
12 Friedrich Schlegel: *Philosophische Vorlesung* (s. Anm. 7), S. 325.

Lebenszusammenhänge einnehmen« (S. 77, vgl. S. 74). Unhintergehbar bleibe allemal »das Individuum in seiner charakteristischen Einzigartigkeit und Gewordenheit« (S. 100).

Mit dem fünften Kapitel wendet Kozljaničs »Manifest« sich »überfällige[n] lebensphilosophische[n] Revisionen heute« zu: »Mit Schlegel über Schlegel hinaus« (S. 112). Weiblichkeit wird hier zum Postulat, die bei ihm keineswegs allein, doch spektakulär in der »Lucinde« verhandelt wird (vgl. S. 115, 118). Ansonsten richtet der Verfasser seine Scheinwerfer neu aus: »Dem romantischen Gründervater der Lebensphilosophie Friedrich Schlegel wäre die Gründermutter Bettina [von Arnim] zur Seite zu stellen«, mahnt er an, auf die er in einem letzten »Ausblick« (S. 208) am Ende des Buchs noch einmal zurück kommt: als »*Entdeckerin*« (S. 211) des »exochoreische[n] Ich« (S. 205), das sich allen »Techniken der Selbstdisziplinierung, Leidenschaftsunterdrückung, Gefühlskontrolle, Entsinnlichung, Entleiblichung, Vergeistigung« (S. 208) widersetzt. Zu jenem »[s]chöpferischen Poly-Logos« (S. 117), den Kozljanič in ihrer (erst noch darzustellenden) »Lebensphilosophie« (S. 114) im »Konzept empathischen Symphilosophierens« erkennt – »Leben als Gefühlsintensität und wechselseitige Be-geist-erung« (S. 118) –, trüge Schlegel freilich bei (S. 119, vgl. S. 51, 53).

Obschon gerade er mit dem Begriff früh hantierte,[13] scheinen Grenzen seiner Kompatibilität »im Rahmen einer zeitgemäßen Lebensphilosophie« indes erreicht, wo diese (wie von Kozljanič favorisiert) unter dem Primat zumal leib-orientierter Lebenskunst (oder »*Lebens-Liebes-Kunst*«) stehen soll. So nimmt der Verfasser hier denn auch einen Umweg über das immerhin vorhandene Motiv einer »Kultivierung« der »Liebe als geistige[r] Leidenschaft; [...] als Begeisterung für eine Idee, die im Diesseits gepflegt, geschützt oder verwirklicht werden kann«. Maßgeblich dafür sei »die Sehnsucht« (S. 153, vgl. S. 28 ff.). Entmetaphysiziere man ihre Ausrichtung bei Schlegel »auf das Ewige und Göttliche« – was, unter »entwicklungspsychologisch[er]« Perspektive, er selbst durchaus tue –, dann trete des weiteren zutage, »dass die Kultivierung einer

---

13 Vgl. z. B. Friedrich Schlegel: »Über Goethes Meister«. In: *KFSA* 2, S. 126–146, hier S. 132, 136, 144, ders.: »Lyceums-Fragmente«. In: KFSA 2, S. 147–163, hier S. 160. Auch Dorit Messlin: *Antike und Moderne. Friedrich Schlegels Poetik, Philosophie und Lebenskunst*. Berlin/New York 2011, S. 99.

Liebes-Sehnsucht für die Kultivierung der Liebesfähigkeit – sowohl im leiblich-sinnlichen als auch im seelisch-geistigen Sinne – fundamental ist« (S. 143/S. 30). »Der völlig sehnsuchtslose« jedenfalls (das stimmt wohl!) sei »meist ein von den Lebensquellen abgeschnittener Mensch« (S. 144).

»[D]em Problem der Lebens-Liebes-Kunst« nähere sich Schlegel aber »noch von einer anderen Seite her«. Wie nämlich »die menschliche Liebe« der »Sehnsucht« bedürfe, »um ›ganz‹ werden zu können«, so das in sich zerrissene »menschliche Bewusstsein« (zu dessen »dreifache[m] Prinzip« der »beseelt[e] Körper« gehört),[14] einer »Harmonisierung« (S. 145, vgl. S. 100/S. 43 ff.). Dabei sei – auf Schlegel bezogen ein etwas forcierter Gedanke – eben auch »der liebe- und lustvolle Umgang mit dem eigenen Leib« (S. 146, vgl. S. 64/S. 30) von Belang. Im Kontext von Kozljaničs entsprechendem Plädoyer als Zentrum zukünftigen lebensphilosophischen Denkens (S. 149), das der erste von drei »*Ausblick*[*en*]« (S. 147) enthält, wird Schlegel nur mehr kurz einbezogen. Zwar unterscheide er »das verlockende, fortreißende, niedere Ich (nennen wir es ›Leibes-Ich‹) als Widersacher des guten höheren [...]. Jedoch – und das ist hier das Neue und Revolutionäre –« sei für ihn »jenes ›Über-Ich‹« nicht »unser ›eigentliches‹« (S. 39/S. 164). Dieses befinde sich vielmehr in der Mitte »zwischen (begehrendem) Leib und (reinem) Ich-Ideal«. Auch wenn Schlegel dieses »eigentliche« Ich nicht so bezeichnet »scheint evident, dass er intuitiv auf genau dieses Ich – ohne das ein lebendiges Leib- und Mensch-Sein-Können nicht zu haben ist – zusteuert: eben auf das leibnahe und sinnesverliebte Ich« (S. 165).

Insgesamt überfordert Kozljanič nur selten den Bezugstext. Seine Hinweise und Inspirationen aber übertreffen bei weitem alles, was bisher über Schlegel zukunftsgerichtet, in das Paradigma der Lebensphilosophie hinein, angedeutet wurde. Besseres, als »fruchtbar« (S. 66) mit einem weiterwirkenden Denken der Gegenwart verknüpft zu werden, wie es in dieser wissensgesättigten, kreativen und temperamentvollen Darstellung geschieht, kann jedenfalls keinem historischen Autor widerfahren.

---

14 Friedrich Schlegel: *Philosophie des Lebens* (s. Anm. 9), S. 33.

Joel B. Lande: *Persistence of Folly. On the Origins of German Dramatic Literature.* Ithaca/London: Cornell University Press 2018 (Signale. Modern German Letters, Cultures, and Thought). 366 pp. $ 24.95 (paperback). ISBN 978-1-5017-2711-5

Thiti Owlarn

There are no shortages of books on the origins of German dramatic literature. Joel Lande's *Persistence of Folly*, however, stands out in putting the spotlight on the underappreciated figure of the stage fool. Rather than recount the familiar narrative of the fool being brought to German-speaking lands by English players in the early seventeenth century before its banishment through the reforms of Gottsched and Caroline Neuber in the early to mid-eighteenth century, Lande traces the historical transformations of the fool in various discourses surrounding the theater, arguing that "throughout the seventeenth and eighteenth centuries, the fool consistently provides a medium through which the most basic elements of drama and theater could be distilled, debated, and tested," and that, far from being permanently banished, it "contributed in essential ways to the creation of German literary drama" (9). The fool here is understood as a historically variable form rather than a fixed type: as it migrates from the stage into poetological and political discourses and reenters the stage again on a more self-reflective level in the dramas of Goethe and Kleist, it constantly changes its shape, adapting to shifting historical circumstances. By the beginning of the nineteenth century, where the end of Lande's narrative leaves us, the fool is no longer regarded as a bogeyman but as an elusive originary source of the comic: celebrated as a chorus-like figure with the ability to step outside the story to communicate directly with the audience, it persists as "the demand for the experience of a theatrical performance that, with speech and gesture, holds attention in steady thrall and, in the corporeal experience of laughter, provides explosive moments of playful joy" (324).

The book is divided into four parts. Part 1 analyzes the function and the temporality of the stage fool through an examination of plot scenarios and acting scripts used by *Wandertruppen* in the seventeenth century. Lande argues that the fool is not a stock character with identifiable personality traits but a conventionalized stage practice transferrable onto multiple narrative settings. Whether as Jan Bouschet, Pickelhering, Schrämgen, or Hans Wurst, the role of the fool is to punctuate the ongoing action with verbal and non-verbal humor, and in the process evince its status as both a participant in the diegetic universe and an outside commentator who can speak directly to the audience. At this stage in the development of German theater, the fact that the fool stands in the way of the fourth-wall is not yet disruptive of theatrical conventions. As Lande points out, in the performance practice of the seventeenth century, "the boundary separating the fiction and the real – stage and audience – is selectively permeable, allowing for the fool to switch and forth across it without endangering the viability of the whole fiction" (75). In fact, by interrupting the plot with its humorous antics, the fool keeps the spectacle *kurzweilig*, that is, entertaining and rooted in the immediate moment, without concern for timeless moral lessons or tragic gravitas. It is the chief reason why the fool was such a crowd-favorite: "The fool's name was disseminated in advance [...] he was the sideshow that essentially ensured the success of the play" (89).

The popularity of the fool suffered a major setback in the era of the early Enlightenment, after Gottsched and Neuber began their project of reforming the German stage after French and ancient models. The second part of Lande's book interprets this event primarily as the result of a "seismic shift in the relationship between text and performance that took place across Europe in the seventeenth and eighteenth centuries" (97–98). Lande argues the fool plays an important role in this process, as is evident in Gottsched's and Lessing's discourse on ancient comedies. Whereas Gottsched claims that Plautus is "deserving of censure for having accommodated the 'taste of the riffraff' (*Geschmacke des Pöbels*)" (118) and regards this as "a lesson to contemporary actors to cease mixing improvisational jokes into a dramatic text with clear authorship" (119), he praises Terence for knowing "how to make his comedies sufficiently funny without a comic persona" (120). Lessing, meanwhile, defended Plautus's use of the fool by claiming that at the time "the Roman people were still used to the satire plays that had hitherto dominated the stage" (123) and that "it was his [Plautus's] intention to make this jokester (*Lustigmacher*) despised" (126). Gottsched's and Lessing's disagreement is interpreted by Lande as a clash of two methods of temporalizing genres: "Whereas Gottsched thinks of comedy as a codified set of criteria, identical in every time and place, that should be realized, Lessing articulates a more dynamic and historically malleable conception of the genre [...] his project is to show that the true master of a genre is he who can alter the rules within the preexisting confines, thereby developing a generic form that will appeal to audiences" (127). The fool for Lessing is not disruptive of dramatic unity because Lessing regards such unities as "not absolutely beholden to an external nature, but instead conditioned by the conventions internal to the form itself" (146). But one could also say that Lessing has "banish[ed] one fool, the stage fool, only to replace him with another, the moral fool" (158). In the concluding pages of Part 2, Lande examines Lessing's *Der junge Gelehrte* (1754) as an example of how the fool persists in the post-Gottschedian era as "a flaw internal to the protagonist: [their] inability to achieve the temporal unity required for a moral action" (162). Rather than interrupting the plot and speaking directly to the audience, the fool here is integrated into the narrative as an example of moral failure.

Part 3 is turns to what Lande calls "the ligature connecting the theater with life" (167). In the discourse on the "science of policey" (*Polizeiwissenschaft*) in Germany, the theater is identified as "an instrument for forestalling the unrest, disorder, or torpidity to which the laboring class is prone" (178) and the fool is defended for its therapeutic ability to provide citizens with salubrious laughter. Möser's *Harlekin oder Vertheidigung des Groteske-Komischen* (1761/77), for example, defends delight (*ergetzen*), not reason or moral education, as justification for the theater. Franz May, in his 1786 treatise ("Von dem Einfluß der Komödien auf die Gesundheit arbeitender Staatsbürger"), similarly argues that the "farcical Hanswurst" is beneficial for the well-being of the state and its citizens because "an ample dosage of explosive and uncontrollable laughter 'sets the circulation of blood into a faster movement'" (198). And as the idea of "national literature" began to circulate in German intellectual circles, comedies were often regarded as an appropriate medium to reflect upon, and perhaps even fabricate, national unity, mainly because, compared to tragedies, they were more closely bounded to the customs or character of a nation. "Herder, among others, proposed that the faint hints of an unrealized national distinctness could be found in what he called 'coarse humor' and 'base laughter,'" Lande writes (235–236). German literature, from this perspective, is to distinguish itself from other national literature by returning to its Hanswurst roots.

The fourth and final part of the monograph analyzes two comic texts, Goethe's *Faust I* and Kleist's *Der zerbrochene Krug*, as meta-theatrical reflections on the function of the stage fool. In his reading of *Faust I*, Lande emphasizes its origins in the popular theatrical traditions of German-speaking lands and argues that "Goethe constructs the figure Mephistopheles as the projection of the theatrical form of the fool into a new artistic context" (244). The *Vorspiel auf dem Theater*, he says, is "as much a preparatory skit *about* the theater as it is a skit performed *on* the theater" (245): the *Lustige Person*, in his reading, stands for the stage fool who "assumes an intermediary stance, between the metaphysically laden and divinely isolated dramatic text championed by the Poet, and the Director's complete subordination of dramatic design to the audience experience" (254). That the Director needs both the Poet and the Fool is evidence that "the mythic banishment of the fool in favor of seriousness, dramatic unity, and moral univocity has no place in Goethe's *Faust* project [...] his tragedy, as the *Prelude* emphasizes, contains both the high and the low, the earnest and the jesting" (255). Meanwhile, the *Prolog im Himmel* is read as a 'repeated mirroring' of the *Vorspiel*, with Mephistopheles "introduced as a playful, even comical, showman" (270) who distinguishes himself from the Lord "along the lines of earnestness and folly" (271). Like the stage fool, Mephistopheles privileges the temporality of *Kurzweil*: he "assumes his place alongside Faust to ensure that he goes on inhabiting the world of the now, his *Mitwelt*, and that his unhappiness at his inability to escape from his delimited sphere is productive rather than destructive" (275). Mephistopheles also has "the ability to stand both inside and outside the fiction in the drama, treading the line, traditionally reserved for the fool, between extrafictional and intrafictional modes of address" (276). Neither a character endowed with psychology nor an allegory of some abstract principle, Mephistopheles is described by Lande as a "dramatic agent that bring the 'limited' character of the human being to the surface [...] [through] comic distortion and reduplication, [through] masquerade and parody" (298). The fool thus persists in *Faust I*, partially as an agent of this-worldly finitude, partially as an ironic commentary on its own theatrical function.

Lande's reading of Kleist's *Der zerbrochene Krug* is centered on a single line of stage direction found at the beginning of scene 12: "*Die Vorigen, [ohne Adam. – Sie begeben sich alle in den Vordergrund der Bühne.]*" This brief and inconspicuous stage direction, Lande says, in fact "replays the early Enlightenment wager that a culturally ennobled drama and theater demanded the expulsion of the fool [and] responds to the late eighteenth-century endeavor to restore his presence" (302). Adam, the comic villain whose outbursts and digressions embody "the fool's interruptive relationship to the continuity of plot-driving dialogue" (310), is no longer onstage as scene 12 begins, yet his exit is not registered in the stage direction as convention demands. "Once Adam has fled," Lande writes, "theatrical performance and dramatic text are thrown out of sync; the textual segment is not able to keep a firm hold on the entrances or exits" (313). The expulsion of the fool from the stage is shown here to coincide with the separation of performance and text. This is reinforced by the fact that the collective (*die Vorigen*) now moves to the front of the stage, the space normally occupied by the fool, at the threshold between the inside and outside of fiction. The scene enacts "the symbolic usurpation of the fool's liminal space [...] the group embodiment of dramatic fixity closes off the porous zone within which the fool had his home" (315). Although the subsequent dialogue suggests that Adam will return, this event is not shown onstage. "The question of whether or not the fool ever returns, and under what conditions he does so, remains unsettled," Lande concludes, "This finale, which replays the founding myth of eighteenth-century German comedy, holds in abeyance the question of whether the project of instituting literary drama, launched in the early decades of the eighteenth century, can overcome its founding act of violent exclusion" (318).

Throughout this well-researched and insightful study, Lande shows himself to be an astute reader of texts, both as a historian of German theater and as a close-reader of performance texts. He combines breadth of research with nuanced and patient analyses of key moments in texts that other commentators tend to neglect or underappreciate. His theorization of form as a historical practice is lucid and convincing, although it could benefit from more engagement with alternative theories. The same could be said of the book's overarching narrative: as persuasive as its account of the origins of German dramatic literature is to this reader, it does tend to simplify a complicated story for the sake of thematic focus: Lande barely mentions the Viennese theatrical tradition, commedia dell'arte is commented only in passing, and Spanish theater is passed over in complete silence. A brief comparative analysis of the fool's role in non-German theatrical traditions would have helped enrich the early chapters of this book, while the later chapters could also do with a bit more literary-historical contextualization (the close-reading of two dramatic texts is hardly sufficient to represent the function of the fool in the decades around 1800, and while Lande does mention a number early Romantic authors in passing, the avoidance of an engagement with heavier theoretical works – for example, Schiller, Schlegel, and Hegel on comedies – seems like a missed opportunity).

But these are minor criticisms. In truth, Lande's *Persistence of Folly* is one of the best works on German comedies in the Anglophone world in recent decades. It is an essential read for anyone interested in comedy studies and German literary history, and will appeal to scholars interested in form and genre theory as much as to scholars interested theories of performance.